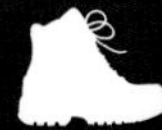

Manfred Probst

WANDERN im PASSAUER LAND

Entdecker-Touren rund um Passau

SüdOst Verlag

Vorwort

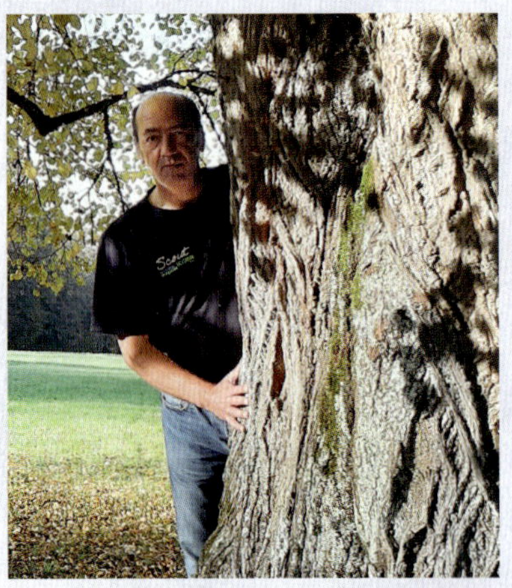

„Das Wandern ist in den letzten Jahren wieder Mode geworden. Fast scheint es, als sei das Wandern neu entdeckt.“ Dieses Zitat ist keine Reaktion auf die aktuelle Corona-Pandemie. Nein, diese Sätze stammen aus dem 1975 veröffentlichten Buch „Die Kunst zu wandern“ von Siegfried Sterner. Nun, eigentlich ein trauriger Anlass, der die neueste Renaissance der lustvollen Fortbewegung auf den eigenen zwei Beinen befeuert. Doch bei welch anderer Tätigkeit ließe sich besser über neue Lebenssituationen und eine sich rasend schnell verändernde Welt sinnieren? Mich hat das Wandervirus bereits 2008 befallen und seitdem nicht mehr losgelassen. In verschiedenen Etappen erwanderte ich damals den Goldsteig, der auf 660 Kilometern durch den Bayerischen und Oberpfälzer Wald führt. Ein weiterer Wanderführer, mit 50 Touren im Bayerischen Wald, folgte. Die vielgestaltige Schönheit des Passauer Landes entdeckte ich näher bei meinen Recherchen zu dem Buch „Die schönsten Wirtshäuser in Passau und Umgebung“. In den artenreichen Naturschutzgebieten der Donaulei-

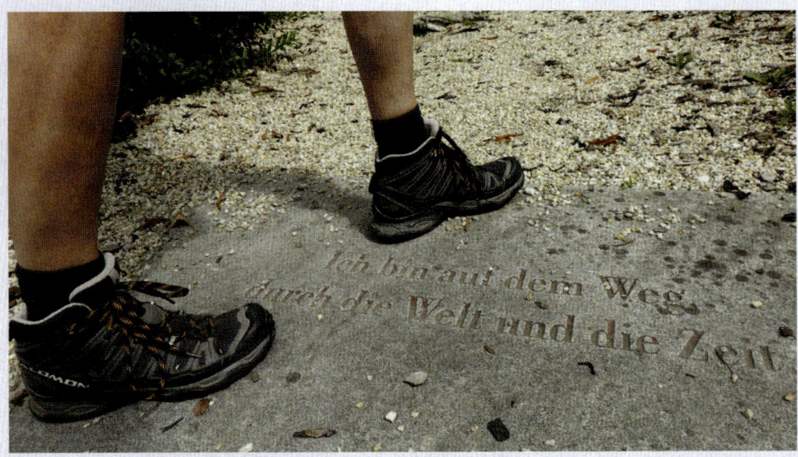

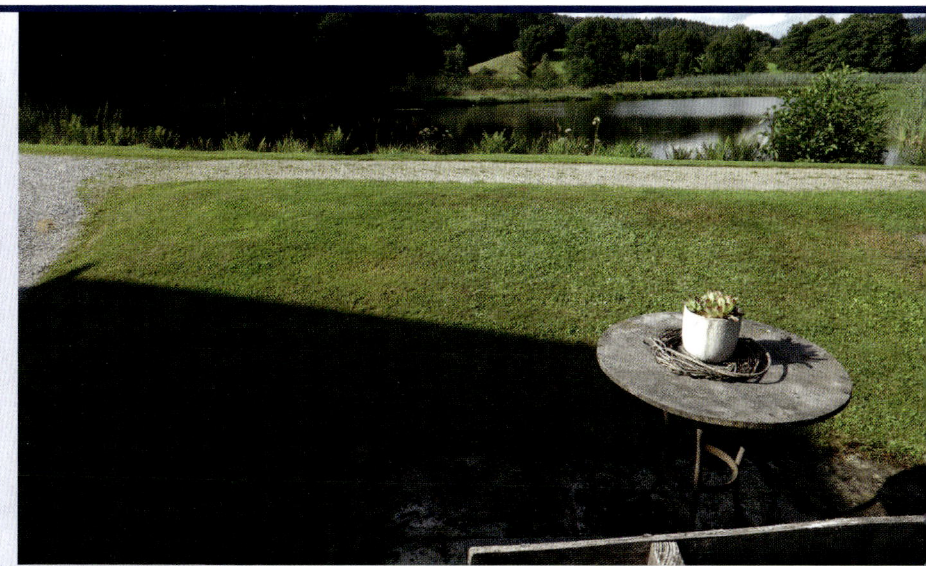

ten, entlang der Ilz, der „Schwarzen Perle“ des Bayerwaldes, an der wildromantischen Erlau, in den sanften Hügeln des südlichen Bayerischen Waldes oder des oberösterreichischen Sauwaldes im Innviertel, in der uralten Kulturlandschaft des Klosterwinkels wie in verträumten Stadtparks finden Genuss-Wandernde ein wahres Paradies. Sie entdecken traumhafte Ausblicke und kulturelle Perlen am Wegesrand, etwa die Veste Oberhaus, die Wallfahrtsorte Mariahilf oder Sammarei, das „Kubinschlössl“, romantische Burganlagen und Ruinen, aufgelassene Steinbrüche und einiges mehr! Viele Touren laufen abseits der vielbesuchten Wege, aber auch die „Klassiker“ der Gegend, die man einfach einmal gegangen sein sollte, finden Sie in diesem Wanderführer. Genießen Sie in den einladenden Gasthäusern die lokalen Spezialitäten oder machen Sie ein romantisches Picknick in der lauschigen Natur. Lassen Sie sich ein, auf den Moment, den Augenblick, und begeben Sie sich auf eine Reise durch Raum und Zeit.

Mir bleibt, Ihnen dabei viel Freude und jede Menge unvergessliche Wandererlebnisse zu wünschen.

Ihr

Manfred Probst

Manfred Probst, 1963 in München geboren, arbeitet seit über 30 Jahren als freier Foto- und Reisejournalist. Seine Fotoreportagen wurden bereits in namhaften Magazinen, z. B. dem Stern, P.M. und Merian, veröffentlicht. Er ist Autor verschiedener Reisebücher, darunter zwei Wanderführer durch den Bayerischen Wald, dem Land seiner Ahnen, in dessen Herzen er seit 2004 lebt.
www.manfred-probst.de

Inhaltsverzeichnis

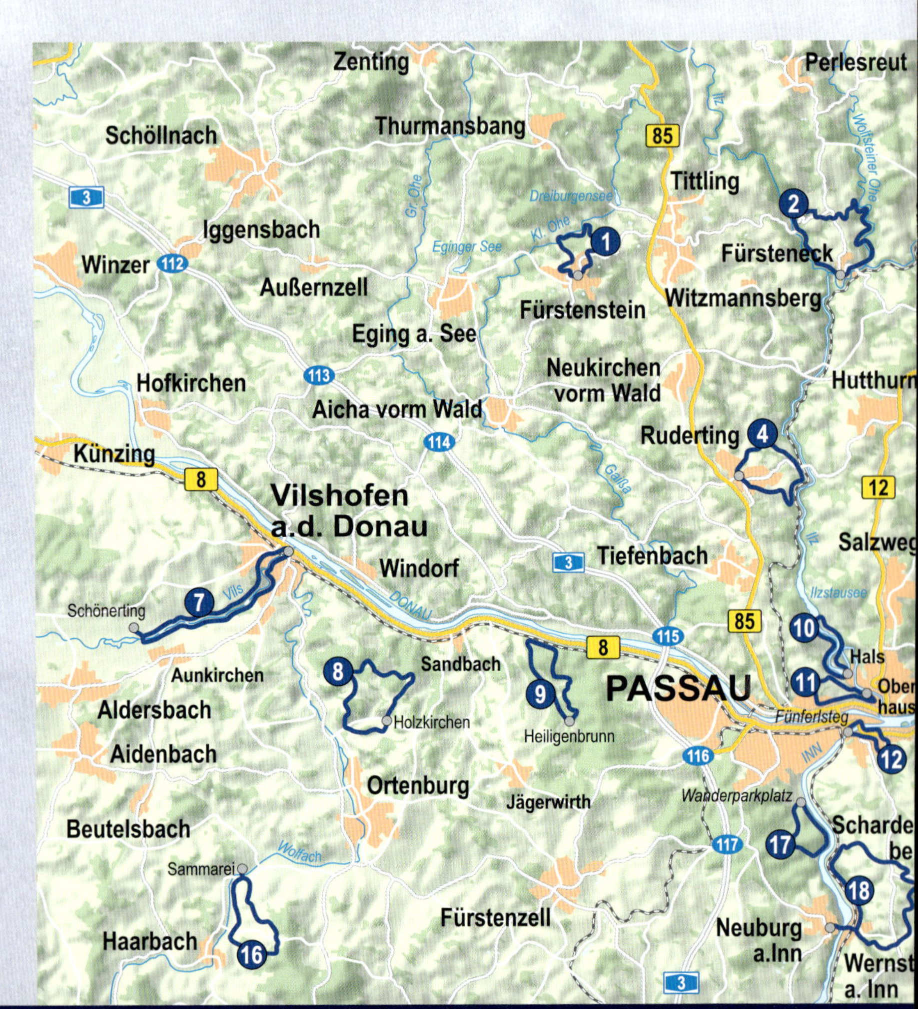

1. Fürstenstein und Englburg
2. Fürsteneck: Auf dem Triftsteig entlang der Ilz und der Wolfsteiner Ohe
3. Waldkirchen und die Saußbachklamm
4. Ruderting: Abwechslungsreiche Ilz-Runde
5. Weitblick um Gut Lichtenau
6. Gemütliche Runde bei Sonnen
7. Vilshofen: Entlang der vielgestaltigen Vils
8. Holzkirchen: Beschauliche Runde zur Georgseiche
9. Heiligenbrunn: Vom Wallfahrtsort durch bezaubernde Wälder
10. Hals: Verschlungene Wege um die Halser Ilzschleife

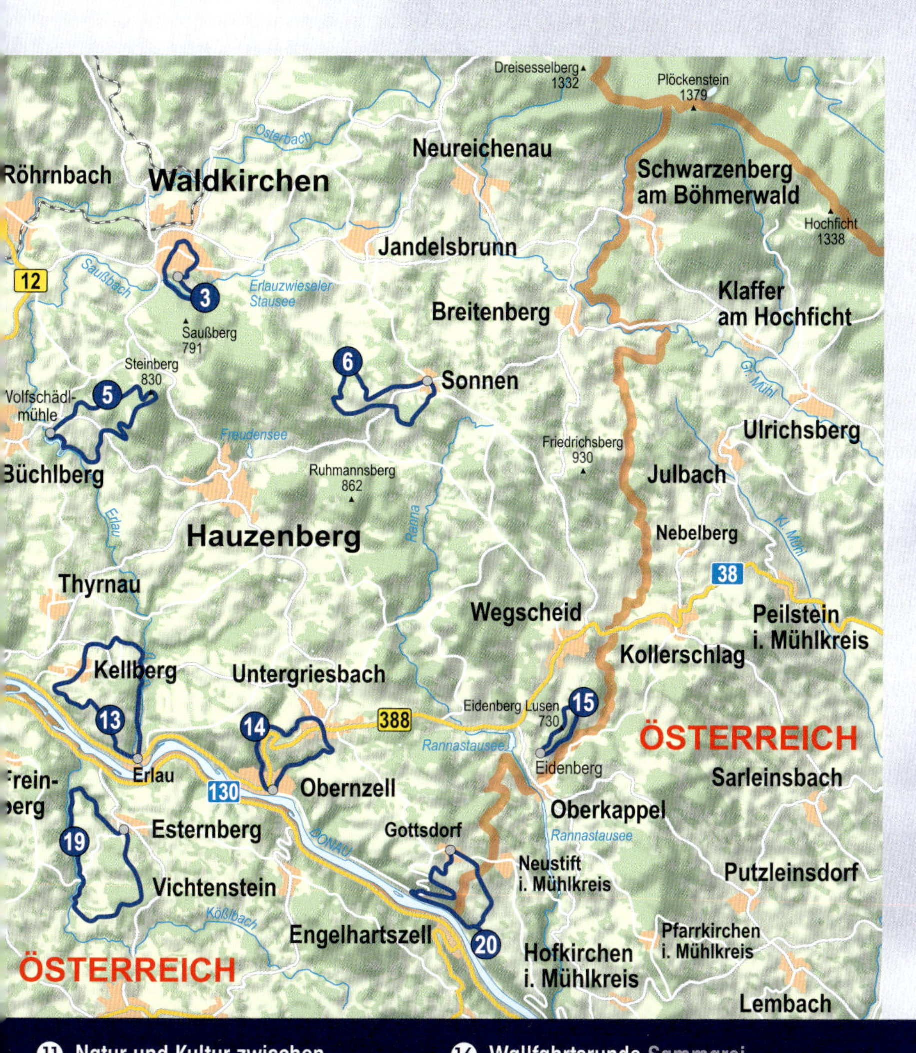

⑪ Natur und Kultur zwischen Oberhaus und Stadtpark

⑫ Mariahilf: Streifzug durch Passaus Innstadt

⑬ Erlau: Über aussichtsreiche Höhen und durchs urige Erlau-Tal

⑭ Obernzell: Zeller Donaurunde

⑮ Eidenberg: Bärnlochrunde am Eidenberger Lusen

⑯ Wallfahrtsrunde Sammarei

⑰ Kelberg: Durch den Neuburger Wald an den Inn

⑱ Neuburg: Kul-tour im Innviertel

⑲ Esternberg: Durch das wildromantische Kößlbachtal

⑳ Gottsdorf: Bayerisch-österreichischer Schmugglerweg

Wandern im Passauer Land

Wo ist es zu verorten, das Passauer Land? Es ist in diesem Buch nicht mit dem heutigen Lankreis identisch. Es reicht in einem Radius von ungefähr 30 Kilometern um die viel gerühmte Dreiflüssestadt. Spricht man vom Passauer Land im Sinne des ehemaligen, unabhängigen Fürstbistums - erst 1806 wurde es nach der Säkularisation zu einem Großteil Bayern zugeschlagen -, weiten sich die Grenzen. Anfang des 13. Jahrhunderts übergab Kaiser Friedrich II. dem Passauer Bischof Ulrich II. und seinen Nachfolgern die Grafenrechte und machte sie somit zu unabhängigen weltlichen Machthabern. Zu seiner Blütezeit war es das größte Bistum des deutschen Mittelalters, mit umfangreichen Ländereien entlang der Donau, weit über Wien hinaus. Mächtige Befestigungsanlagen wie schaurig-schöne Burgruinen zeugen von dieser Zeit. Doch schon lange vorher siedelten Menschen in dieser Gegend. Kelten und Römer hinterließen ab dem 2. Jahrhundert v. Chr. ihre Spuren, machten das Land urbar. Bedeutende Handelswege, die sogenannten Goldenen Steige, verbanden bereits um die erste Jahrtausendwende die Region mit Böhmen. Auf diesen Säumerwegen wurde das in Passau, von Hallein und Reichenhall, angelandete Salz auf Tragpferden weiterverfrachtet. Der Handel mit dem „Weißen Gold“ brachte Wohlstand und Reichtum, nicht nur für die Passauer Fürstbischöfe.

Topografie

Topografisch geprägt wird diese uralte Kulturlandschaft im Dreiländereck von einer der mächtigsten Wasseradern Europas, der Donau mit ihren vielen Zuflüssen wie Inn, Ilz, Vils, Erlau, Kößlbach und einigen mehr. Im Norden umfasst sie die südöstlichen Ausläufer des Bayerischen Waldes, südlich der Donau reicht sie von Vilshofen über den Klosterwinkel bis ins oberösterreichische Inn- und Mühlviertel.

Uns Wanderern bietet sie ein abwechslungsreiches Refugium zwischen Natur und Kultur. Wälder, Wiesen, Felder zeichnen ein buntes Muster auf die sanfthügelige Landschaft, in die sich malerische Ortschaften einschmiegen. Zudem ist Passau Knotenpunkt der Fernwanderwege Goldsteig, Pandurensteig, Donau-Panoramaweg, Jakobsweg, Via Nova, Donausteig, Europäischer Fernwanderweg E8 und der Goldenen Steige. Für die Tourenvorschläge in diesem Buch sind keine außerordentlichen Anforderungen an Kondition und Technik nötig. Bei einigen Passagen, vor allem in den steilen Uferhängen, ist jedoch Trittsicherheit erforderlich. Flussnahe Wege können durchaus matschig sein, Steinpfade rutschig und nach starken Regenfällen können sich ausgewaschene Hohlwege in plätschernde Bächlein verwandeln. Damit wären wir auch schon bei der Wanderausrüstung.

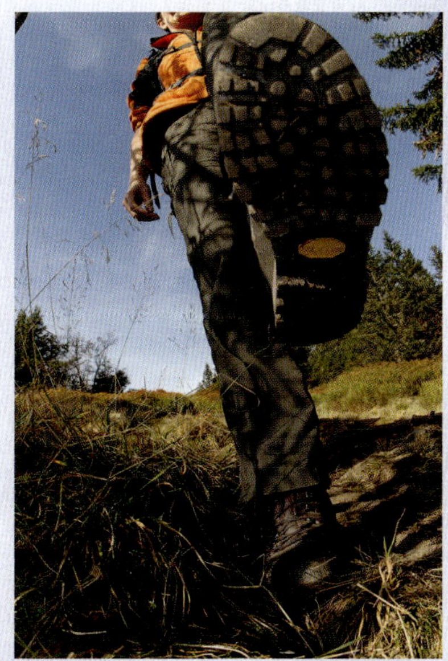

Ausrüstung

Das größte Augenmerk ist dabei natürlich auf die Tretwerkzeuge zu richten. Das Wichtigste: Sie müssen passen und eine rutschfeste Profilsohle vorweisen. Für den Kauf sollte man genügend Zeit mitbringen, am besten nachmittags, wenn man schon einige Zeit auf den Füßen war. Ich bevorzuge einen knöchelhohen Wanderstiefel aus Leder. Sie sind bei entsprechender Pflege über viele Jahre und Kilometer ein robuster und wasserfester Begleiter. Ferner sollten auch die Socken nicht vernachlässigt werden, sind sie doch wesentlich am Wohlfühlfaktor im Schuh beteiligt. Auch auf kurzen Touren mit Einkehrmöglichkeiten empfiehlt es sich, immer eine Flasche Wasser und etwas Proviant mitzunehmen, für den Notfall ein Handy. Darüber hinaus hängt es von den persönlichen Bedürfnissen ab, was jeder bereit ist mit sich herumzuschleppen. Meist reicht dafür ein kleiner Rucksack, am besten mit einer Entlüftung für den Rücken. In Sachen Kleidung gilt das „Zwiebelprinzip“: Zuunterst ein Shirt, das Schweiß vom Körper wegführt, darüber eine wärmende Schicht (Fleece oder Ähnliches) und die äußere Hülle, die Wind und Regen abhalten und dampfdurchlässig sein soll. Immer mehr Hersteller bieten mittlerweile Funktionsbekleidung aus Naturfasern oder recyceltem Material an. Der Markt für Outdoorbekleidung ist schier unüberschaubar, weiterführende Details würden den Rahmen dieses Buches sprengen. Abhilfe schafft hier eine kompetente Beratung in einem Fachgeschäft. Wanderstöcke entlasten vor allem das Kniegelenk beim Abwärtssteigen und können in steilen Passagen sicheren Halt geben. In meinem Rucksack findet sich neben einem kleinen Erste-Hilfe-Set meist ein kleiner Schirm, mit dem man einigermaßen trocken durch einen Platzregen kommt. Für die andere Wetterseite sollte man an einen ausreichenden Sonnenschutz denken. Immer dabei ist eine Wanderkarte im Maßstab 1:50.000 oder noch besser 1:35.000. Und noch eins ist wichtig: Nehmen Sie sich reichlich Zeit mit. Die jeweiligen Angaben bei den Touren beziehen sich auf die reine Gehzeit, ohne Pausen. Genießen Sie ausgiebig die herrlichen Aussichten, begeben Sie sich auf spannende Zeitreisen in den vielen Sehenswürdigkeiten, besuchen Sie die gemütlichen Wirtshäuser, bestaunen Sie die kleinen Wunder am Wegesrand, lassen Sie sich

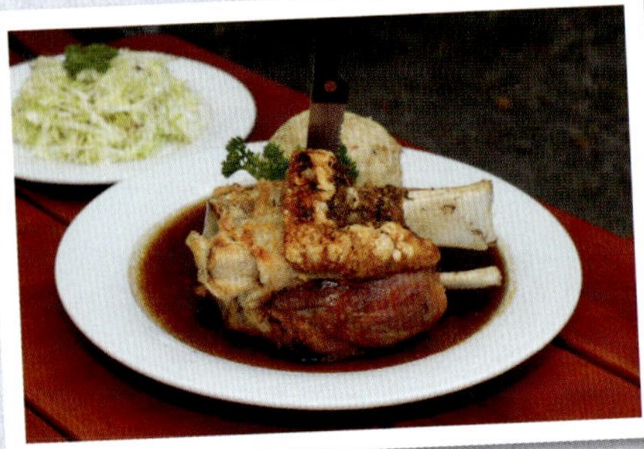

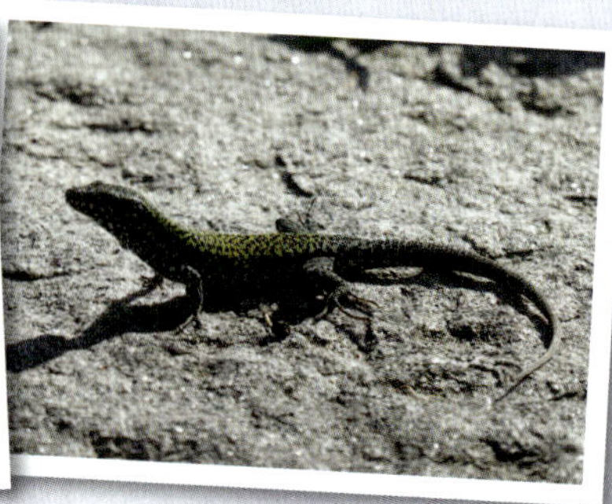

„... besuchen Sie die gemütlichen Wirtshäuser, bestaunen Sie die kleinen Wunder am Wegesrand ...“

ein auf zufällige Begegnungen und halten Sie alle Sinne offen.Vielleicht finden Sie ja dabei auch zu Ihrem inneren Weg, der nach Gottfried Keller, neben dem äußeren, für jede Wanderschaft gilt.

Anreise

Fast alle Touren sind von Passau aus mit dem ÖPNV erreichbar. Fahrpläne und Infos auf www.vlp-passau.de, www.bayern-fahrplan.de. Aufgrund der pittoresken Streckenführung ist eine Fahrt mit der Ilztalbahn ein besonderes Erlebnis (www.ilztalbahn.eu). Sie verkehrt in den Sommermonaten am Wochenende und an Feiertagen.

Weitergehende Literatur:

- Die schönsten Wirtshäuser in Passau und Umgebung von Manfred Probst, SüdOst-Verlag, ISBN 978-3-86646-754-5, Euro 19,90
- Passau, Kleine Stadtgeschichte von Michael W. Weithmann, Verlag Friedrich Pustet, ISBN 978-3-7917-2565-9, Euro 14,95
- Passau & Passauer Land von Julia Wolf, Via Reise Verlag, ISBN 978-3-945983-64-5, Euro 14,95
- Lieblingsplätze in und um Passau von Mirja-Leena Zauner, Gmeiner Verlag, ISBN 978-3-8392-2618-6, Euro 18,00
- 111 Orte in und um Passau, die man gesehen haben muss, von Christine Hochreiter, Emons Verlag, ISBN 978-3-7408-0733-7, Euro 16,95

Wandern mit GPS

Dieses Buch ist so aufgebaut, dass Sie die Wege mithilfe der Tourbeschreibungen und der abgebildeten Karte auch ohne moderne Technik finden können. Es kann aber sicher nicht schaden, wenn man im Zweifelsfall auf technische Hilfsmittel zurückgreifen kann; besonders nützlich ist die elektronische Unterstützung auf unmarkierten Streckenabschnitten. Deshalb bieten wir unseren Lesern auf der Webseite des Verlags die GPS-Daten zu diesem Wanderführer kostenlos zum Download an. Die Adresse der Webseite lautet: **https://gps.battenberg-gietl.de/**. Geben Sie zuerst das Passwort **4SW5n4f2** in das entsprechende Feld ein und klicken Sie dann bei der Tour Ihrer Wahl auf den Download-Button.

Die GPS-Daten wurden sorgfältig vom Autor erstellt. Es kann aber vorkommen, dass Ihre Position aus technischen Gründen nicht exakt angezeigt werden kann. Mithilfe der Wegbeschreibungen und einer Wanderkarte sollten Sie sich aber stets orientieren können.

Die Touren sind im gängigen GPX-Format gespeichert. Sie können einzelne Touren direkt herunterladen oder gleich alle auf einmal; in dem Fall erhalten Sie eine ZIP-Datei, die Sie erst einmal „entpacken" müssen.

Um die GPS-Daten benutzen zu können, benötigen Sie ein Smartphone (iPhone oder Android) mit GPS-Empfänger und eine App, die GPX-Dateien darstellen kann (z.B. Komoot, Bergfex, Outdooractive o. ä.). Sie sollten nach Möglichkeit die Dateien so speichern, dass Sie sie offline nutzen können, da häufig Wälder und Berge beim Netzausbau nicht vorrangig behandelt werden und es im Online-Betrieb bei schlechtem Netz zu lästigen Verzögerungen kommen kann.

Navigationsaufgaben verursachen meist einen höheren Energieverbrauch auf dem Smartphone. Achten Sie daher besonders bei längeren Touren darauf, dass der Akku ausreichend aufgeladen ist.

Fürstenstein und Englburg

Leicht

9,0 km

↓↑ 260 m

2½ Std.

Fürstenstein – Buchet – Englburg – Dobl – Kollnbergmühle – Am Hohen Stein – Fürstenstein

Wie Perlen auf einer Kette reihen sich auf dieser Wanderrunde sehenswerte Kleinode aneinander. Wir bewegen uns durch lichte Wälder und bäuerlich geprägte Kulturlandschaft auf ruhigen aussichtsreichen Nebensträßchen wie engen Waldpfaden.

Markierung:
Wanderweg Nr. 50 und Via-Nova-Pilgerweg

Parken:
Parkplatz in Fürstenstein bei der Sportanlage (Navi: Jahnweg 3, 94538 Fürstenstein)

ÖPNV:
Passau Hauptbahnhof, weiter mit Bus 6124

Tourist-Information:
Rathaus, Vilshofener Str. 9, 94538 Fürstenstein, Tel. 08504 915530, www.fuerstenstein.de

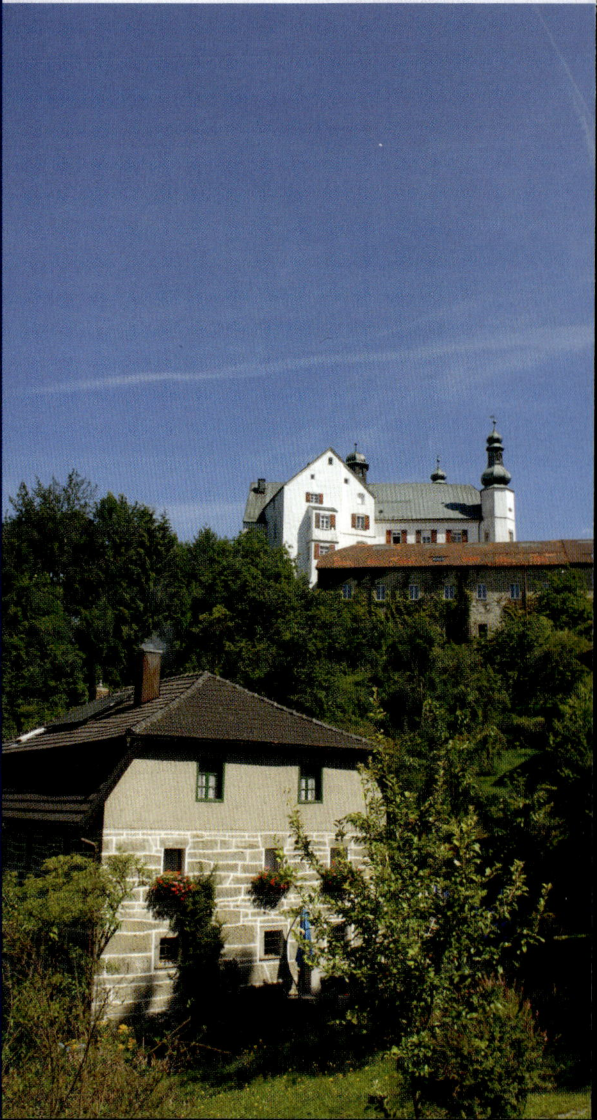

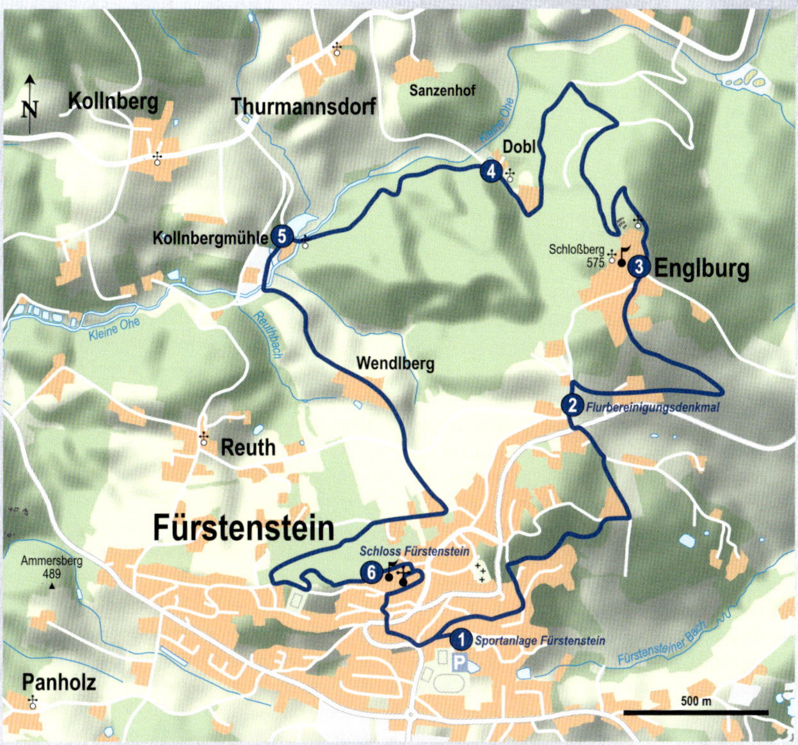

❶ Parkplatz Sportanlage Fürstenstein – Start/Ziel

❷ Flurbereinigungsdenkmal

❸ Englburg

❹ Dobl

❺ Kollnbergmühle

❻ Schloss Fürstenstein

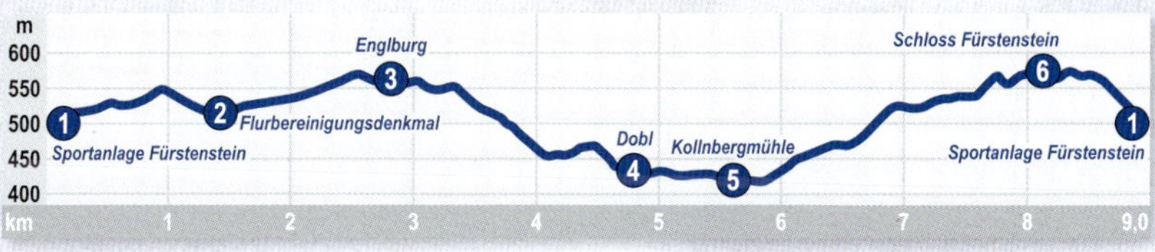

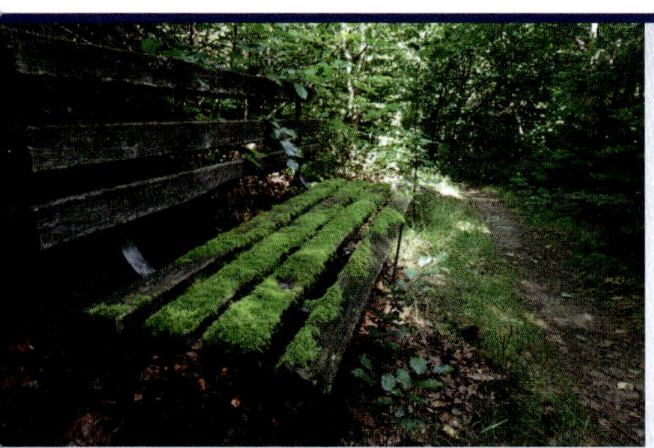

Moos auf der Bank

Wir starten unsere Rundtour vom Jahnweg, oberhalb der Parkplätze der Sportanlagen ❶. Wir wenden uns zunächst nach links und biegen im spitzen Winkel nach rechts in die Frühlingsstraße. Wir schlendern an einigen kleineren Häusern vorbei, die sich an den sonnigen Südhang schmiegen und weite Blicke ins Passauer Land bieten.

Wir folgen der Frühlingsstraße in einer Linkskurve bergan. Nach den letzten Häusern nehmen wir im Wald den ersten Abzweig nach rechts. Auf dem schmalen Pfad, einer Art Laubengang durch jungen Buchenwald, wandern wir eher aufwärts, an der Wegeinmündung biegen wir rechts ab.

Der Wald lichtet sich, einige mächtige Buchen ragen in den Himmel. Das Jungvolk versucht es ihnen einige Etagen tiefer gleichzutun. Die Waldstücke heißen bezeichnenderweise Buchet und Hinterbuchet. Vor ein paar abseits gelegenen Häusern erreichen wir ein ruhiges Sträßchen. Wir halten uns rechts und an der nächsten T-Kreuzung, mit Straßennamen Ziegelfeld, links. Das führt bald durch einen lichtdurchfluteten Hochwald – auch hier ist die Buche der dominante Baum.

An der Vorfahrtstraße gehen wir links und kommen so an die Dreiburgenstraße. Wir überqueren sie vorsichtig, gehen 30 Meter nach links und biegen nach dem Bushäuschen rechts ab. Beschattet von einer Eiche,

Schloss Englburg und Schloss Fürstenstein

Beide Schlösser sind wohl im Dunkel des 11. Jahrhunderts entstanden. Genaueres ist nicht bekannt, nur dass die ersten Burgherren aus dem Geschlecht der Edlen zu Hals stammten. Beide Burgen wechselten im Laufe der Jahrhunderte des Öfteren die Besitzer, wurden zerstört oder fielen Flammen zum Opfer. Schloss Englburg wurde nach dem letzten verheerenden Brand 1874 von ihrem Eigentümer, dem Gutsbesitzer und Landrat Max Niedermayer, im alten Stil wieder aufgebaut. 1929 erwarben die Englischen Fräulein, vom Passauer Kloster Niedernburg, das Schloss und nutzten es als Erholungsheim. Während des 2. Weltkrieges diente es als Lazarett und anschließend als Sanatorium. 1950 erfolgte eine gründliche Instandsetzung und die Wiederaufnahme des Pensionsbetriebes, der 2004 eingestellt wurde, wobei das Schloss verkauft wurde. Unter neuen Schlossherren wird seit 2011 weiter renoviert. Ein Teil der Anlage beherbergt Wohnungen, Büros und Gewerbeflächen. Schloss Fürstenstein wurde 1848 von einem Brand fast völlig zerstört. Der Passauer Bischof Heinrich erwarb die Brandruine, baute das Schloss wieder auf. Anschließend übereignete er es dem Orden der Maria-Ward-Schwestern. Sie unterhielten darin zunächst eine Mädchenschule sowie eine Anstalt für verwahrloste Kinder. Während des 2. Weltkrieges teilte Schloss Englburg das Schicksal von Schloss Fürstenstein. 1946 konnte der Schulbetrieb wieder aufgenommen und bis 2001 aufrechterhalten werden. Seit Mai 2007 befindet sich das Schloss in Privatbesitz.

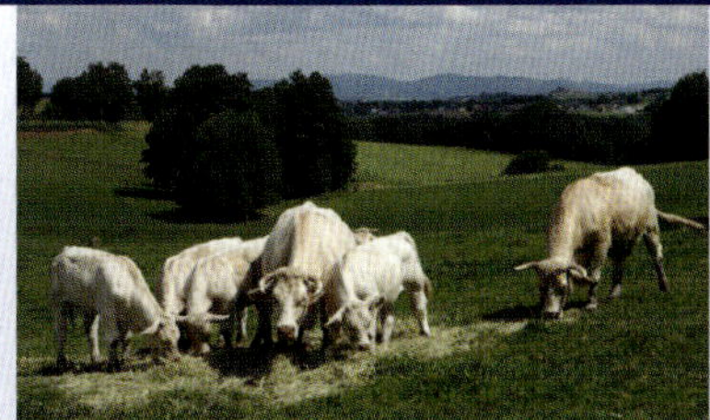

Charolais-Rinder

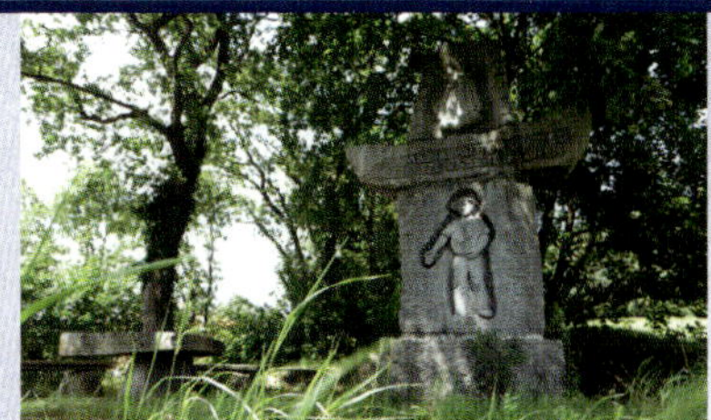

Flurbereinigungsdenkmal

einem Ahorn und einer Buche liegt das aus Granit gehauene Flurbereinigungsdenkmal des Englburger Künstlers Karl Mader ❷. Beim nächsten Anwesen biegen wir rechts auf den geteerten Weg, zu den Hausnummern 20; 26; 27. Nach dem letzten Gebäude geht unser Sträßchen in einen pittoresken Feldweg über. Eine Reihe alter Eichen steht Spalier, rahmt den Blick nach Süden über die sanft gewellte Landschaft. Am Ende der halbseitigen Allee schwenken wir nach links auf den ansteigenden Schotterweg ein. Ein weiteres steinernes Denkmal von Karl Mader erinnert an den Englburger Kunstmaler Wilhelm Niedermayer.

Noch ein kurzes Stück des Weges und das romantisch gelegene Schloss Englburg taucht vor unseren Augen auf. Wir schlendern durch die gleichnamige Ortschaft direkt auf sie zu. Der Eintritt bleibt uns allerdings verwehrt, da sich die fürstliche Anlage in Privatbesitz befindet ❸. So spazieren wir an ihr vorbei und halten uns an der nächsten Weggabelung rechts, verlassen den Asphalt.

Bergab geht's durch rauschenden Wald. Wir stoßen auf eine fast schon mythisch anmutende, mit Moos überwucherte Gesteinsformation. Vielleicht einer dieser esoterischen Kraftorte? Der Volksmund nennt sie, aus welchem Grund auch immer, Walterspielplatz. Energetisch aufgeladen laufen wir nach links weiter, folgen der Wegweisung 50 im sanften Auf und Ab entlang des Hanges. An der Kreuzung nahe den Häusern biegen wir rechts ab, folgen der Markierung des Via-

Knorrige Eiche

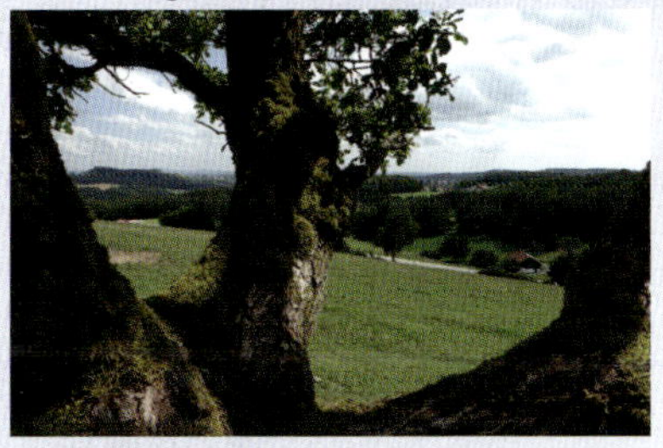

Wollsackverwitterung am Walterspielplatz

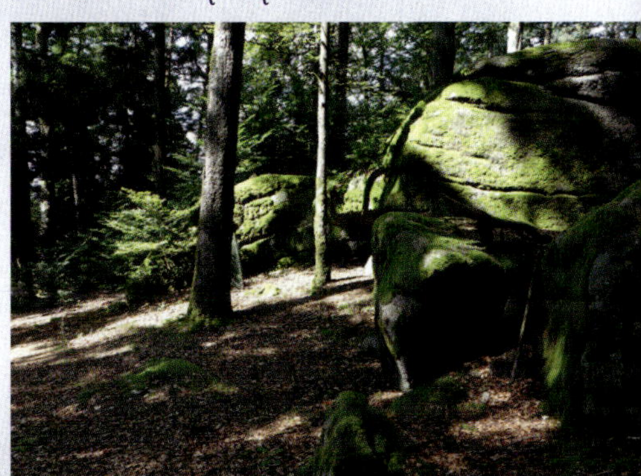

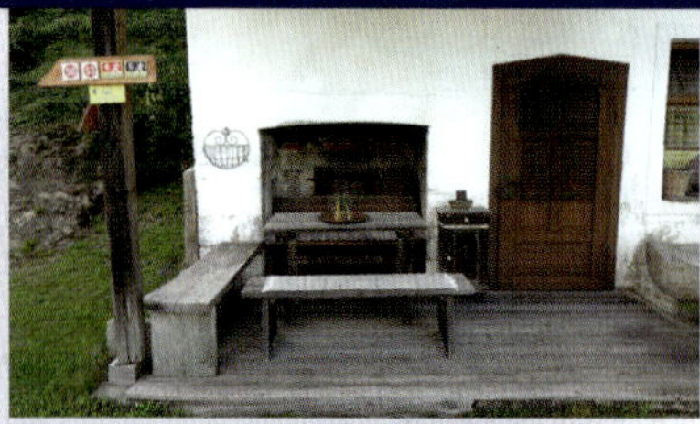

Wegweisung in der Kollnbergmühle

Nova-Pilgerweges, teils steil abwärts. Das Unterholz bildet einen lichten Tunnel, durch den Sonnenstrahlen irrlichternde Flecken am Boden zeichnen.

Bei der Einmündung auf den Forstweg gehen wir gut 30 Meter nach rechts und biegen dann links auf einen engen Pfad. Nach wenigen Metern halten wir uns wieder links, weiter auf dem Via-Nova-Weg. An der Einmündung auf den Forstweg bei dem LKW-Wendeplatz wandern wir links weiter. Mal etwas rauf, mal etwas runter laufen wir entlang des Hanges. An der Weggabelung halten wir uns links bergan, bleiben immer auf dem Hauptweg und kommen so bei dem verschlafenen Weiler Dobl an ein Teersträßchen, auf das wir rechts einbiegen. Ein unscheinbares Kapellchen am Wegesrand entpuppt sich beim Betreten als multi-religiöses Bethaus ❹. Da kann man den Doblern nur danken und sich ihrem Wunsch anschließen, „dass alle Menschen und Lebewesen gestärkt und erbauter aus der Kapelle herausgehen als sie vielleicht hineingegangen sind."

Wir biegen bei dem Gehöft mit dem Weiher nach links von der Teerstraße ab. Am Waldrand entlang, vorbei an den Mantra-Steinen des Künstlers Nikolaus Pfeiffer, erreichen wir die idyllisch gelegene Kollnbergmühle ❺, mit dem ältesten Mühlweiher des Bayerischen Waldes. Der Mühlbetrieb ruht zwar schon seit Längerem, dafür kann man sich in den alten Holzhäusern als Feriengast einmieten.

Wir biegen nach dem Weiher nach links auf das Sträßchen. Nach der Brücke über die Kleine Ohe marschieren wir wieder nach links. Steil bergauf bekommen wir bald das Schloss Fürstenstein vor Augen und dann linker Hand, über den Wäldern, Schloss Englburg – ein bezaubernder „Zwei-Burgen-Blick". Drehen wir uns um, reiht sich am Horizont Waldwoge an Waldwoge, bis hinauf zum Brotjacklriegel (1.011 m). Wir bleiben immer geradeaus auf der ruhigen, ansteigenden Straße. An der T-Kreuzung biegen wir rechts in die Straße Am Schwemmholz. Vorbei an einigen Häusern kommen wir in ein Wäldchen. Dort biegen wir gleich links auf einen schmalen, ansteigenden Pfad. Bei einem alten Skilift kommen wir aus dem Wald, wenden uns nach links, weiter bergauf. An der Umlenkspule des Skiliftes vorbei, gehen wir auf dem Sträßchen Am Hohen Stein nach

Blick auf den Brotjacklriegel

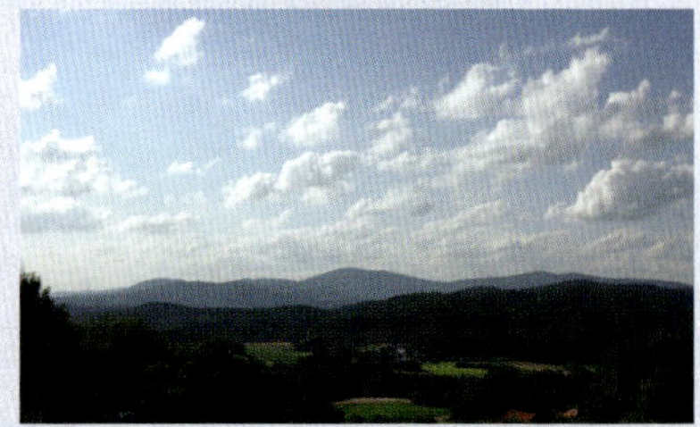

links. Nach dem zweiten Polder mit dem Fußgänger-/Radweg-Schild, steigen wir über ein paar Stufen in das bizarre Felsmassiv „Am Hohen Stein“ mit dem Skulpturenpark. Die von der Natur geschaffenen Kunstwerke entstanden im Tertiär vor über drei Millionen Jahren durch die ausgeprägte Wollsackverwitterung der Gipfelklippen. Außerdem regen von Menschenhand errichtete Objekte, die aus verschiedenen in Fürstenstein durchgeführten Bildhauersymposien entstanden sind, die Fantasie an.

Nach einer kleinen Runde durch die parkähnlichen Anlage halten wir uns an dem Sträßchen Am Hohen Stein links, gehen direkt auf das Schloss zu. Auch dieses ist in Privatbesitz und für die Öffentlichkeit nicht zugänglich. So marschieren wir links an ihm vorbei, rätseln über die Geheimnisse, die sich hinter den mächtigen Mauern wohl verbergen ❻. Nach Norden offenbart sich uns noch einmal ein wunderbares Panorama. Am Horizont die blauen Bayerwald-Berge, davor sanfte Waldbuckel, auf denen die Englburg und in sechs Kilometern Entfernung die Saldenburg thronen.

Wir steigen nach dem Schloss über einige Stufen zur Burgstraße. Für einen kurzen Abstecher zur Wallfahrtskirche Maria Himmelfahrt – ein Nachbau der Gnadenkapelle von Altötting – gehen wir einige Meter nach rechts. Im Inneren findet sich eine frühbarocke Nachbildung der Schwarzen Madonna von Altötting. Wir gehen wieder zurück und von der Burgstraße rechts in die Bischof-Heinrich-Straße. Auf ihr kommen wir an die

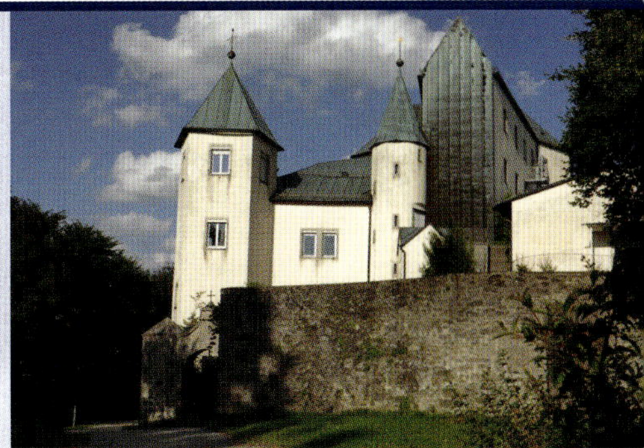

Schloss Fürstenstein

südliche Schloss-Seite und steigen kurz vor dem Torbogen die Stufen nach links hinab. In den Pandurenweg biegen wir links und gleich wieder nach rechts, die Stufen zur Dreiburgenstraße hinab. Wir überqueren sie vorsichtig und laufen geradeaus neben dem Gasthaus Kerber den Postweg bergab. Der bringt uns nach einer 90-Grad-Kurve zur Frühlingsstraße, auf der wir nach links und in gut 100 Metern unseren Ausgangspunkt erreichen.

Essen/Einkehren:

Gasthaus Kerber
Dreiburgenstr. 30
94538 Fürstenstein
Tel. 08504 1645
www.pension-kerber.de

Gasthaus „Zur Post“ Kern
Bergstr. 13
94538 Fürstenstein
Tel. 08504 1615
www.pension-kern.de

Fürsteneck: Auf dem Triftsteig entlang der Ilz und der Wolfsteiner Ohe

Mittel

14,8 km

↓↑ 310 m

4½ Std.

Fürsteneck – Schrottenbaummühle – Schnürring – Loizersdorf – Wolfsteiner Ohe – Fürsteneck

Abwechslungsreiche Rundtour, mit einigen kurzen, allerdings sehr steilen Auf- und Abstiegen auf schmalen Trampelpfaden wie bequemen Feldwegen.

Markierung:
Der Rundweg ist mit dem Triftsteig-Symbol und dem Künstlersteig-Symbol gekennzeichnet.

Parken:
Wanderparkplatz vor dem Schloss Fürsteneck (Navi: Schloßweg 5, 94142 Fürsteneck)

ÖPNV:
Bahnstation Passau und weiter mit Bus 6118 oder mit der Ilztalbahn

Tourist-Information:
Perlesreut – Fürsteneck, Unterer Markt 3, 94157 Perlesreut, Tel. 08555 961910, www.fuersteneck.de

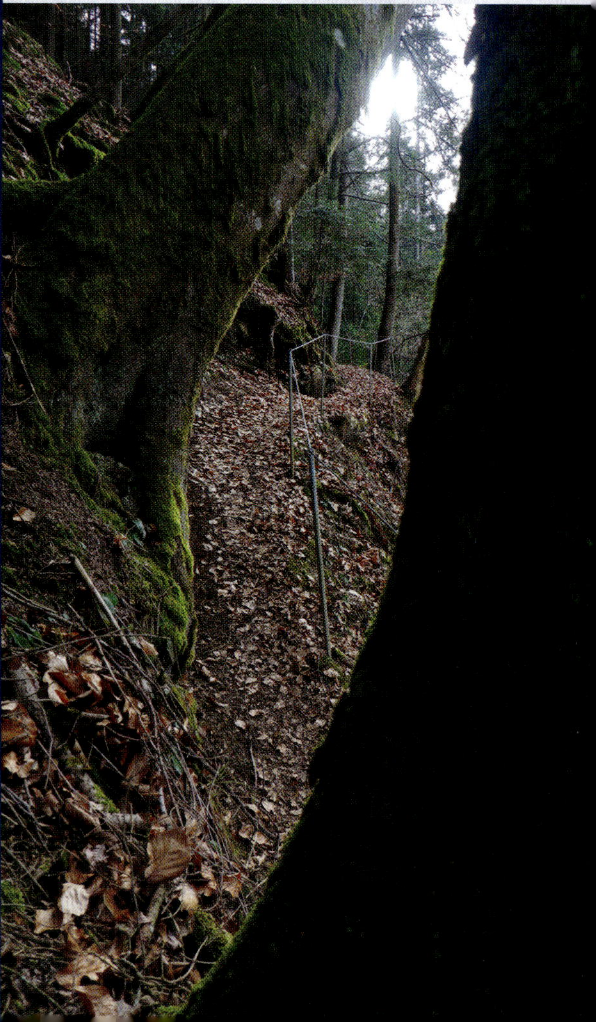

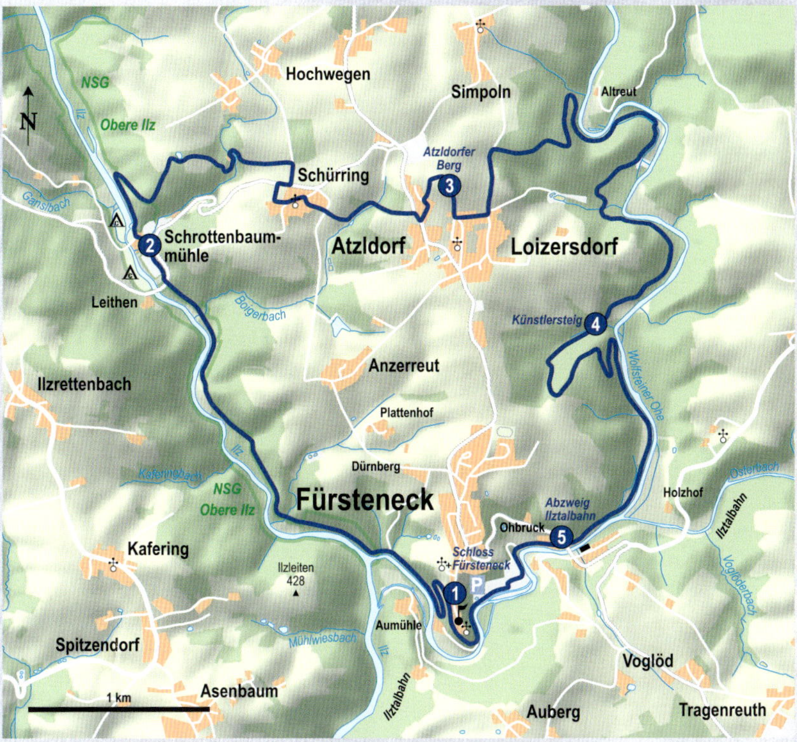

❶ Fürsteneck – Start/Ziel

❷ Schrottenbaummühle

❸ Atzldorfer Berg

❹ Abzweig Künstlersteig

❺ Abzweig Ilztalbahn

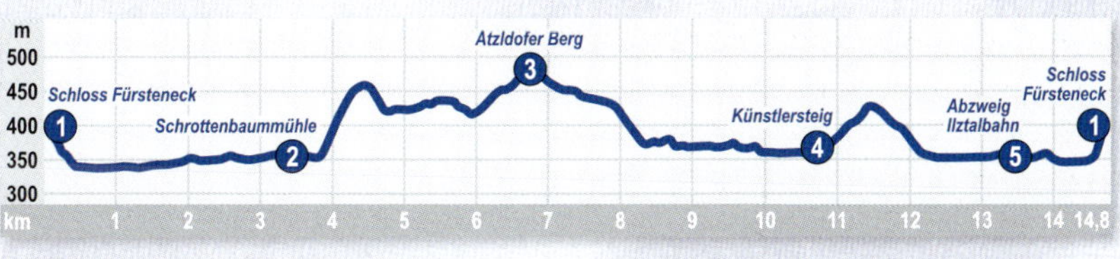

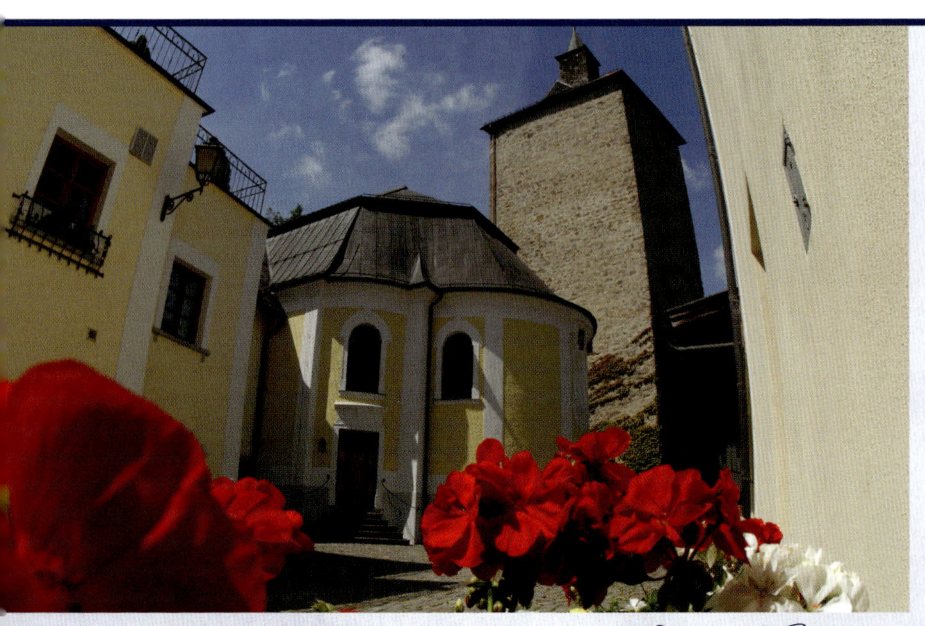

Schlosshof Fürsteneck

Ausgangs- und Endpunkt dieser Tour liegen direkt vor den Toren des Schlosses Fürsteneck ❶, das imposant auf einem Felssporn über dem Zusammenfluss von Ilz und Wolfsteiner Ohe liegt. Viele namhafte Wanderwege, wie Goldsteig, Pandurensteig, Goldener Steig, Ilztalwanderweg und Via Nova treffen sich an diesem Ort. Nach Studium der Infotafeln beim Wanderparkplatz wählen wir den Triftsteig, folgen dem Wegweiser mit der weiß auf blau stilisierten Flussgabelung.

Ein schmaler, bewaldeter Trampelpfad windet sich steil hinab zum Talgrund. Dort biegen wir auf dem breiten Uferweg nach rechts, entlang der vor sich hin rauschenden Wolfsteiner Ohe. Nach knapp 500 Metern ergießt sie sich in die Ilz. Eine immer fort-

Schloss Fürsteneck

Im 12. Jahrhundert ließ der Passauer Fürstbischof Wolfker von der Erla hier eine Burg als Grenzbefestigung gegen die bayerischen Herzöge errichten. Vornehmlich im 16. Jahrhundert wurde die Burg zum Schloss umgebaut und erhielt 1745 die sehenswerte Barockkapelle – heute die Pfarrkirche der Gemeinde Fürsteneck. Bis zur Säkularisation 1803 war die Anlage im Besitz des Passauer Hochstifts. Nach der Vereinigung des Fürstbistums Passau mit dem bayerischen Erzherzogtum verkaufte der Staat 1814 das Anwesen mit einer Braukonzession an Konstantin Binder, einen ehemaligen Ordensbruder aus Regensburg. Seit 1921 ist die Familie Forster im Besitz des Schlosses. Neben der Schlossgaststätte mit Hotel beherbergt es das Ilz-Infozentrum des Naturparks Bayerischer Wald e. V., Infozentrum 3, 94227 Zwiesel, Tel. 0 99 22 / 80 24 80, www.naturpark-bayer-wald.de

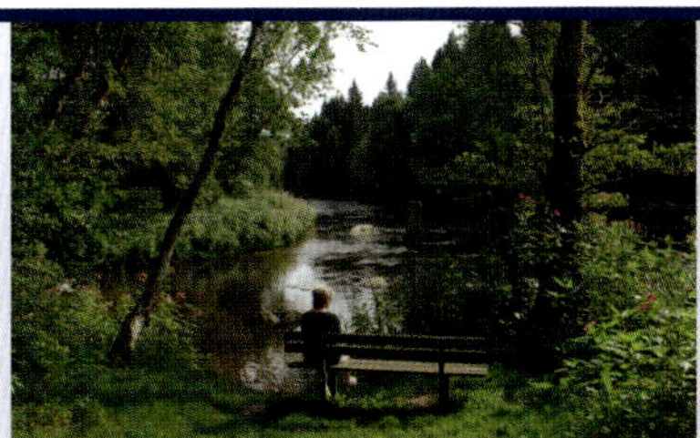

Mündung der Wolfsteiner Ohe

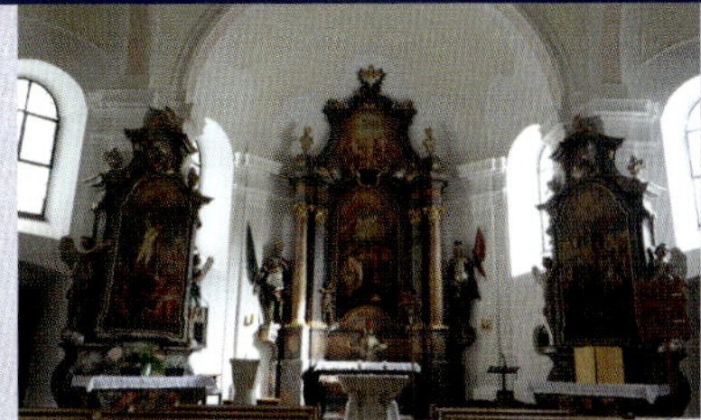

In der Schlosskapelle

währende Vereinigung, der sich auf einer Bank gut eine Zeit lang beiwohnen lässt. Gemütlich schlendern wir weiter auf dem ebenen, feinsandigen Wander-Highway flussaufwärts. Auf dieser beliebten Strecke kann es an schönen Tagen in der Hochsaison schon mal etwas belebter zugehen. Wir wandern nahe an der Ilz, deren Rauschen und Glucksen, im Chor mit einem vielstimmigen Vogelgezwitscher, eine beruhigende Hintergrundmusik zur pittoresken Flusslandschaft liefert. Nach gut zwei Kilometern gelangen wir an eine Straße, die wir queren, um auf dem gegenüberliegenden Fußweg einzuschwenken. Vorbei an einem Sägewerk erreichen wir die Schrottenbaummühle ❷. Die beliebte und malerisch gelegene Ausflugsgaststätte mit Campingplatz wird heute in der neunten Generation von Anton Segl geführt. Fangfrische Forellen sind die absolute Spezialität des Hauses.

Gestärkt ziehen wir weiter; vorbei an dem kleinen Wasserkraftwerk der Mühle, nahe am Fluss entlang, der zunächst, vom Stauwehr gebremst, ruhig und glatt wie ein Spiegel vor uns liegt. Das Tal weitet sich ein wenig, unser

Schloss Fürsteneck über der Ilz

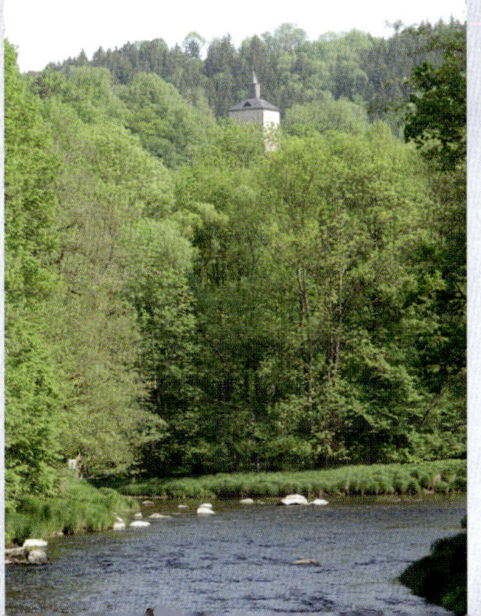

Die Schrottenbaummühle und ihr Wirt Anton Segl

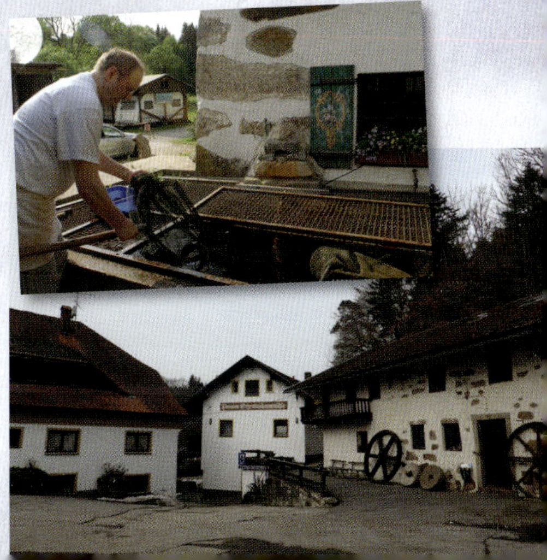

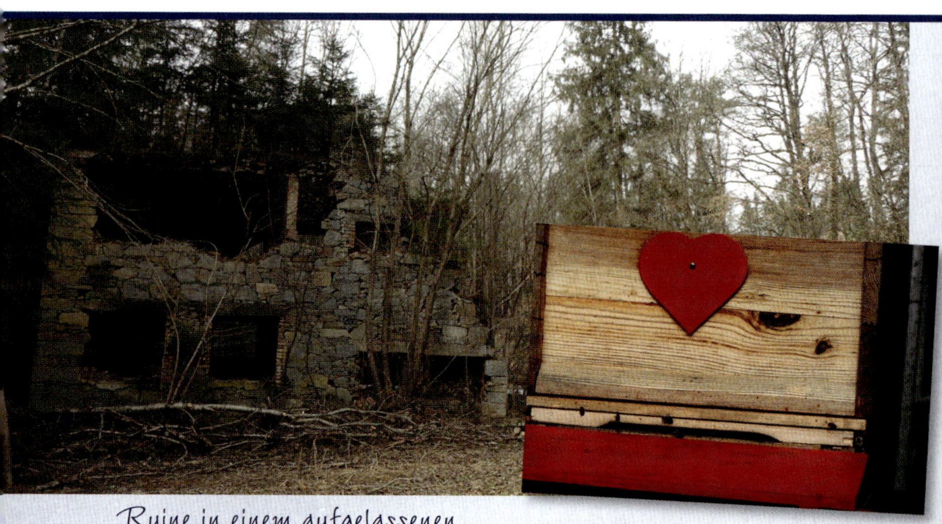

Ruine in einem aufgelassenen Steinbruch

Bienenstöcke am Wegesrand

Weg wird etwas schmäler. Nach 400 Metern nehmen wir den Abzweig bei einer Infotafel nach rechts. Nun gilt es auf die nächsten 700 Meter 90 Höhenmeter zu bewältigen. Durch schattigen Wald schleppen wir uns in kleinen Schritten den Talhang hinauf. Oben angelangt atmet unsere gut durchlüftete Lunge kräftig auf. Ein eingewachsener Tümpel zieht unsere Aufmerksamkeit auf sich. Wir lassen ihn links liegen, schreiten aus dem Wäldchen auf eine sonnige Lichtung.

Am Waldrand laufen wir abwärts, vorbei an einer Holzhütte mit zwei Bienenstöcken davor. Kurz darauf, dem Triftsteig in einer Linkskurve folgend, stehen wir in einem aufgelassenen Steinbruch. Die Natur hat ihn, samt einer bröckeligen Ruine, mit kräftigem Rankwerk umwuchert. Auf einem Brückchen queren wir den Hochwegener Bach und biegen rechts auf den Feldweg ein. Dieser führt uns über offenes Gelände. An der Einmündung auf ein schmales, asphaltiertes Sträßchen halten wir uns rechts. 200 Meter weiter, an der T-Kreuzung mit der Staatsstraße 2127, biegen wir zunächst rechts ab und nach 60 Meter links. Nach hundert Metern, vor den ersten Gebäuden Schnürrings, gehen wir wieder links. Der verschlafene Weiler bildet sich nur aus ein paar Häusern und Bauernhöfen. Eine zierliche Holzkapelle steht vor einem Gehöft, hinter dem wir nach rechts aus dem Ort wieder hinauswandern.

Im pittoresken Weiler Schnürring

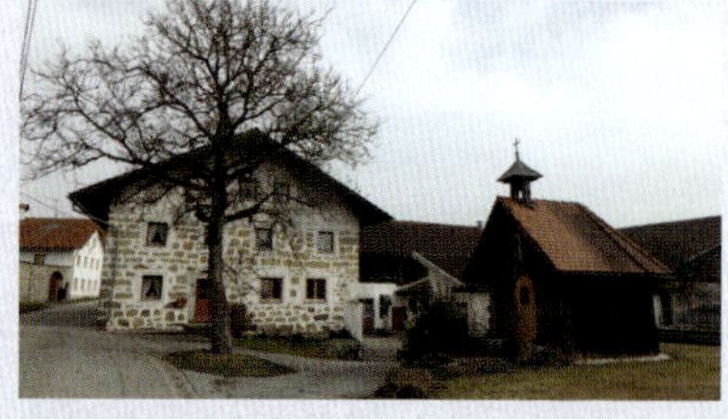

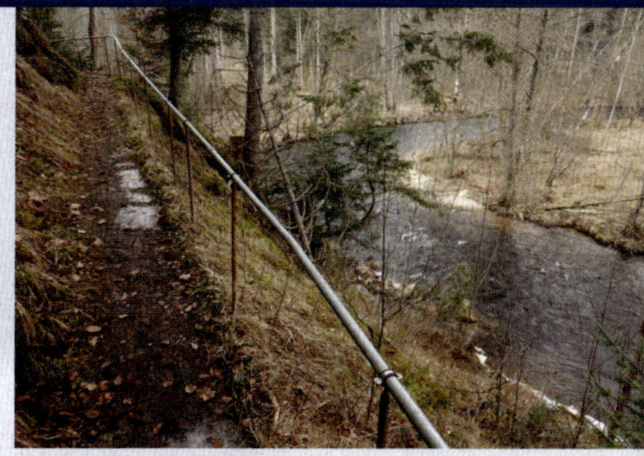

Gesicherter Weg an der Hangleite

Am Waldrand halten wir uns links, haben ab hier wieder Schotter unter den Füßen. Der Weg führt uns in ein Wäldchen, in dem wir über eine Brücke ein Bächlein queren und danach rechts abbiegen. Über Felder und Wiesen stoßen wir auf die kleine Staatsstraße 2321, gehen auf ihr 50 Meter nach rechts und folgen vor dem Örtchen Atzldorf der Wegweisung nach links (Straßenname: Sucherfeld).

Mit dem topografischen Höhepunkt dieser Tour, dem Atzldorfer Berg (485 Meter) ❸, vor Augen wandern wir weiter bergan. Zunächst durch ein Neubaugebiet, aus dem wir nach einer scharfen Linkskurve nach rechts herausschreiten. Auf dem „Gipfelplateau“ wartet zwischen ein paar Bäumen ein gemütlicher Rastplatz mit Tischen, Bänken und einer Feuerstelle. Bei einer deftigen Brotzeit genießen wir den weiten Rundumblick über das sanft gewellte Land: schmucke Dörfer, eingebettet zwischen Feldern, Äckern und Wäldern. Der hochnebelige Tag heute verleiht der ländlichen Szenerie einen Hauch von Melancholie.

Wir reißen uns los, wandern auf dem Triftsteig nach rechts weiter. Nach den ersten Häusern von Loizersdorf halten wir uns links und an der nächsten T-Kreuzung wiederum. Nach 350 Metern verlassen wir das abschüssige Sträßchen nach rechts. Ein ausgefahrener Traktorweg bringt uns durch dichten Mischwald steil bergab zur Wolfsteiner Ohe.

Hier treffen wir auf den Weitwanderweg Via Nova, dem wir flussabwärts folgen. Der schmale, wurzelige Trampelpfad läuft zackig auf und ab entlang den fast senkrecht abfallenden Leiten, wie die Talhänge hier auch genannt werden. Einige Stellen sind mit Halteseilen gesichert. Obacht, bei feuchtem Wetter kann es hier ziemlich rutschig werden.

Am Talgrund überqueren wir ein Wehr, das den Fluss für das nahe Wasserkraftwerk aufstaut und umleitet. Rechter Hand den Kanal, linker Hand das weitgehend vom Wasser verlassene Naturbett der Wolfsteiner Ohe. Erst nach dem kleinen E-Werk füllt es sich wieder, mäandert im vollen Saft der Ilz entgegen. Die steilen Talhänge weichen stellenweise ein wenig zurück, machen Platz für artenreiche Feuchtwiesen. Wir laufen mal mehr, mal weniger nah am brausenden Wasser entlang. Ein Gedicht, auf ein Banner gespannt, neben einer Ruhebank lässt uns innehalten. Heitere Verse über einen Stierhüter, verfasst von Josef Fruth. Der vielseitige und mehrfach ausgezeichnete Künstler ist 1910 in Fürsteneck geboren und 1994 dort in seinem Atelier auf dem Schlossgelände gestorben.

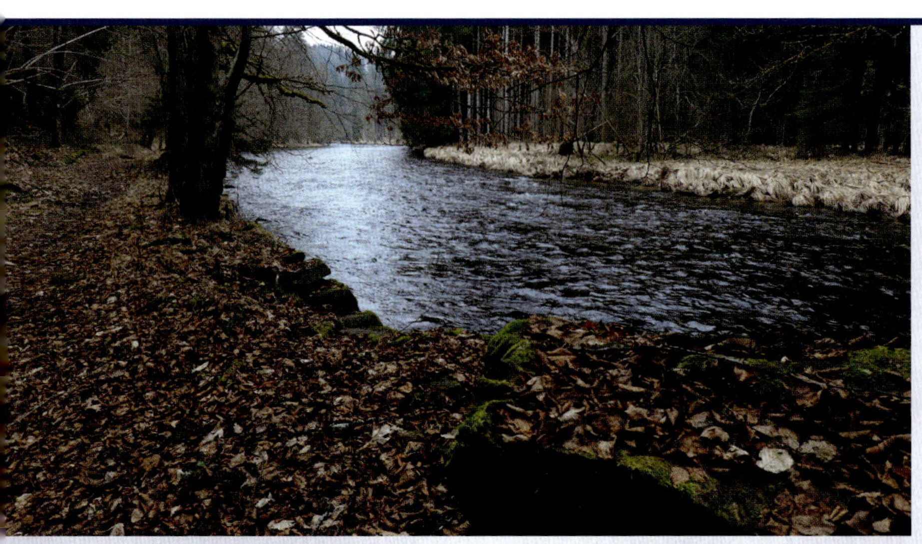

Wolfsteiner Ohe

Neugierig geworden, folgen wir nach 120 Metern dem aus einem Selbstporträt entstammenden Symbol des Künstlersteigs nach rechts ❹. Wer sich den kulturellen Schlenker (1,2 Kilometer und 60 Höhenmeter) sparen möchte, kann auch weiter dem Triftsteig folgen. Nach 100 Metern treffen die Wege wieder zusammen. Allerdings versäumt man so sieben weitere einladende Meditationspunkte mit inspirierenden Werken des Künstlers. Bei der Station „Hohe Zeit" folgen wir der Wegweisung nach links. An der ersten Weggabelung halten wir uns wieder links und gelangen so zur Wolfsteiner Ohe zurück; wir folgen gemütlich ihrem Lauf. Bis in die 1920er Jahre diente das Flusssystem der Ilz der Holztrift, mit Fürsteneck als Zentrum. Da die Bayerwaldbäche zu seicht und nur zeitweise wasserreich sind, wurde Wasser in Triftsperren oder Klausen aufgestaut. Das am Ufer gelagerte Holz konnte dann mit einem Schwall weggespült werden. Infotafeln am Wegesrand geben Auskunft über diese harte und gefährliche Arbeit. Heute findet der Mensch in dieser zauberhaften Flusslandschaft vornehmlich Erholung und Entspannung.

Wir spazieren auf dem Trampelpfad gemütlich weiter, ergehen uns in die nachhallenden Worte und Bilder des Künstlers. In Ohbruck taucht, erhaben über uns thronend, das Schloss Fürsteneck vor unseren Augen auf. An der Wegkreuzung mit der Straße bei der Brücke ❺ gehen wir geradeaus weiter.

Josef Fruth – Künstlersteig

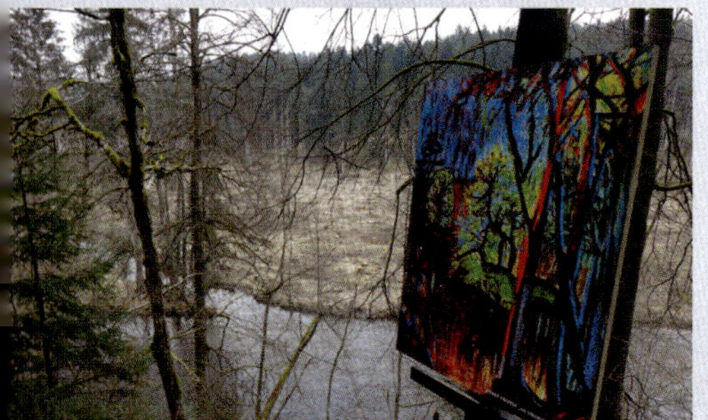

Auf der gegenüberliegenden Seite des Flusses befindet sich, in 100 Metern Entfernung, die Ilztalbahn-Station Fürsteneck. Wer mit dieser anreist, steigt am besten hier in die Tour ein und aus.

Wir gehen weiter zurück in die Zivilisation, vorbei an einer Bäckerei und dem E-Werk-Wiesmühle. Nach gut 300 Metern nehmen wir die Abzweigung nach rechts. In einer letzten Anstrengung nehmen wir den steilen Pfad durch ein dichtes Wäldchen hinauf zu unserem Ausgangspunkt beim Schloss. Dort wartet in der empfehlenswerten Schlossgaststätte eine kulinarische Belohnung in wahrlich bezaubernder Kulisse.

Essen/Einkehren:

Schlossgaststätte Fürsteneck
Schlossweg 5
94142 Fürsteneck
Tel. 08505 1473
www.schloss-fuersteneck.de

Schrottenbaummühle
Schrottenbaummühle 1
94142 Fürsteneck
Tel. 08504 1739,
www.schrottenbaummuehle.de

Waldkirchen und die Saußbachklamm

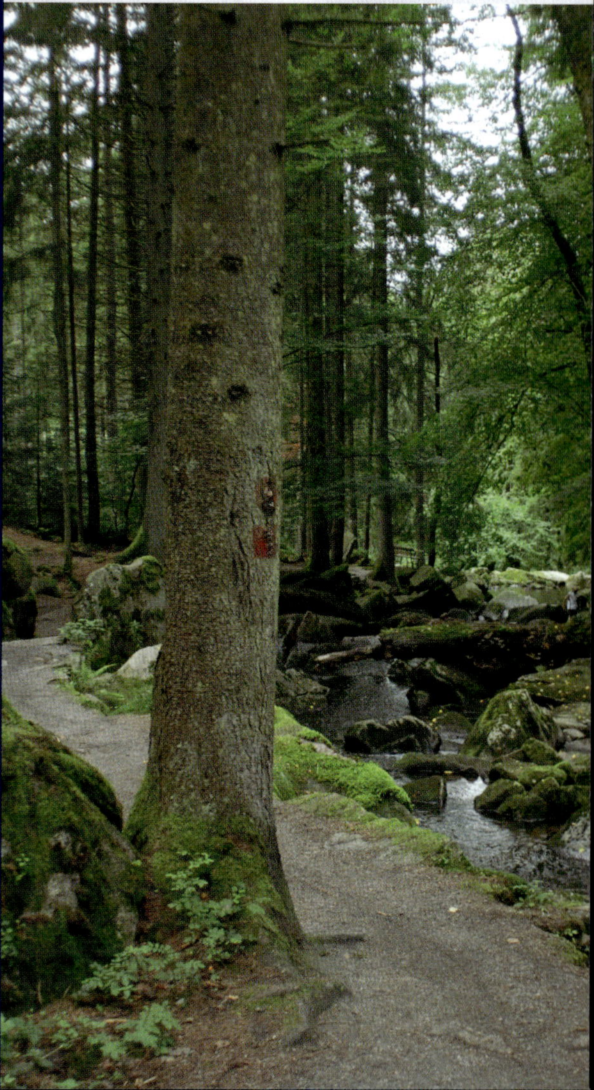

Leicht

7,6 km

↓↑ 190 m

2½ Std.

Waldkirchen Karolibad – Lourdes-Kapelle – Stadtpfarrkirche – Saußmühle – Haller-Alm – Waldkirchen Karolibad

Dem abwechslungsreichen Spaziergang entlang des Gartenschau-Rundweges schließt sich eine kleine Wanderung durch die wildromantische Saußbachklamm an.

Markierung:
Wanderweg Nr. 5 (Gartenschau-Rundweg), Wanderweg Nr. 1 (Saußbachklamm)

Parken:
Parkplatz beim Karoli-Badepark, 94065 Waldkirchen (Navi: VdK-Heim-Straße 3, 94065 Waldkirchen)

ÖPNV:
Passau Hauptbahnhof, weiter mit Regionalbus 100

Tourist-Information:
Tourismusbüro Waldkirchen, Ringmauerstr. 14, 94065 Waldkirchen, Tel. 08581 19433, www.waldkirchen.de

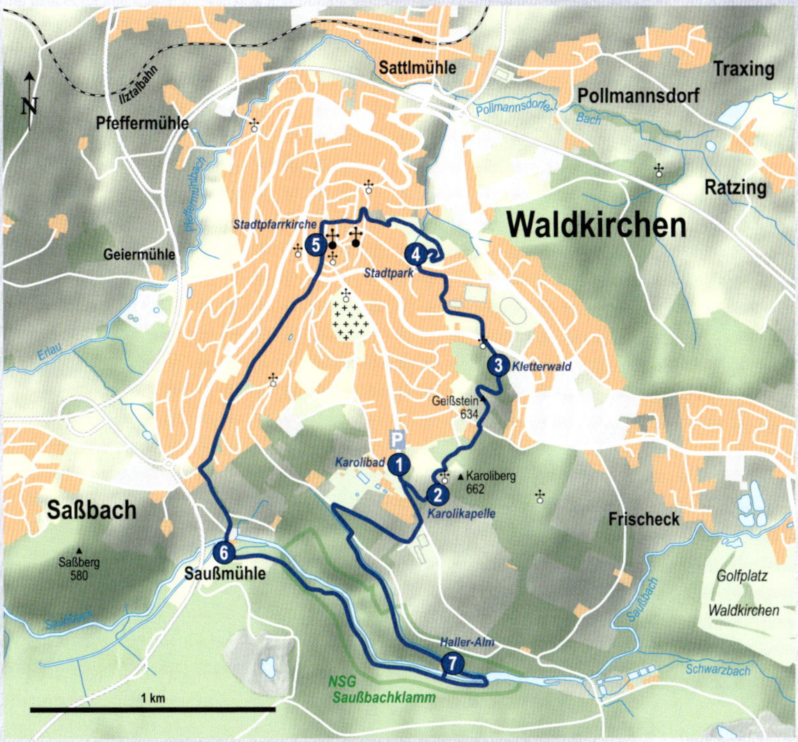

Sattlmühle
Traxing
Pollmannsdorf
Pollmannsdorfer Bach
Ilztalbahn
Pfeffermühle
Pfeffermühlbach
Ratzing
Waldkirchen
Stadtpfarrkirche
Geiermühle
Stadtpark
Erlau
Kletterwald
Geißstein 634
Karolibad
Karoliberg 662
Karolikapelle
Saßbach
Frischeck
Saßberg 580
Saußmühle
Golfplatz Waldkirchen
Saßbach
Haller-Alm
Schwarzbach
NSG Saußbachklamm
1 km

1. Waldkirchen Karolibad – Start/Ziel
2. Karolikapelle
3. Kletterwald
4. Stadtpark
5. Stadtpfarrkirche
6. Saußmühle
7. Haller-Alm

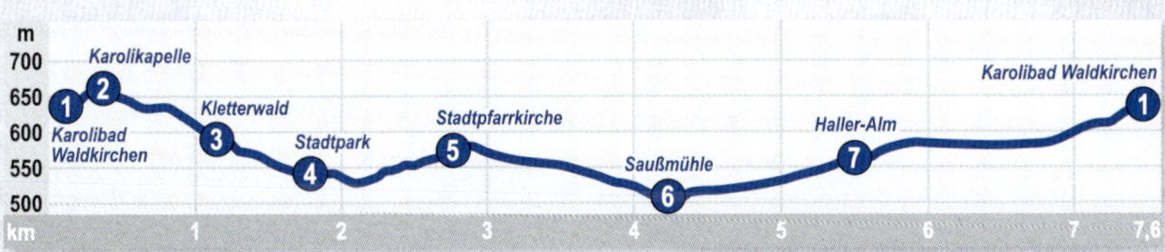

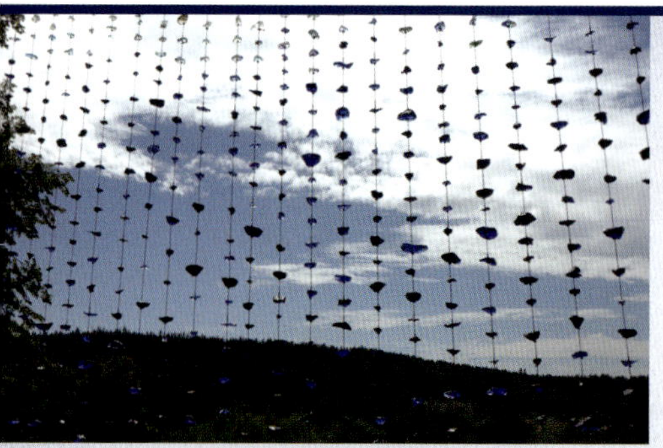

Kristalle zwischen Himmel und Erde

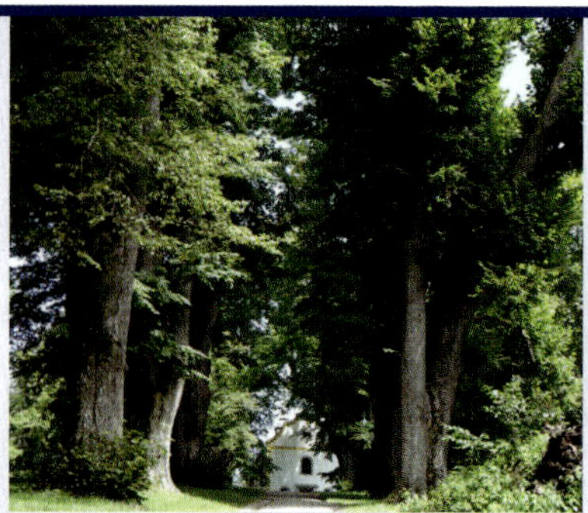

Lindenallee zur Karolikapelle

Wir starten unsere Tour durch und um Waldkirchen bei den Parkplätzen am Karoli-Badepark ❶. Wir gehen die Hauzenberger Straße einige Meter nach rechts und biegen dann links in den ansteigenden Schotterweg. Wir befinden uns auf dem Gartenschau-Rundweg, dessen guter Markierung wir bis zum Bayerwalddom am Marktplatz folgen. Entlang einer Lichtung kommen wir an eine jahrhundertealte, prächtige Lindenallee.

Ein kurzer Abstecher nach rechts bringt uns an eine Aussichtsplattform, über der an Fäden aufgehängte, funkelnde, blaue Glasklumpen hängen. In der entgegengesetzten Richtung sehen wir am Ende der Allee, auf der Kuppe des Hügels, die Karolikapelle hervorspitzen ❷. „Im grünen Himmel" wird dieses Areal genannt.

Dahin steuern wir und vor der Kapelle links. Am Meditationsplatz „Oase der Ruhe" folgen wir der kleinen Spirale, auf deren granitenen Trittplatten bedeutungsschwere Sinnsprüche eingemeißelt sind. Unser Rundweg läuft abschüssig durch ein Wäldchen weiter. In der lang gezogenen Haarnadelkurve nehmen wir den schmäleren Weg nach rechts. Abschüs-

Waldkirchen

Seine Entstehung, die wohl an die erste Jahrtausendwende zurückreicht, hat der Markt Waldkirchen dem Goldenen Steig zu verdanken. Mehrere dieser wichtigen Salzhandelsrouten führten von Passau ins Böhmische. Der Saumpfad nach Volary ging über Waldkirchen. Im 13. Jahrhundert erhielt der Ort das Marktrecht und die alleinige Salzniederlage im Passauer Abteiland. Wochenmärkte und Salzhandel brachten dem Markt ansehnlichen Wohlstand. Aufgrund einer gefährlichen Bedrohungslage durch das böhmische Heer ließ der Passauer Bischof Ulrich von Nußdorf um 1460 eine Ringmauer mit zehn Türmen und zwei Torbauten errichten. Teile der Befestigungsanlage sind heute noch erhalten oder sind restauriert worden. Am südlichen Tor befindet sich das sehenswerte Museum Goldener Steig, in dem man Interessantes über die Welt der Salzsäumer erfährt. Nach der Säkularisation fiel der Ort 1805 an das Herzogtum Bayern. Von 1857 bis 1861 entstand im neugotischen Stil die Stadtpfarrkirche St. Peter und Paul, wegen ihrer beträchtlichen Größe auch Dom des Bayerischen Waldes genannt. Erst 1972 wurde Waldkirchen zur Stadt erhoben. Der lebendige wie pittoreske Marktplatz mit seinen zahlreichen Lokalen, Cafés und Geschäften hat dem Besucher einiges zu bieten.

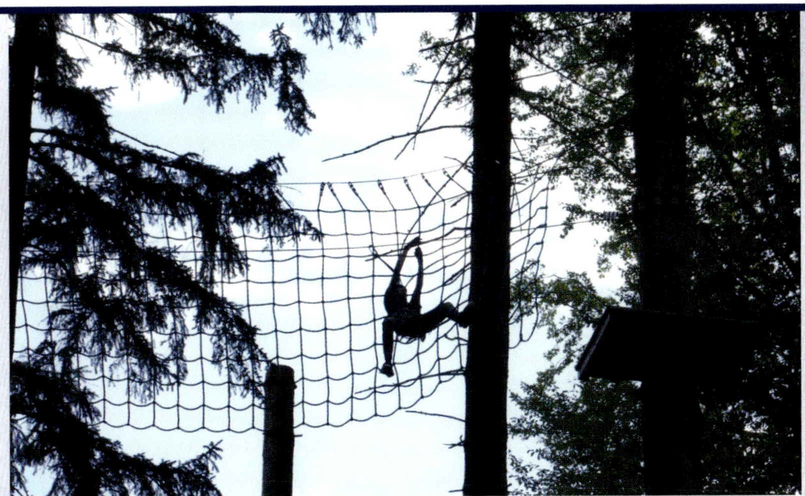

Abenteuerlicher Kletterwald

sig gelangen wir an die Frischbecker Straße. Wir queren sie vorsichtig und wandern, ein wenig nach links versetzt, geradeaus auf Schotter über offenes Feld weiter. Bald fängt uns wieder ein Mischwäldchen ein.

Nach wenigen Hundert Metern wird unser Weg von einem schmalen, hölzernen Steg überspannt. Verschiedenste Klettergerüste und Seile sind an und zwischen den Bäumen montiert. Unsere Route läuft mitten durch einen abenteuerlichen Kletterwald ❸. Wir nehmen uns ein wenig Zeit, schauen verwegenen Akrobaten bei ihren Kletterkünsten zu. Wer sich selbst in höhere Gefilde schwingen möchte, erhält ein Stück weiter am Haupteingang Ticket, Einweisung und Ausrüstung. Wir bleiben auf festem Boden, überqueren bei der Lourdes-Kapelle die Jandelsbrunner Straße auf dem Zebrastreifen, gehen einige Meter nach links, um dann rechts in die Schulstraße einzubiegen. Verschiedene Schulen und Sportplätze verteilen sich auf dem weitflächigen Gelände, durch das sich das Sträßchen schlängelt.

An der Jahnstraße spazieren wir links bis zum Verkehrskreisel des Severin-Freund-Platzes. Bei den stilisierten Sesseln halten wir uns rechts und betreten den beschaulichen Stadtpark ❹. Wir schlendern zunächst links, drehen eine Runde um den mit Weiden und Schilf gesäumten Weiher. Halten uns dann wieder links und lassen uns auf dem gepflegten Kiesweg abwärts treiben. Wir kommen

Kunst im Stadtpark

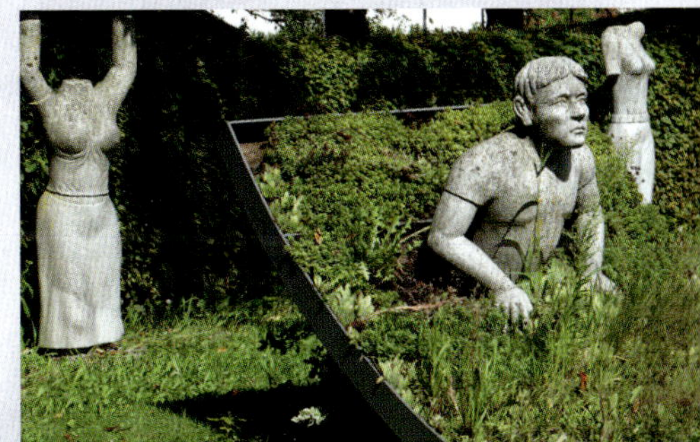

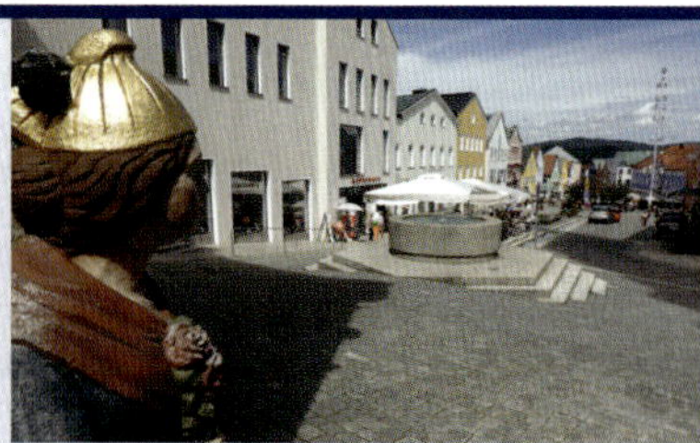
Marktplatz von Waldkirchen

vorbei an einer mit einem Baldachin überdachten, hölzernen Welle, einer überdimensionierten Sonnenbrille mit Liegestühlen und noch einigen weiteren kreativen Skulpturen aus Holz, Granit und Glas - den drei „Elementen" des Bayerischen Waldes.
Leicht ansteigend kommen wir dann an die obere Kante eines bunt bemalten Kletterhanges. Hier gehen wir nach rechts. Vorbei am Kindergarten erreichen wir die Stadtmauer, an der wir nach rechts gute 30 Meter entlanggehen. Durch ein Tor und über einige Stufen gelangen wir auf die innere Seite des historischen Schutzwalls und laufen daran ein Stück zurück. Nach dem mehrgeschossigen Wohnblock gelangen wir rechts herum auf den Kirchenweg. Hier gehen wir erst links und nach einigen Metern rechts in die Jahnstraße. Diese führt uns geradeaus an den lebendigen Marktplatz, die Mitte von Waldkirchen.
Wir biegen links ein und kommen so zur Stadtpfarrkirche Sankt Peter und Paul, dem sogenannten Bayerwalddom ❺. Es bietet sich ein toller Blick über den abschüssigen Marktplatz mit seinen bunten Geschäftshäusern, der golden glänzenden Mariensäule, dem Brunnen und dem in Granit gefassten Marktbach. Sehenswert auch die witzigen Steinfiguren an manchen Hausecken. Hier verlassen wir den Gartenschau-Rundweg und halten uns fortan an die Markierung Wanderweg Nr. 1, Saußbachklamm. Die führt geradeaus an der Kirche vorbei, folgt der Gasse Büchl. Bald kommen wir an dem sehenswerten Museum Goldener Steig vorbei.
Dahinter bringt uns ein Zebrastreifen sicher über die Ringmauerstraße und geradeaus in den Erlenhain. Wir bleiben knapp einen Ki-

Museum Goldener Steig

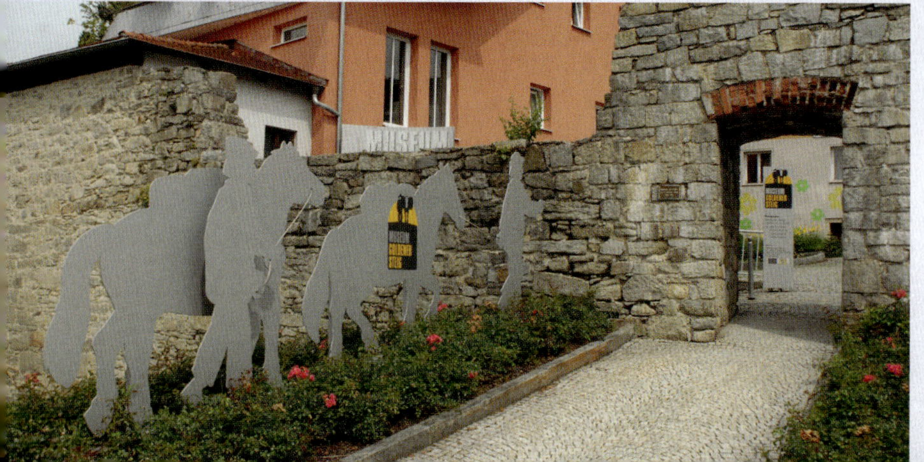

lometer auf dem Sträßchen, das durch eine ruhige Wohngegend führt. Nach dem Seniorenheim biegen wir links auf einen Schotterweg (Haus Nr. 43 u. 45). Bei der Einmündung auf das Teersträßchen gehen wir links, auf einer Brücke über den Saußbach, vorbei an der Saußmühle ❻, die heute neben einem kleinen E-Werk einen Bio-Laden beherbergt. Nach dem Anwesen biegen wir bei den Info-Tafeln links auf einen ansteigenden Feldweg. Weiter führt er uns an das Ufer des rauschenden Wassers. Seit ungefähr zwei Millionen Jahren frisst sich der Saußbach durch das granitene Blockmeer und hat dabei ein enges Kerbtal geformt. Bereits gegen Ende des 19. Jahrhunderts wurde die Klamm touristisch erschlossen. Bis heute hat das wildromantische Flusstal nichts von seiner Faszination verloren. Mit saftig grünem Moos bewachsene Steinriesen, glucksend umspült vom klaren Wasser, eingehüllt in dichtem Mischwald, bildet es eine bezaubernde Märchenlandschaft.

Wir wandern immer nahe des uns entgegenströmenden Baches, zahlreiche Bänke laden zum Verweilen ein. Uns zieht es noch ein Stück stromaufwärts. In der urigen Haller Alm ❼, die wir über eine Brücke ansteuern, warten stärkende Brotzeiten und erfrischende Getränke. Nach lukullischem Genuss kehren wir über die Brücke wieder zurück auf unseren Rundweg. Wir erreichen dann bald ein kleines Wehr, auf dem wir den Saußbach queren. Auf der anderen Seite gehen wir links. So schlendern wir knapp einen Kilometer zwischen Bach und dem Triebwerkskanal auf einem bequemen, ebenen Kiesweg zurück Richtung Waldkirchen. Nachdem sich das Wäldchen lichtet, überqueren wir den Kanal auf einem schmalen Betonsteg und wandern in derselben Richtung weiter, bis zum nächsten Abzweig. Der führt in einem spitzen Winkel nach rechts steil bergauf. Bei der Einmündung auf das Sträßchen gehen wir nach links und oberhalb der Tennisplätze wieder. Vorbei an der Installation „Kristalle zwischen Himmel und Erde" kehren wir zu unserem Ausgangspunkt zurück.

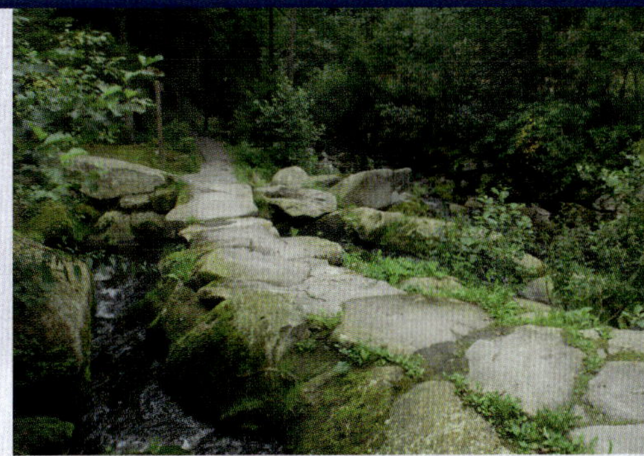

Weg am Saußbach

Essen/Einkehren:

Haller-Alm
direkt in der Saußbachklamm
Graben 42
94065 Waldkirchen
Tel. 08581 8753
www.facebook.com/
Haller-Alm-891785694228882/

Zahlreiche Lokale in Waldkirchen

Leicht

8,8 km

↓↑ 145 m

2½ Std.

Ruderting: Abwechslungsreiche Ilz-Runde

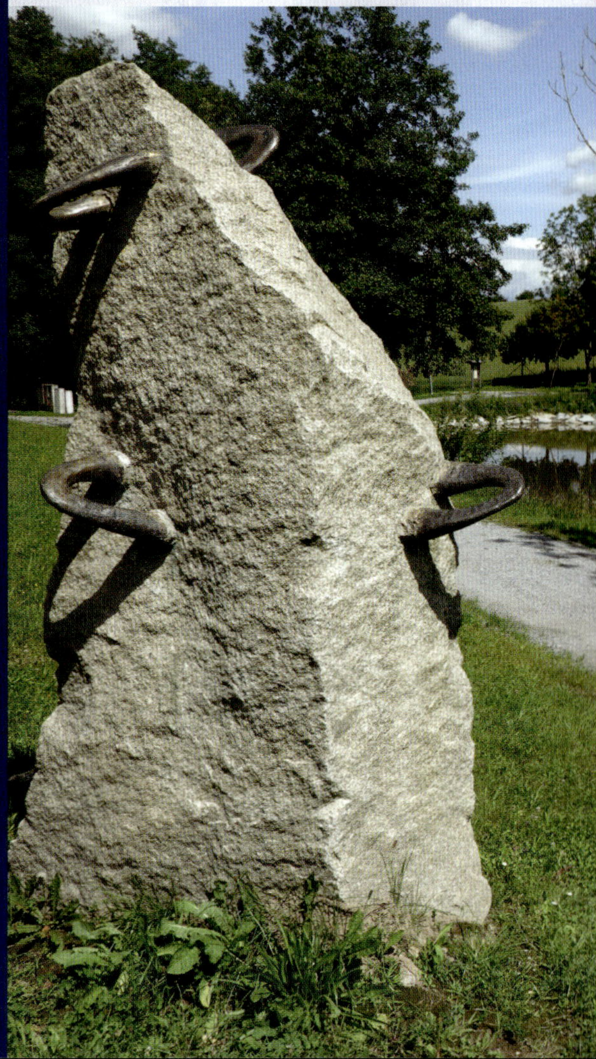

Ruderting - Irlmühle - Fischhaus - Gastorf - Reisach - Ruderting

Fantasie anregende Skulpturen, scheue Rehe und uralte Baumriesen begegnen uns auf dem Weg hinab zur Ilz. Ein Stück begleiten wir die „schwarze Perle", bevor uns ein steiler Anstieg wieder aus dem Tal hebt und uns schöne Weitblicke verschafft.

Markierung:
Goldsteig-Zubringer bis Fischhaus, Goldsteig an der Ilz

Parken:
Parkplatz an der nördlichen Ortseinfahrt, 50 m vor der Kirche (Navi: Passauer Str. 3, 94161 Ruderting)

ÖPNV:
Passau Hauptbahnhof, weiter mit den Buslinien 6124 oder 6113

Tourist-Information:
Passauer Str. 3, 94161 Ruderting,
Tel. 08509 900515,
www.ruderting.de

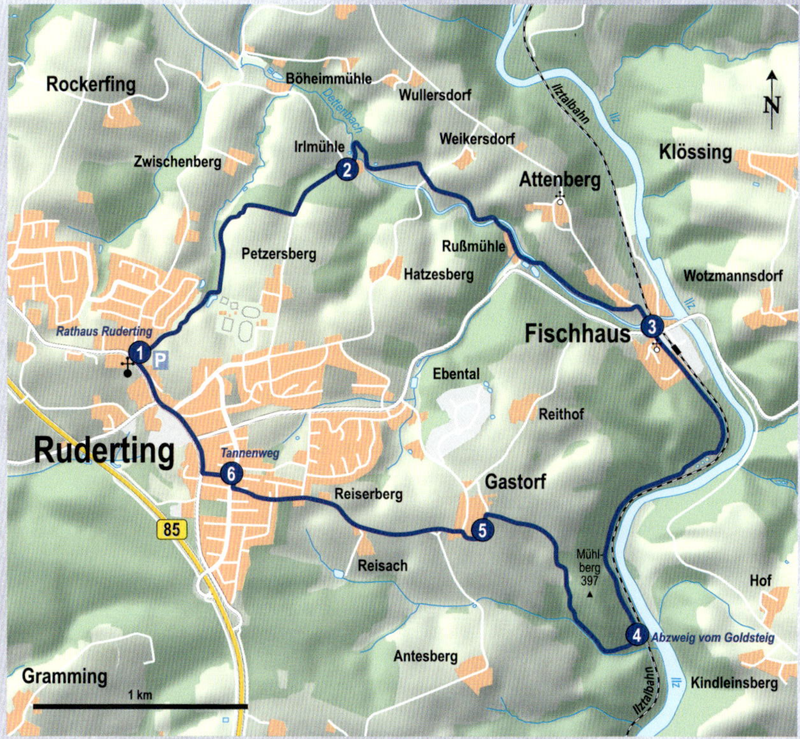

1. Ruderting/Rathaus – Start/Ziel
2. Irlmühle
3. Fischhaus
4. Abzweig vom Goldsteig
5. Gastorf
6. Ruderting/Tannenweg

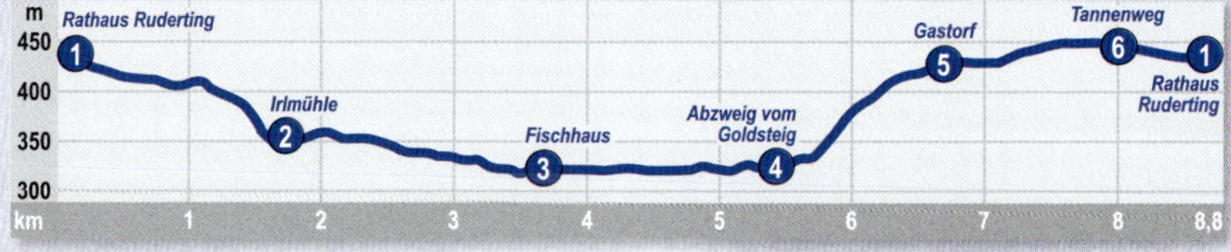

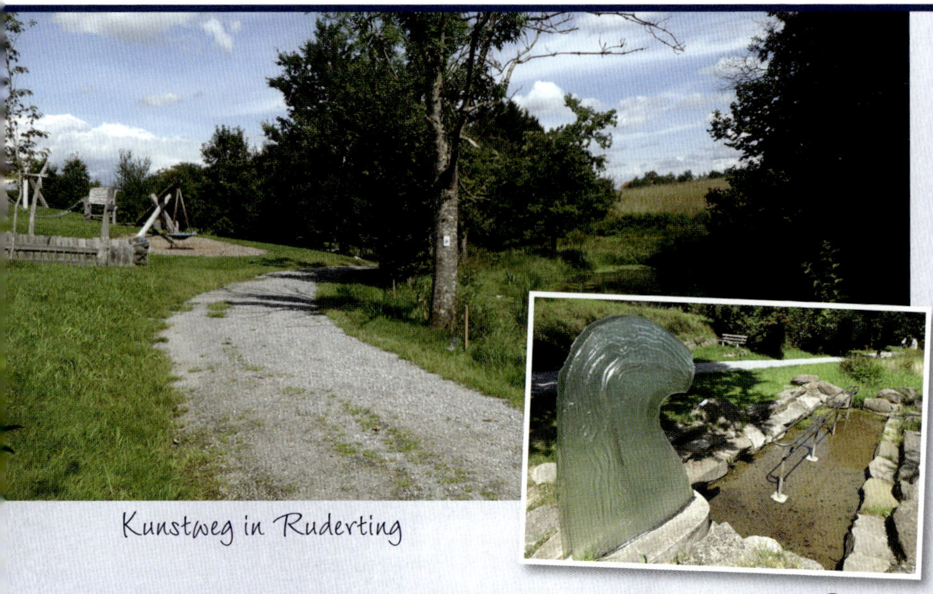

Kunstweg in Ruderting

Glasskulptur „Freude“ am Kneippbecken

Ausgangspunkt dieser Rundtour ist der Platz am Maibaum in Ruderting, gegenüber der Kirche und dem Rathaus ❶. Wir steigen neben den Info-Schildern einige Stufen hinab, folgen der Markierung des Goldsteig-Zubringerweges (blauer Mäander auf weißem Grund) und sind gleichzeitig auf dem Künstlerweg. Sechs fantasievollen Installationen von verschiedenen Künstlern begegnen wir auf dem nächsten halben Kilometer.

Der Weg schlängelt sich durch einen kleinen Park, an dessen Ende ein Teich angelegt wurde. Hinter diesem biegen wir links auf einen schmalen Waldpfad ab. Das Murmeln eines Bächleins begleitet uns durch das dicht bewachsene Wäldchen. Weiter an seinem Rand spazieren wir an einem eingezäunten Wildgehege entlang, in dem mehrere Dutzend Rehe friedlich vor sich hin äsen. Alte Baumriesen beschatten unseren leicht abschüssigen Weg, der auf ein schon etwas brüchiges Sträßchen trifft.

Wir gehen links und haben alsbald wieder Schotter unter den Schuhsohlen. Durch noch jungen Wald laufen wir schnurstracks, teils steil, hinab zur Irlmühle am Dettenbach ❷. An der Teerstraße halten wir uns rechts

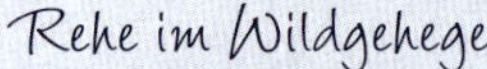

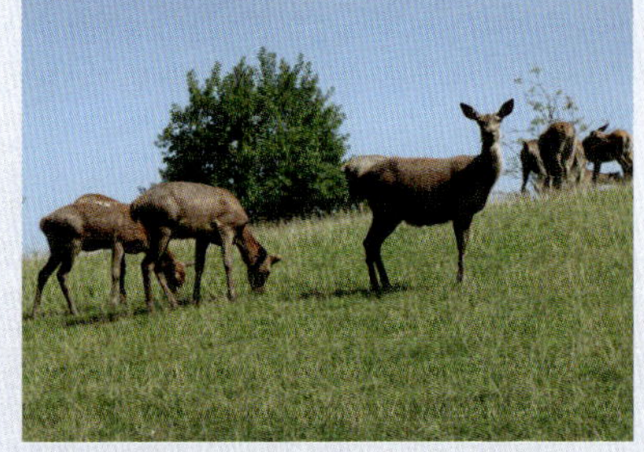

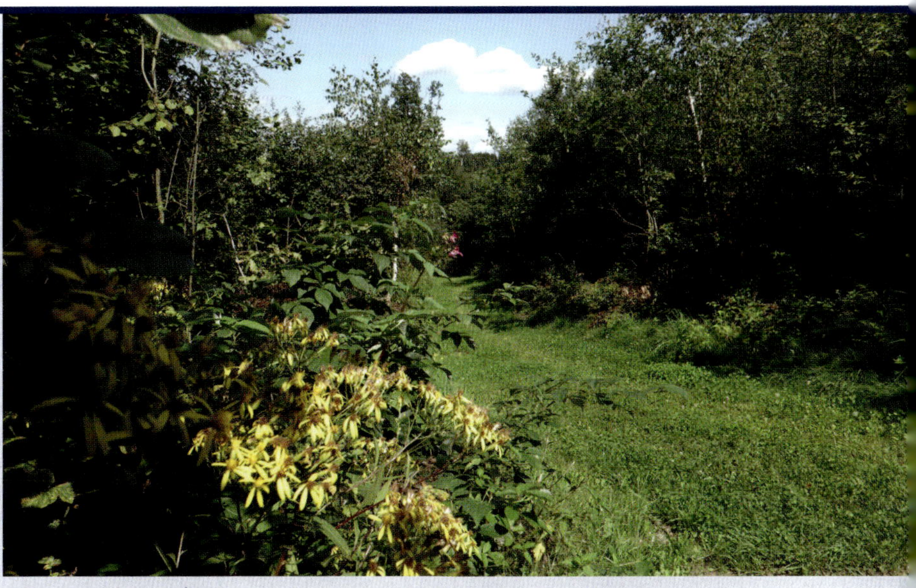

Romantischer Weg zur Irlmühle

und nach einigen Metern, vor den Gebäuden, wechseln wir links auf den schmalen Pfad. Wir kommen über eine kleine Brücke und entfernen uns vom Bach. Den nächsten Abzweig nehmen wir nach rechts, passieren so mit etwas Abstand die ehemalige Mühle. Hinter dem Anwesen geht es wieder entlang eines Wildgeheges. Bei den Infotafeln folgen wir der Goldsteig-Markierung nach rechts,

Hunde an die Leine

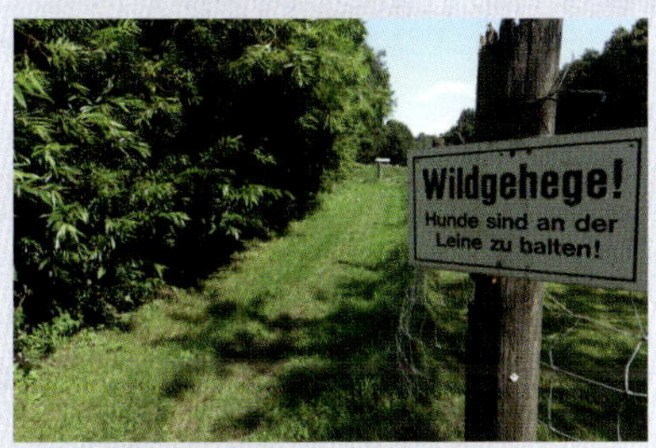

wandern auf dem Feldweg immer geradeaus über offenes Land. Wieder im schattigen Wald queren wir den Dettenbach auf einer Brücke.

Bald erreichen wir die Rußmühle, gehen an einem verfallenden Gebäude vorbei. Bei dem dahinterliegenden neuen Haus biegen wir links auf den Waldpfad. Vorbei an einem Fischteich gelangen wir über ein Brückchen wieder auf die andere Seite des Dettenbaches. Mal mehr, mal weniger nah an ihm gelangen wir zu den ersten Häusern von Fischhaus ❸.

An der kreuzenden Straße halten wir uns rechts, marschieren wieder über den Dettenbach und dann vorsichtig über die Staatsstraße 2323. Hier haben wir auch den Goldsteig erreicht. Die Markierung wechselt vom Blau des Zubringerweges ins Gelb der Hauptroute. Wer Gelüste nach einem stärkenden Einkehrschwung hat, bekommt diese bei einem kurzen Abstecher nach links über die Ilzbrücke in den Ilztal-Stuben befriedigt.

Wir spazieren geradeaus entlang der Ilz weiter. Der kleine, alte Bahnhof des Weilers zieht unsere Aufmerksamkeit auf sich. Das putzige Backsteinhäuschen beherbergt heute eine künstlerische Töpferwerkstatt, die besichtigt werden kann. Mit den Schienen der Ilztal-Bahn direkt am Ufer, folgen wir dem Lauf des Flusses. Mehrere Einbuchtungen in der Landschaft erinnern daran, dass hier einst Granit gebrochen wurde. Das Tal weitet sich und bietet einen schönen Blick über die Auenlandschaft.

Bei den Infotafeln über das Ilztal und sein Waldkleid ❹ trennen wir uns vom Goldsteig und steigen nach rechts Richtung Gastorf aus dem Tal heraus. Der Schotterweg führt über zwei kleine Furten, durch die wir, auf Steinen balancierend, dünne Rinnsale queren. Zum Teil sehr steil steigen wir schwitzend neben dem Bächlein bergan. Das tut sich leicht mit Plätschern, läuft es ja bekanntlich bergab. An der T-Kreuzung halten wir uns links. Aus dem Wald heraus öffnen sich weite Blicke über die hügelige Landschaft.

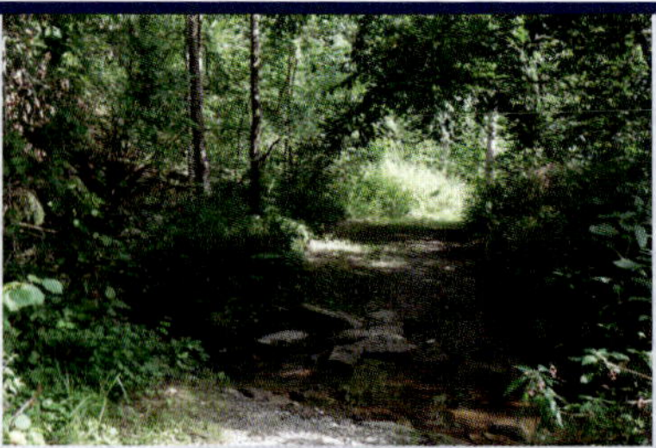

Kleine Furt am Bächlein

Im idyllischen Ilztal

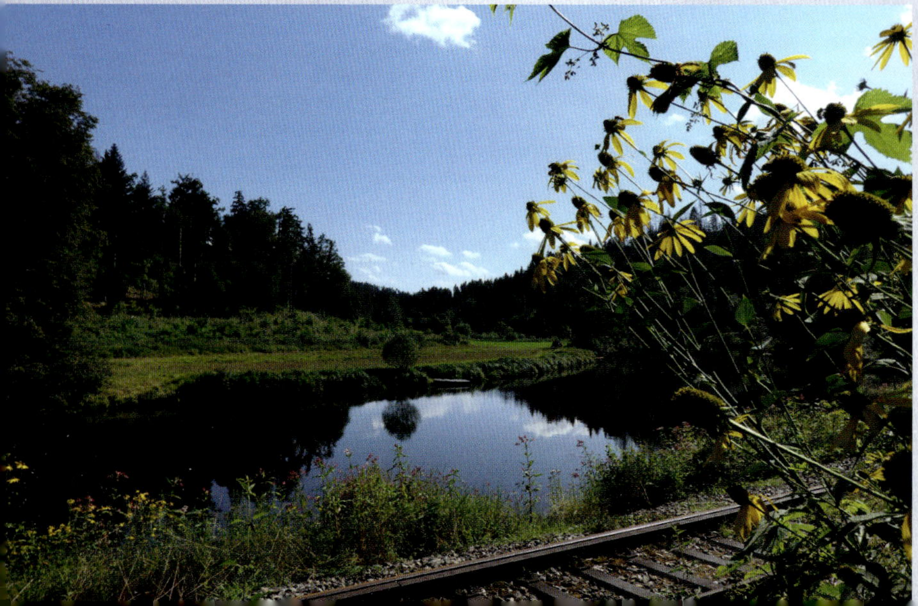

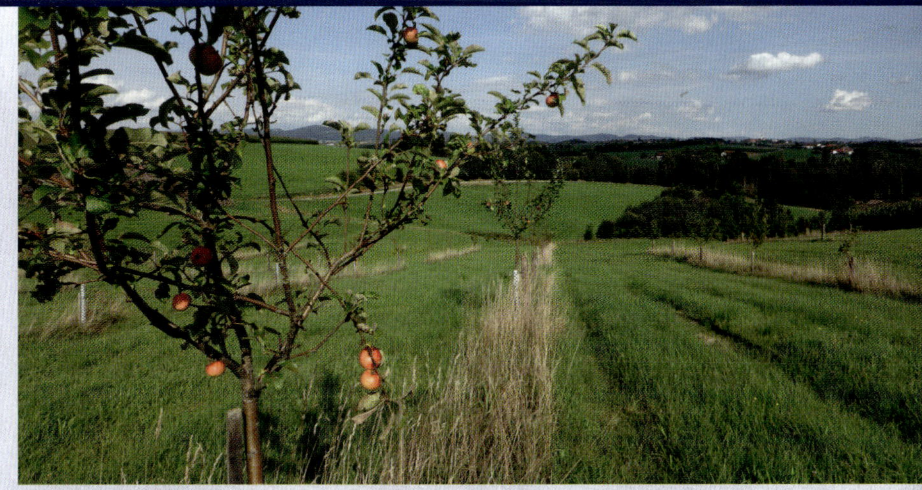

Panorama bei Gastorf

Der Straßenbelag wechselt mal von Schotter auf Teer und umgekehrt. Wir keuchen immer noch bergauf. Bei der Einmündung vor den Häusern des Weilers Gastorf ❺ wandern wir nach links weiter, folgen dem Sträßchen in seiner lang gezogenen U-Kurve und biegen darin in die Vorfahrtstraße links ab. Begleitet von weiten Aussichten bringt uns das verkehrsarme Sträßchen immer geradeaus vorbei am Örtchen Reisach und weiter nach Ruderting.
Wir spazieren auf dem Eichenweg durch ein schickes Neubauviertel, dem sich eine Siedlung mit älteren Häusern anschließt. In die kreuzende Ruchtastraße gehen wir rechts und in die zweite Querstraße, den Tannenweg ❻, nach links. Der mündet in einen Fußgängerweg, auf dem wir nach knapp 100 Metern an der Passauer Straße landen. Dort halten wir uns rechts. Entlang der Rudertinger Haupt-Verkehrsader finden sich viele Einkaufs- und Einkehrmöglichkeiten. Am ausgezeichneten Landgasthof Zum Müller sollte man nicht vorbei gehen, eine Reservierung ist allerdings empfehlenswert. Von hier sind es auch nur noch gut 200 Meter die Paussauer Straße hinauf bis zu unserem Ausgangspunkt der Tour.

Essen/Einkehren:

In Ruderting mehrere Lokalitäten.
Empfehlenswert:
Landgasthof Zum Müller
Passauer Str. 16
94161 Ruderting
Tel. 08509 1224
www.landgasthofzummueller.de

Auf der Strecke in Fischhaus:
Gaststätte Ilzstuben
Fischhaus 31
94161 Ruderting
Tel. 08509 1824
www.ilzstuben.de

Mittel

14,6 km

↓↑ 415 m

4 ½ Std.

Wolfschädlmühle - Manzenberg - Hartingerhof - Steinberg - Gut Lichtenau - Eitzingerreut - Erlau Stauseen - Wolfschädlmühle

Abwechslungsreich führt diese Tour über Gut Lichtenau zu den zwei idyllischen Erlau-Stauseen. Festes Schuhwerk ist erforderlich.

Markierung:
„Nr. 14 im gelben Quadrat", ohne Markierung, „Nr. 4 im grünen Kreis"

Parken:
Parkmöglichkeit bei der Wolfschädlmühle (Navi: Wolfschädlmühle 1, 94124 Büchlberg)

ÖPNV:
Passau Hauptbahnhof, weiter mit Bus 6380 bis Büchlberg, von dort zu Fuß bis zur Wolfschädlmühle

Tourist-Information:
Tourismusinformation, Hauptstr. 5, 94124 Büchlberg, Telefon 08505 900813, www.buechlberg.de

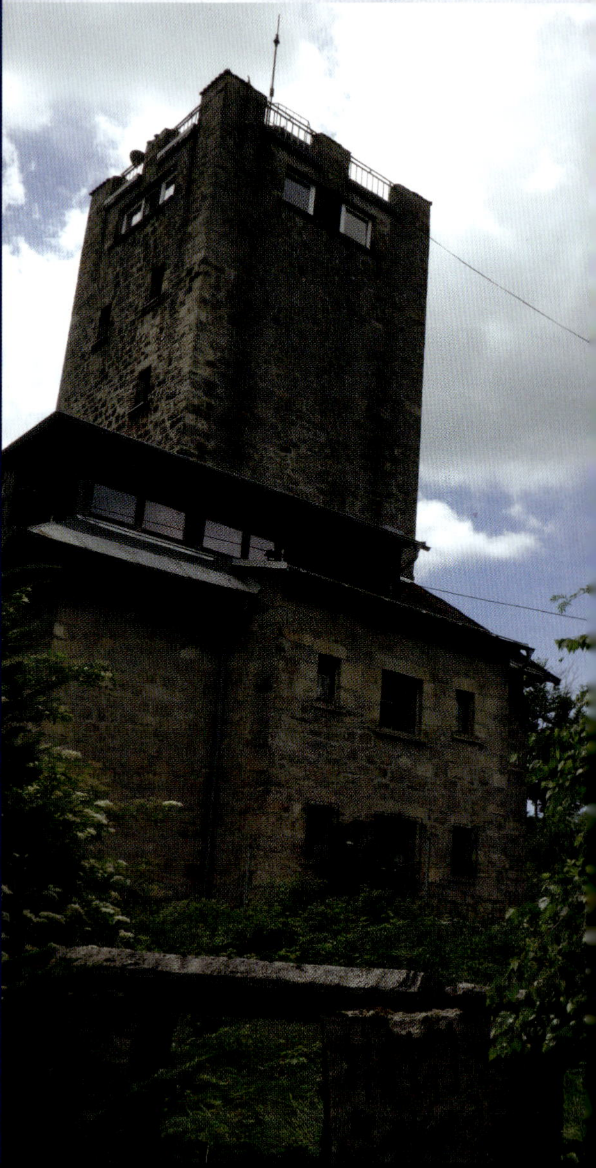

Weitblick um Gut Lichtenau

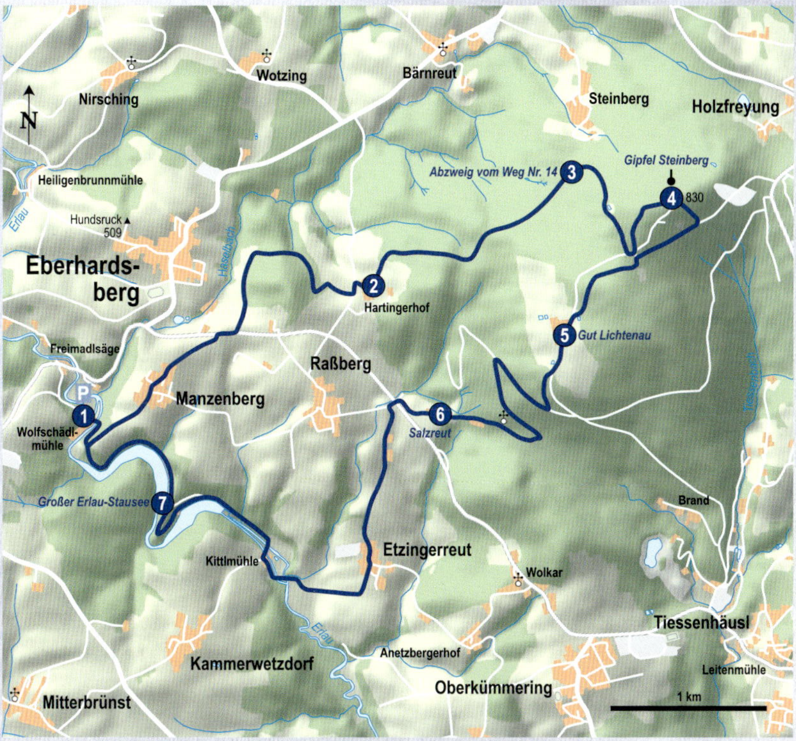

❶ Wolfschädlmühle – Start/Ziel

❷ Hartingerhof

❸ Abzweig vom Weg Nr. 14

❹ Gipfel Steinberg (830 m)

❺ Gut Lichtenau

❻ Salzreut

❼ Großer Erlau-Stausee

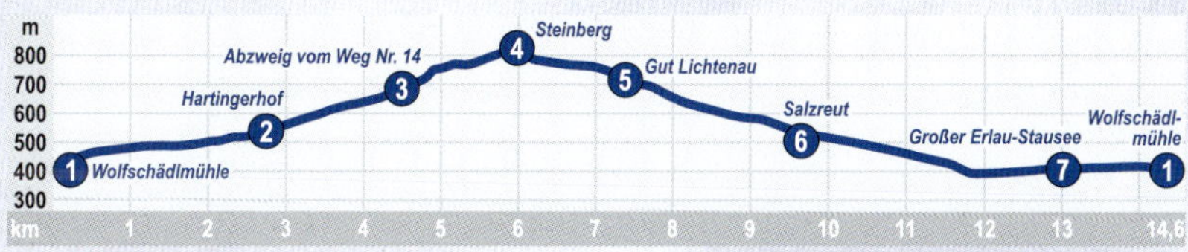

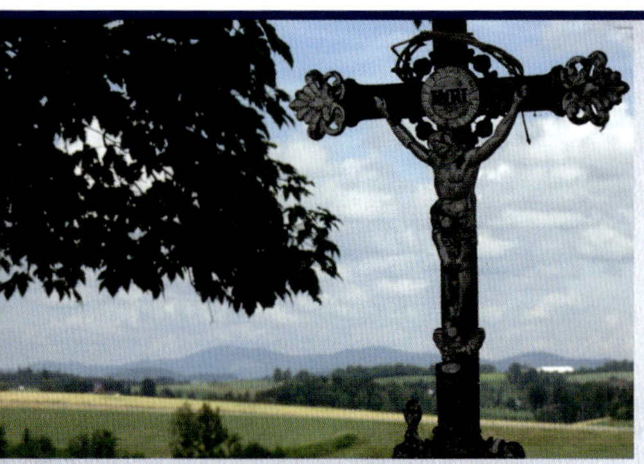

Wegkreuz bei Manzenberg

Wir starten unsere Wanderung am Ende der Straße zur Wolfschädlmühle ❶. Hinter dem kleinen Gewerbegebiet am Waldrand gibt es auch eine Parkmöglichkeit. Wir folgen dem Fußweg in den Wald und queren die Erlau auf einem schmalen Brückchen. Danach steigt der Pfad steil an. An der T-Kreuzung gehen wir links, weiter bergauf und erreichen bald den verschlafenen Weiler Manzenberg, den wir auf dem Hauptsträßchen passieren.

An der Einmündung in die Staatsstraße 2128 biegen wir rechts ab und nach einhundert Metern links in den Feldweg. Der läuft zunächst am Rande eines bewaldeten Hügels und führt dann nach rechts in den Wald hinein und steil den Hügel hinauf. An der nächsten Weggabelung halten wir uns rechts und ebenso an der Kreuzung mit dem zerfurchten Traktorweg.

An der Wegeinmündung kurz hinter dem Tümpel gehen wir links. Wir kommen wieder auf offenes Gelände und biegen an der Einmündung auf die Teerstraße nach links ab, um nach einhundert Metern rechts abzuzweigen. Der Weg führt uns um einen Bauernhof ❷ und geradeaus weiter in den Wald am Steinberg. Hinter dem Holzlagerplatz geht es dann nach rechts, auf einem tief eingeschnittenen Hohlweg, steil bergan.

An der Wegespinne nehmen wir den äußerst linken Pfad und an der gleich folgenden Gabelung den rechten. An der nächsten Wegeinmündung halten wir uns links und bleiben weiter auf dem Hauptweg. Immer noch bergan verjüngt er sich zu einem schmalen Pfad.

An dem kreuzenden Forstweg ❸ lässt sich die Route um zwei Kilometer und 130 Höhenmeter abkürzen. Man folgt der Wegenummer 14 nach rechts und erreicht so nach einem Kilometer, ohne nennenswerte Steigungen, bequem das gastliche Gut Lichtenau.

Gut Lichtenau

Das ehemalige Lehensgut des Klosters Niedernburg in Passau ist seit 1662 ununterbrochen im Besitz der Familie Stemplinger. 1920 wurde das Gut an das Stromnetz angeschlossen und eine Gastwirtschaft eröffnet. Alte Postkarten zeigen die frühere Sommerfrische. Aufgrund rückgehender Erträge wurde 1973 die Landwirtschaft aufgegeben und der touristische Sektor ausgebaut. Mit lauschigem Biergarten, herrlichem Panoramablick sowie der bodenständigen Hausmannskost mit überwiegend regionalen Schmankerln ist Gut Lichtenau ein beliebtes Ausflugsziel. „Von rund uma dum kommen unsere Gäste“, sagt die Wirtin Elke Stemplinger. Aufgrund des witterungsabhängigen Geschäfts bei ihnen auf dem Berg sind die Öffnungszeiten des Gasthauses flexibel gehalten. Am besten vor einem Besuch mit zweifelhaftem Wetter kurz durchrufen.

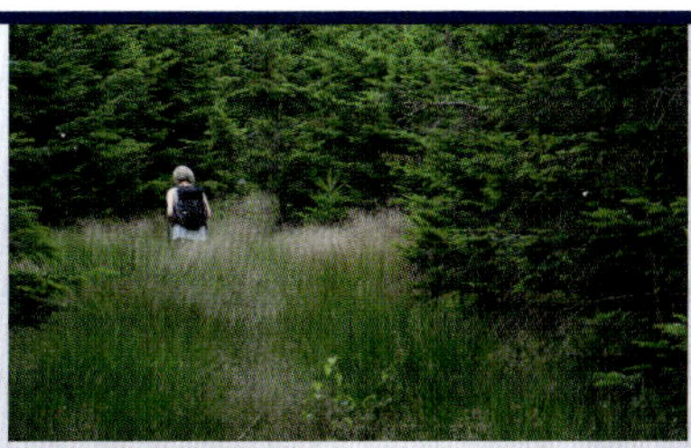

Verwachsene Wanderwege

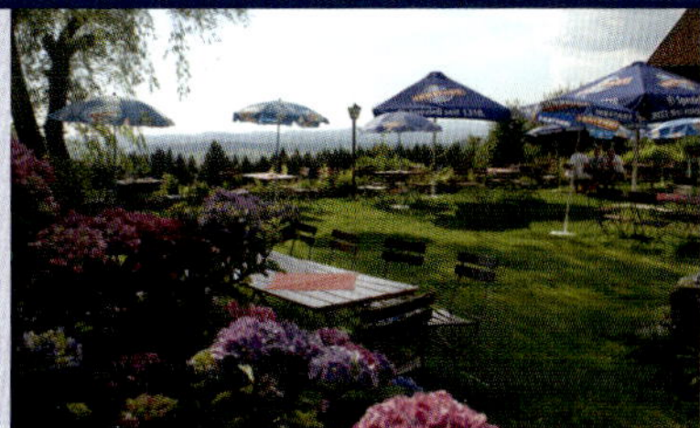

Biergarten von Gut Lichtenau

Wir wollen uns diese verlockende Einkehr, mit der Eroberung des Gipfels, noch richtig verdienen. Wir gehen also nach links und biegen gleich darauf nach rechts in einen ansteigenden, schon etwas zugewachsenen Weg. Wir stapfen zwischen hüfthohem Gras bergan. Der Weg ist als solcher nur schwer zu erkennen. Auf die kreuzende Forststraße biegen wir dann rechts ein.

Wir passieren, hinter Gestrüpp versteckt, einen aufgelassenen Steinbruch, vor dem sich ein kleiner Weiher gebildet hat. Nach rechts öffnet sich durch Windwurfschneisen immer wieder ein weiter Blick über die sanft gewellte Kulturlandschaft. An dem Teersträßchen gehen wir links, biegen nach 20 Metern wieder links ab und nach weiteren 20 Metern nehmen wir den nach links abzweigenden Waldweg.

An einer kleinen Lichtung gehen wir nach rechts bergauf. Ein wenig abenteuerlich „kämpfen" wir uns wiederum durch hochstehende Gräser Richtung Gipfel. Der wird bald durch den auf ihm thronenden Turm sichtbar. Er ist umzäunt und als Privatbesitz nicht zugänglich ❹.

Fernsicht beim Gut Lichtenau

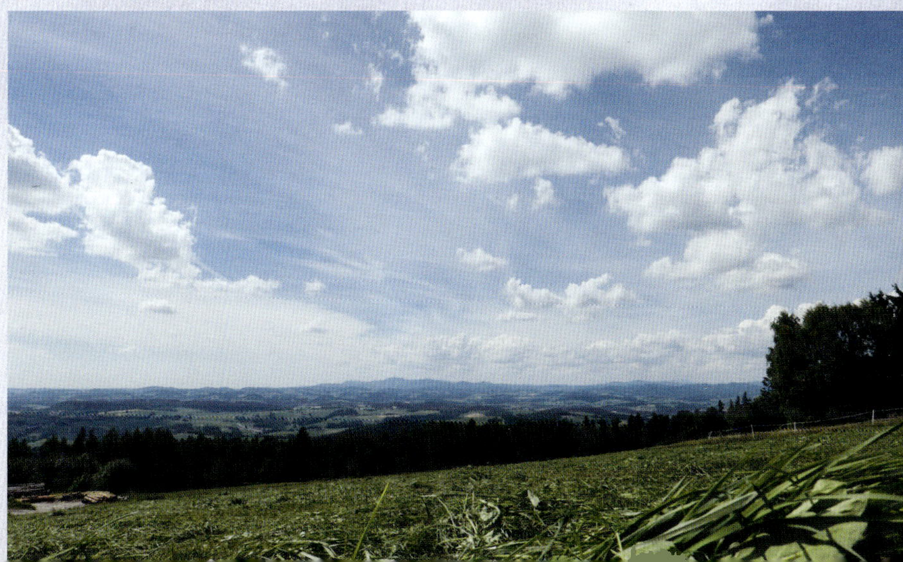

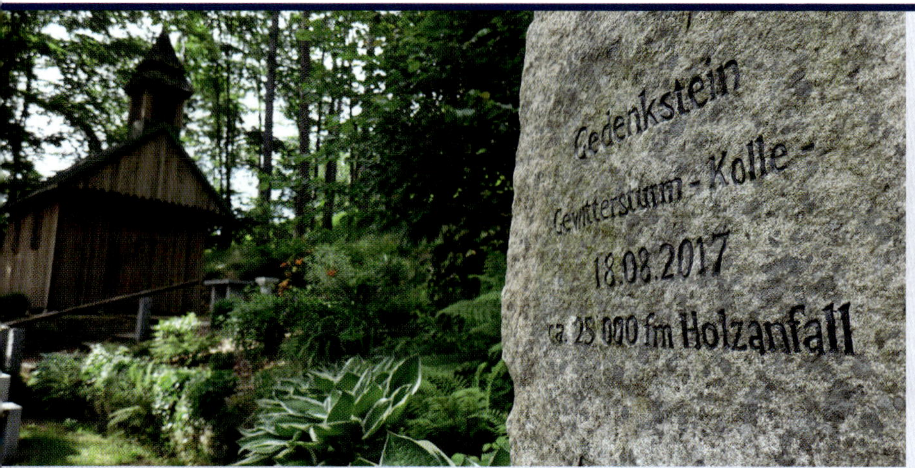

Kapelle Heilig Röhren

Linksherum, in einem weiten Bogen im Wald, umgehen wir den geheimnisvollen Bau. Wir folgen einem Trampelpfad, der geradeaus abwärts führt, sich immer wieder im herumliegenden Geäst verliert, bevor er nach 200 Metern auf ein Teersträßchen stößt. Nach rechts lassen wir auf ihm unseren Füßen freien Lauf und erreichen nach etwa 500 Metern die uns bekannte Kreuzung.
Wir biegen nach links auf den Waldweg und an der Gabelung hinter der Schranke nach rechts. Wir bewegen uns durch jungen Mischwald in etwa parallel zur Straße. Gelegentlich weist ein Pfeil des Panoramaweges Nr. 11 die Richtung. Kurz vor Gut Lichtenau kommen wir bei einer weitläufigen Lichtung wieder auf die Straße. Eine sanft gewellte, mit Feldern, Wiesen und Wäldern gesprenkelte Landschaft liegt uns zu Füßen und wir setzen zum ausgiebigen und wohl verdienten Einkehrschwung an ❺. Gut, dass die restliche Tour, überwie-

Hobbitplatz in Salzreut ...

... mit Moostierchen

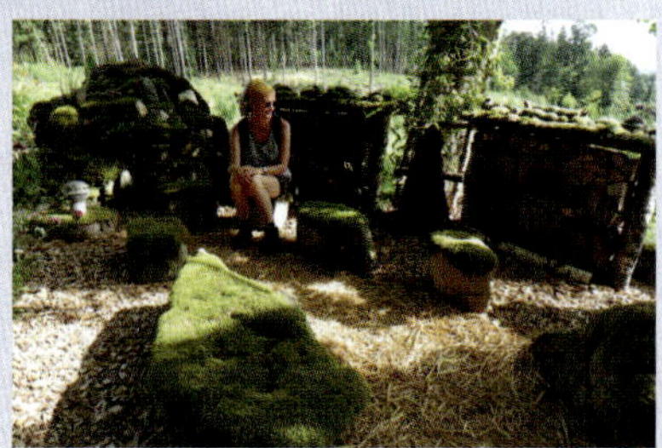

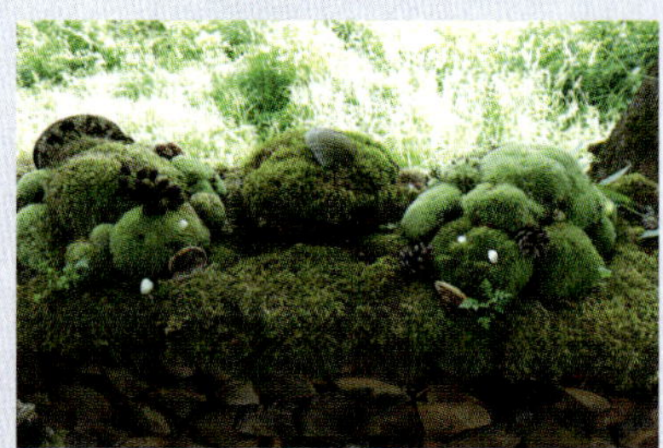

gend bergab oder eben, keine größere Anstrengung erfordert.

Von kulinarischen Genüssen beschwingt setzen wir unsere Wanderung auf dem Sträßchen nach rechts fort. Im Wald nehmen wir den ersten unbefestigten Weg nach rechts. An der Kreuzung mit dem Feldweg bleiben wir geradeaus auf unserem Pfad. Über frische Aufforstungen schauen wir weit ins Passauer Land. An der nächsten Wegkreuzung gehen wir rechts und knapp 500 Meter weiter biegen wir im spitzen Winkel links ab, folgen dem Wegweiser Nr. 14. Bei der Einmündung in den Schotterweg folgen wir diesem im spitzen Winkel nach rechts. An der erfrischenden Wasserquelle vor der kleinen Holzkapelle Heilig Röhren halten wir kurz inne. Ein Gedenkstein erinnert an den verheerenden Sturm, der im August 2017 hier wütete. Kurz hinter der Kapelle bekommt unser Schotterweg eine Asphaltdecke, führt an den paar Häusern von Salzreut ❻ vorbei. Am letzten findet sich unter einem Ahornbaum ein trolliger Rastplatz. Vorsichtig überqueren wir die kreuzende Staatsstraße 2128 und folgen dann der Beschilderung nach Eitzingerreut nach links. Am Ende des verschlafenen Weilers halten wir uns rechts Richtung Kittlmühle. Bei dem E-Werk queren wir zweimal die Erlau samt ihrem Kanal. Der Weg führt uns an das Ufer des Kleinen Erlau-Stausees. Humide liegt er torfbraun und ganz ruhig zwischen den bewaldeten Talhängen. Nach dem Betriebsgebäude hebt uns eine Serpentine zum etwas höher gelegenen Großen Erlau-Stausee ❼. Von ihm läuft das

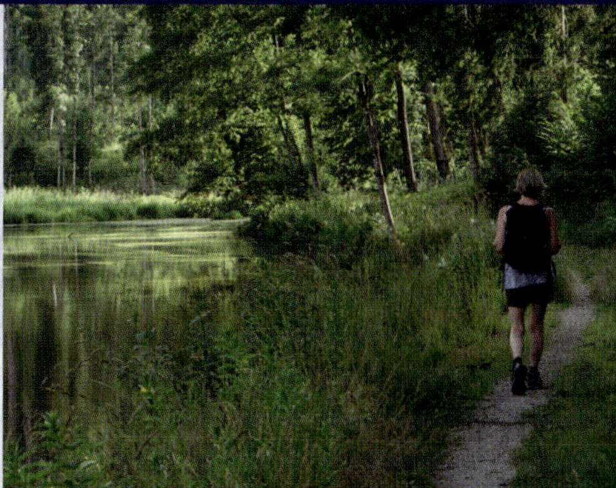

Großer Erlau-Stausee

Wasser in einer Röhre und über eine Strom erzeugende Turbine eine Etage tiefer. Hier verlassen wir die Wegemarkierung Nr. 14, bleiben auf der selben Uferseite. Durch ein Metalltor, das unberechtigte Fahrzeuge abhalten soll, gehen wir entlang des aufgestauten Wassers weiter. Am Ende des Sees steigt der Weg leicht an. Bald stoßen wir auf die Kreuzung zu Beginn unserer Tour, wo wir links abbiegen und nach 100 Metern den Ausgangspunkt erreichen.

Essen/Einkehren:

Gut Lichtenau
Lichtenau 1
94051 Hauzenberg
Tel. 08586 1213
www.gut-lichtenau.de
Aussichtsreicher Biergarten mit empfehlenswerter Küche

Gemütliche Runde bei Sonnen

Leicht

11,7 km

↓↑ 220 m

3½ Std.

Sonnen – Schönwiese – Niederneureuth – Auhäusl – Oberneureuth – Haselberg – Sonnen

Eine gemütliche Wanderung, teils auf wurzeligen Pfaden durch rauschenden Wald, teils auf befestigten oder asphaltierten Wegen.

Markierung:
Vom Start bis Auhäusl Goldsteig, dann Markierung S 5 bis zum Flugplatz. Von dort bis zum Ziel auf dem Sonnensystem-Weg (Markierung SY)

Parken:
Parkplatz Dr.-Vogt-Straße bei der Kreuzung in der Ortsmitte, hinter dem Musik-Club (Navi: Drexlerwiese 1, 94164 Sonnen)

ÖPNV:
Ab Passau – Am Schanzlturm mit Bus 7599

Tourist-Information:
Tourist-Information Sonnen, Schulstr. 2, 94164 Sonnen, Tel. 08584 961990, www.gemeinde-sonnen.de

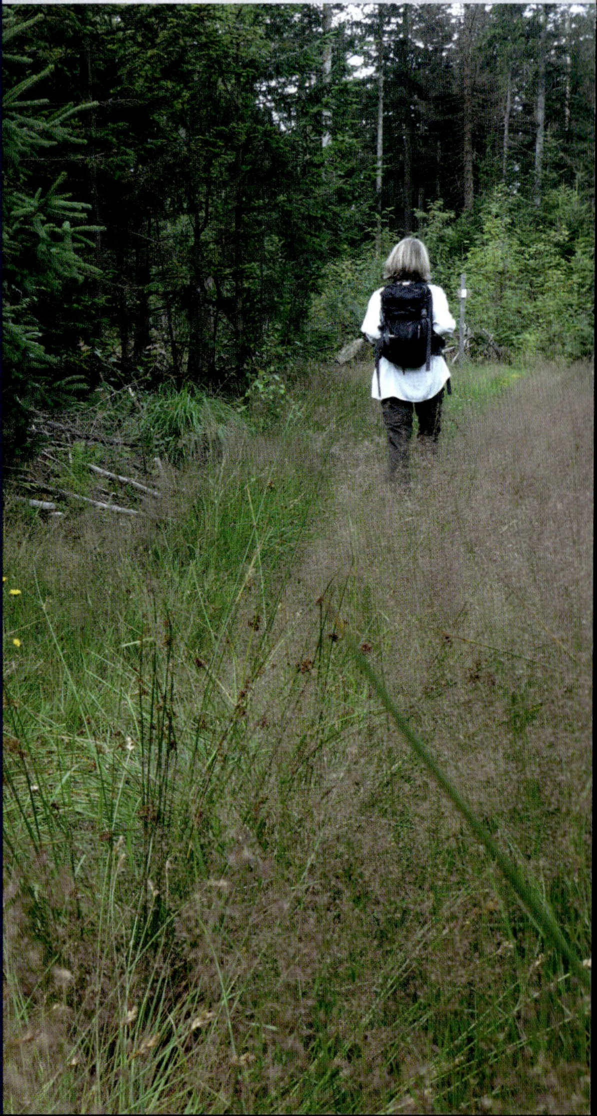

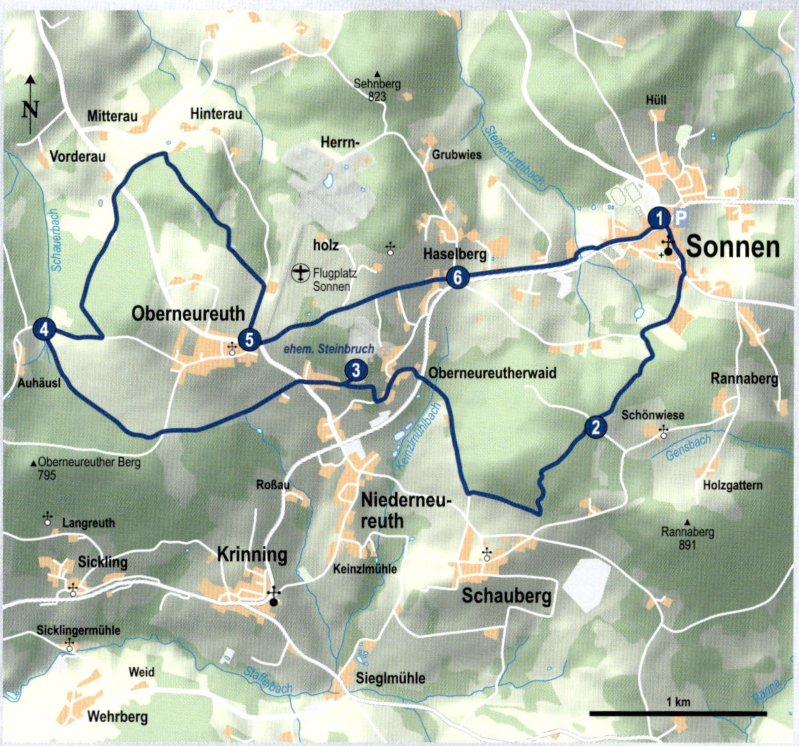

❶ Sonnen – Start/Ziel

❷ Schönwiese

❸ Ehemaliger Steinbruch

❹ Auhäusl

❺ Oberneureuth

❻ Haselberg

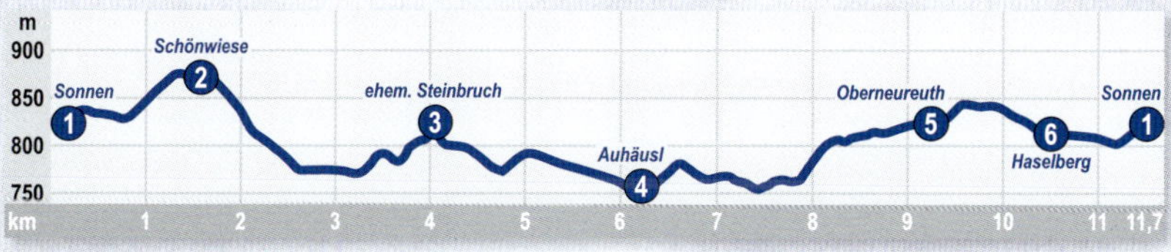

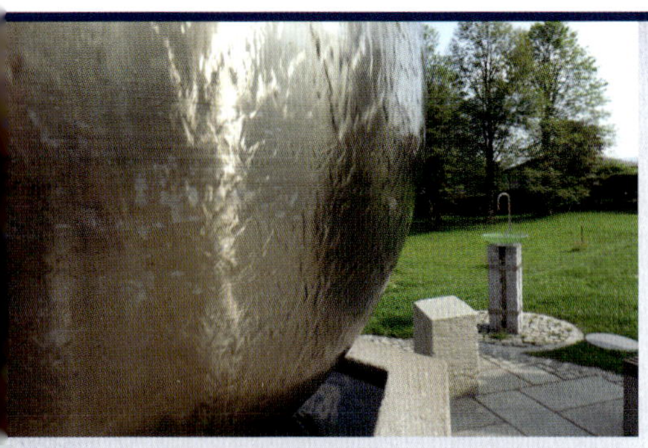

Brunnen in Sonnen

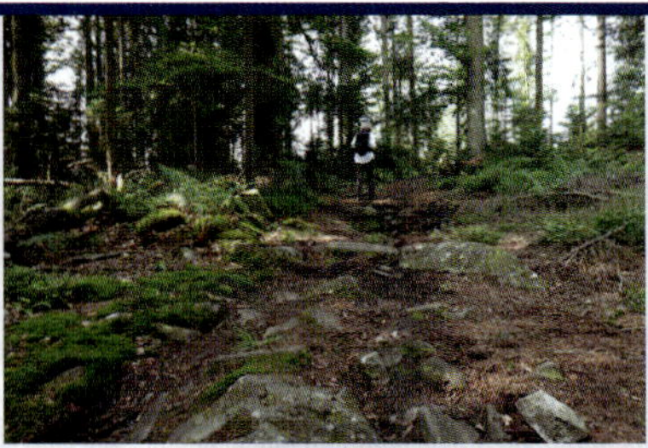

Naturnahe Wege

Wir starten unsere Tour vom Parkplatz an der Dr.-Vogt-Straße ❶. Von dort gehen wir einige Meter zur Kreuzung an der Hauptstraße, queren diese vorsichtig und marschieren, zwischen dem Gasthaus Andorfer und dem Edeka-Markt, die Straße

Pfarrkirche Maria Himmelfahrt

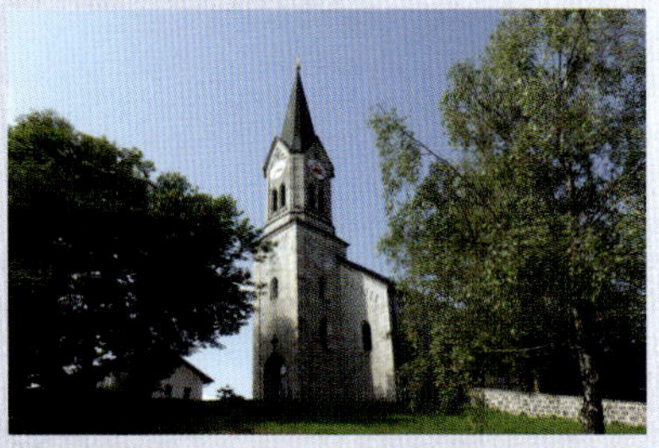

Am Kirchberg hinauf. Wir passieren das aus Granitquadern gemauerte Gotteshaus, gleich nebenan befindet sich die Gemeinde mit der Tourist-Information. Danach biegen wir rechts in den Weiherweg, zum ruhig gelegenen Sporthotel Sonnenhof. Hier bietet sich eine frühe Gelegenheit zur genüsslichen Einkehr. Wer will, stürzt sich in den gegenüberliegenden Badeweiher oder dreht eine kleine Runde im Kneipp-Becken.

Wir wandern weiter und nehmen nach 250 Metern den Schotterweg nach links. Bergan wandern wir durch ein Wäldchen. An der Weggabelung halten wir uns rechts. Stationen eines Kreuzweges, bunt gemalt und geschützt hinter Glas in einem Holzkästchen, schmücken einzelne Bäume.

Wir überqueren einen Forstweg, weicher Waldboden dämpft unsere Schritte im sanf-

Granit

In bis zu 200 Steinbrüchen wurde in der Region einst Granit abgebaut. Das magmatische Gestein besteht aus etwa 70% Silikat, über 10% Quarz, Feldspat, Glimmer und weiteren Mineralien. Als belastbares Baumaterial war der grobkörnige Granit für viele Zwecke sehr begehrt. Im Zuge der Industrialisierung bildete sich eine standes- und selbstbewusste Arbeiterschaft der „Stoahauer". Für Niederbayern eher untypisch, war die Region eine rote Hochburg, in der Weimarer Zeit sogar kommunistisch. Anfang der 1990er Jahre kam es hier zum längsten Streik in der Geschichte der deutschen Arbeiterbewegung. Für mehr als neun Monate wurde der Hammer niedergelegt. Mittlerweile haben billigere Pflastersteine aus China das einst so bedeutende Gewerbe kräftig schrumpfen lassen.

Sehenswertes Granitzentrum in Hauzenberg: Passauer Str. 11, 94051 Hauzenberg, Tel. 0 85 86/22 66, www.stein-welten.de

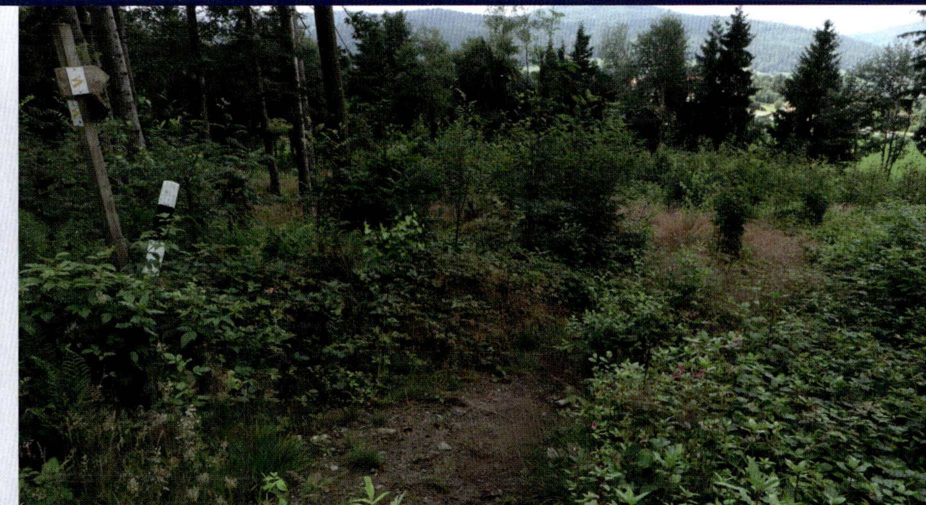

Hilfreiche Goldsteigmarkierung

ten Auf und Ab. So kommen wir an die Lichtung Schönwiese ❷, auf der ein größeres Gehöft liegt. Hier biegen wir rechts auf einen schmalen, schon etwas verwachsenen Pfad. Obacht, ohne den Goldsteig-Wegweiser kann der Abzweig leicht übersehen werden. Über Stock und Stein laufen wir bergab, immer noch entlang des Kreuzweges. Dessen erste Station finden wir am Waldrand bei einer überdachten Raststelle. Über den Weiler Schauberg – welch treffender Name – eröffnet sich uns ein pittoreskes Panorama. Markant schmiegt sich der kegelförmige Staffelberg in die Landschaft, eingebettet zu seinen Füßen die „Granitstadt" Hauzenberg.

Eben, entlang des Hangs am Waldrand, gehen wir rechts weiter. Ebenso auf dem Teersträßchen, auf das wir nach 450 Metern stoßen. Die kreuzende Staatsstraße 2128 queren wir vorsichtig und gelangen in das verschlafene Örtchen Niederneureuth. Kurz hinter den letzten Häusern biegen wir rechts auf einen steil ansteigenden Waldpfad ein. An der Einmündung auf den breiteren Waldweg halten wir uns links.

Zwischen Sträuchern und Gestrüpp türmen sich mächtige Granitbrocken. Ganz unspektakulär holt sich die Natur einen alten aufgelassenen Steinbruch zurück. Das harte Gewerbe prägte einst die Region und ihre Bewohner. Ein wenig weiter führt uns ein kurzer Abstecher nach rechts tiefer in den verwilderten Steinbruch ❸. Zwischen Tümpeln und Blockhalden finden wir heute ein kleines artenreiches Biotop.

Wieder zurück auf dem Hauptweg verlassen wir bald den Wald und auf einem asphaltierten Sträßchen passieren wir einige Häuser. Wir queren die Hauptstraße und wandern, leicht nach rechts versetzt, geradeaus weiter. Auf dem ruhigen, leicht abschüssigen Versorgungsweg begleitet uns ein schöner

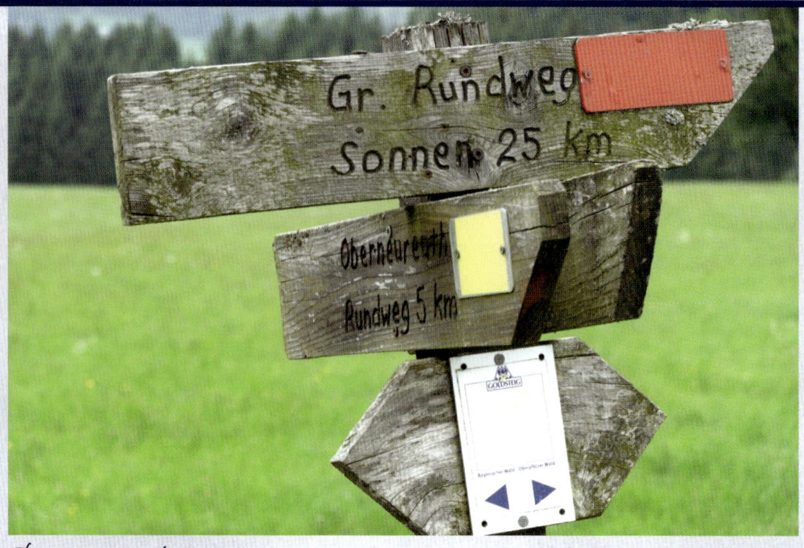

Detaillierte Wegweisung

Blick über die gesprenkelte Kulturlandschaft.

An der Kreuzung mit der Vorfahrtstraße gehen wir geradeaus auf einem Feldweg am Waldesrand weiter. Ganz gemütlich und ebenerdig erreichen wir bei Auhäusl ❹ wieder ein Teersträßchen, dem wir nach rechts bergan folgen.

Hier verlassen wir den Goldsteig und halten uns bis zum Flugplatz an die Wanderweg-Markierung S 5. Diese weist bei einer Gruppe von großen Ahornbäumen nach links. Mal rauf, mal runter wandern wir erst durch lichtdurchfluteten Mischwald und dann an seinem Rand entlang. Von links grüßt der Frauenwald (948 m), gekrönt von einem Aussichtsturm und einer spitzigen Antenne. Den asphaltierten Weg queren wir leicht nach links versetzt, und bergan geht es weiter durch den Wald.

Blick auf den Frauenwald

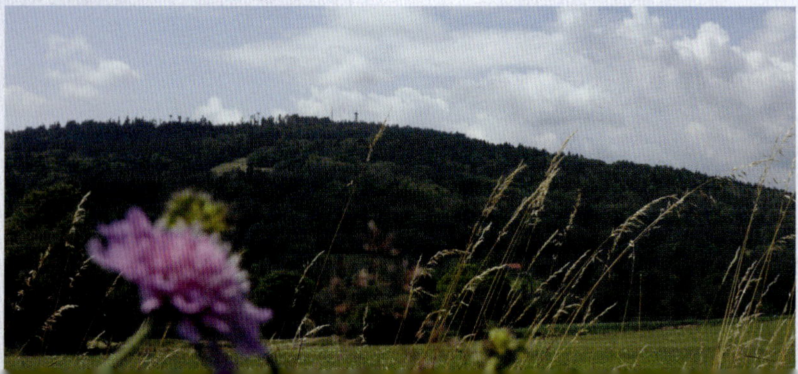

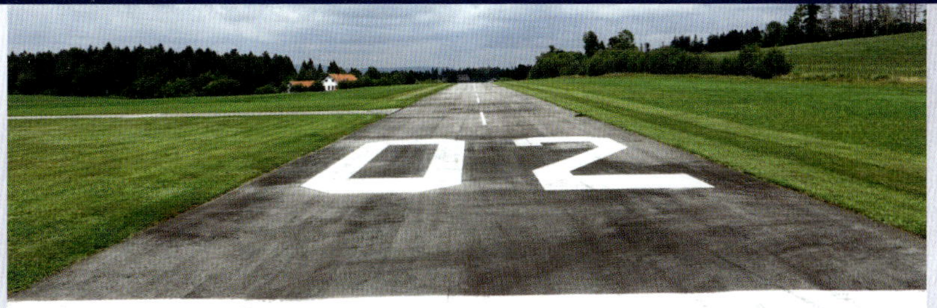

Sportflugplatz Oberneureuth

Vor dem Haus an der Lichtung halten wir uns rechts. Wir bleiben auf dem Hauptweg, der an einem kleinen ehemaligen Steinbruch vorbei auf offenes Gelände führt. Hier biegen wir links ab, wandern aufwärts am Waldrand entlang bis zu einer schmalen Straße, auf die wir rechts einschwenken.

Eine flatternde rot-weiße Windhose, ein kleiner Tower und eine Halle für ein Sportflugzeug weisen auf das Flugplätzchen Oberneureuth hin. Leider hat das Gasthaus am Flugplatz heute seinen Ruhetag und von bekannten wie unbekannten Flugobjekten keine Spur und kein Geräusch. Schade, es wäre interessant gewesen, einer Landung oder einem Abflug auf der kurzen Asphaltpiste beizuwohnen.

So wandern wir etwas unbefriedigt weiter, biegen nach dem Gasthaus links auf die Hauptstraße ❺ und nach den letzten Häusern wieder links. Mit schönem Blick über den Flughafen führt uns das Sträßchen zunächst bergan. Weite Blicke übers Land begleiten uns dann bergab nach Haselberg. ❻ An der Kreuzung beim Haselwirt gehen wir geradeaus auf dem Rad- und Fußweg weiter. Der führt uns neben der Staatsstraße 2128 zurück nach Sonnen. Kurz vor der Kreuzung biegen wir links zu unserem Ausgangspunkt ein.

Essen/Einkehren:

Gasthaus Andorfer
Hauptstraße 5
94164 Sonnen
Tel. 08584 823

Sporthotel Sonnenhof
Weiherweg 5
94164 Sonnen
Tel. 08584 9800
www.sporthotel-sonnenhof.de

Gasthaus am Flugplatz
Oberneureuth 42A
94164 Sonnen
Tel. 08586 91662

Gasthaus Haselwirt
Haselberg 30
94164 Sonnen
Tel. 08584 1257

Café Fesl
Hauptstraße 29
94164 Sonnen
Tel. 08584 989292

Vilshofen: Entlang der vielgestaltigen Vils

Leicht

16,7 km

↓↑ 140 m

4 Std.

Vilshofen – Taferlsee – Piske-Aussichtsturm – Schönerting – Grafenmühl – Benediktinerabtei Schweiklberg – Vilshofen

Eine beschauliche Wanderung durch das Naturschutzgebiet Vils-Engtal und auf dem Vils-Lehrpfad Lebendige Vils.

Markierung:
Vilstal-Wanderweg, Via-Nova-Pilgerweg

Parken:
Kostenlose Parkplätze an der Donau, nahe der Brücke (Navi: Lautensackstraße 1, 94474 Vilshofen an der Donau)

ÖPNV:
Bahnstation Vilshofen

Tourist-Information:
Vilshofen a. d. Donau
Stadtplatz 27
94474 Vilshofen
Tel. 08541 208112
www.vilshofen.de

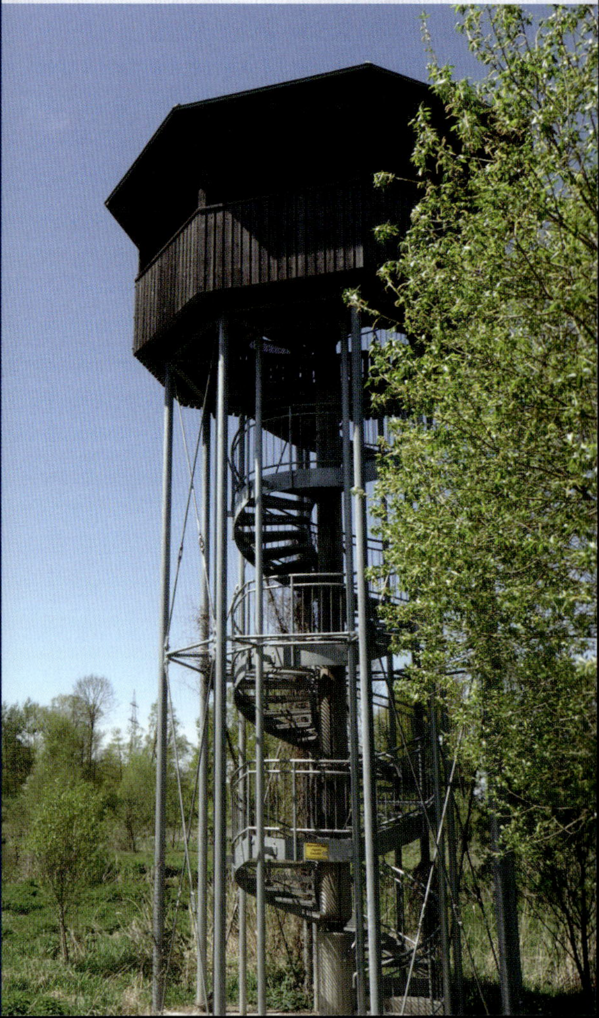

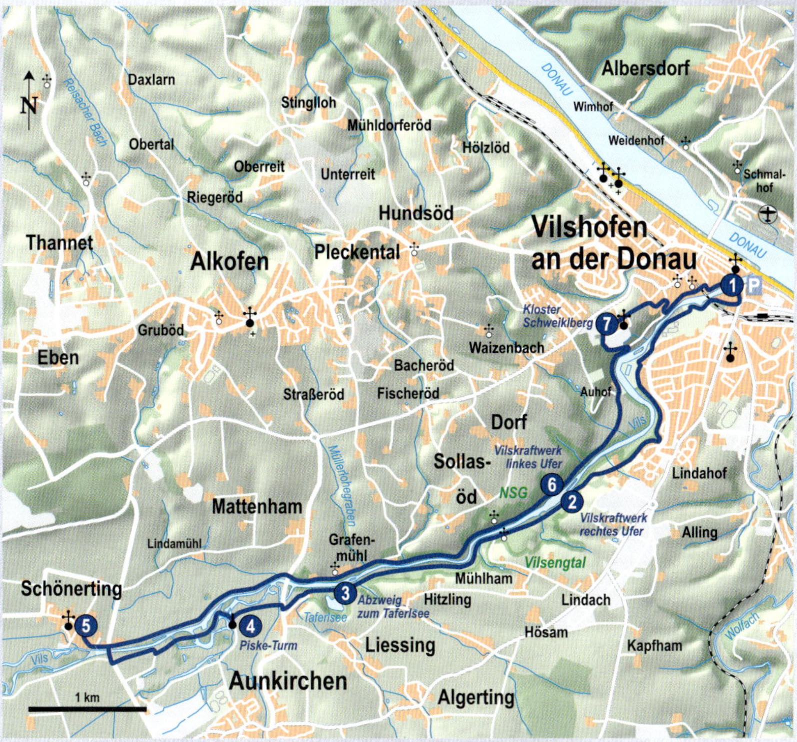

Albersdorf
DONAU
Wimhof
Weidenhof
Schmal-hof
Daxlarn
Reisacher Bach
Stinglloh
Mühldorferöd
Hölzlöd
Obertal
Oberreit
Unterreit
Riegeröd
Hundsöd
Vilshofen an der Donau
Thannet
Alkofen
Pleckental
Gruböd
Kloster Schweiklberg
Eben
Waizenbach
Bacheröd
Straßeröd
Fischeröd
Auhof
Dorf
Vils
Vilskraftwerk linkes Ufer
Sollas-öd
NSG
Lindahof
Mattenham
Müllerhofgraben
Vilskraftwerk rechtes Ufer
Alling
Lindamühl
Grafen-mühl
Vilsengtal
Mühlham
Schönerting
Abzweig zum Taferlsee
Hitzling
Lindach
Taferlsee
Piske-Turm
Hösam
Liessing
Kapfham
Wolfach
Aunkirchen
Algerting
1 km

❶ Vilshofen - Start/Ziel

❷ Kraftwerk Vilshofen, rechtes Ufer

❸ Abzweig zum Taferlsee

❹ Piske-Turm

❺ Schönerting

❻ Kraftwerk Vilshofen, linkes Ufer

❼ Schweiklberg

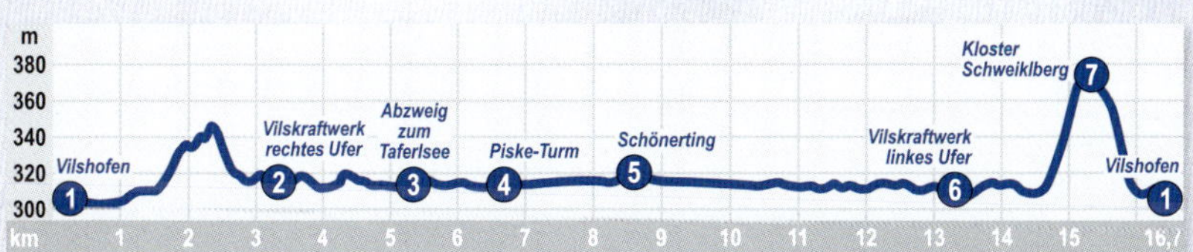

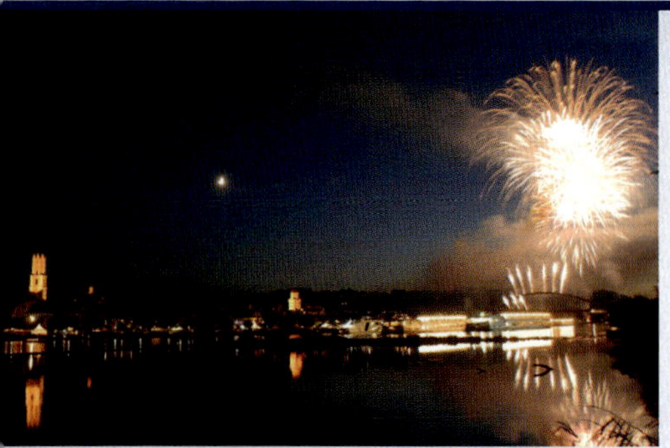

Vilshofen – Donau in Flammen

Wir beginnen unsere Wanderung an der Vils-Brücke ❶, unweit der Pfarrkirche St. Johannes der Täufer, mit ihrem markanten, spitzen Turm. Wir queren den gemächlich, erdbraun getrübt, dahintreibenden Fluss. Wenn wir nach links schauen, sehen wir, wie er sich nach gut 200 Metern mit dem mächtigen Strom der Donau vereint. Wir schlendern geradeaus durch die Vilsvorstadt und biegen nach einer Kurve rechts in die Furtgasse. Die wandelt sich bald in einen breiten, fest gewalzten Sandweg.

Kurz vor der Vils gehen wir links und gelangen so unter die Eisenbahnbrücke. Wir spazieren durch eine bunte Schrebergarten-Siedlung, vorbei an Tennisplätzen, hinter denen wir rechts auf die Vilsfeldstraße einschwenken. Beim idyllisch gelegenen Frei- und Hallenbad nehmen wir den zweiten Fußweg nach rechts. Stetig ansteigend ziehen wir die Vils-Leiten hinauf. Rechter Hand, zum Fluss hin, fällt der Hang senkrecht ab. Dichter Strauch- und Baumbewuchs schützen ihn vor dem Abrutschen. Auf der anderen Seite erhaschen wir immer wieder Blicke in akkurat gepflegte Gärten, die sich um große Villen schmiegen. Der Weg markiert eine Scheidelinie zwischen Natur und Kultur. Ein interessanter Kontrast!

An der Einmündung auf das Asphaltsträßchen Schlehberg halten wir uns rechts. Leicht abschüssig erreichen wir das städtische Vilskraftwerk ❷. Hier bietet sich die Möglichkeit, den Fluss zu überqueren und somit die Rundtour um zehn Kilometer zu verkürzen.

Wir wandern weiter flussaufwärts. Der bequeme, ebenerdige Weg führt uns, immer nah am Wasser, durch vielfältigen Auwald. Eine Kakophonie an Vogelgezwitscher übertönt die ruhig und langsam fließende Vils mit ihren verschlungenen Altwasserarmen.

Benediktinerabtei Schweiklberg

Erbaut wurde das als Wahrzeichen über Vilshofen thronende Kloster im Jugendstil von 1905 bis 1925. Die Hauptaufgabe des unter der Kongregation von St. Ottilien geführten Konvents bestand in der Ausbildung von Missionaren. Und bis heute werden Benediktinermönche auf diese Aufgabe in Übersee vorbereitet. Daher rühren auch die meisten der 800 im Museum präsentierten Artefakte. In den letzten Jahren wurde die Sammlung der von den Missionaren mitgebrachten Gegenstände gezielt durch Spenden und Zukäufe erweitert, so dass sich hier eine bedeutende Sammlung alter afrikanischer Kunst und Völkerkunde findet. In der weitläufigen Klosteranlage befindet sich noch eine Realschule, ein Gäste- und Tagungshaus sowie der Klosterladen mit Cafeteria. Bekannt ist der Schweiklberger Geist, ein wirksames Heilkräuter-Destillat aus eigener Herstellung. www.schweiklberg.de

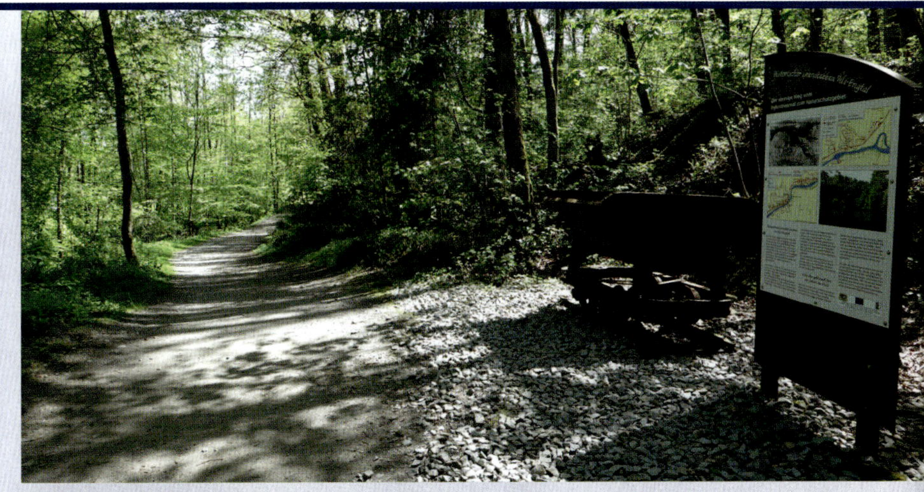

Lehrreich renaturierter Granit-Tagebau

Das artenreiche Naturschutzgebiet löst eine Art Tiefenentspannung aus. Die Schritte werden langsamer, das Schauen und das Hören aufmerksamer. Dass es im Vils-Engtal nicht immer so beschaulich zuging, bezeugen zahlreiche Infotafeln am Wegesrand. Ab der Mitte des 19. Jahrhunderts griff der Mensch durch massiven Granit-Abbau in die Landschaftsgestaltung ein. Die uralten Auwälder wurden abgeholzt. Das harte Gestein wurde, zunächst mit Pferdefuhrwerken, später mit Dampflokomotiven abtransportiert. Ende 1987 wurde die Bahnlinie Vilshofen – Aidenbach stillgelegt und zwei Jahre später wurden die Gleise abgebaut. Teilweise verläuft unsere Strecke auf und neben der alten Trasse. Überwachsene Reste der Bahnanlage erinnern an diese geschäftige Zeit.

Aus einem alten Trafohäuschen entstand die 2013 eingeweihte Barbarakapelle, auf die wir nach einem Stück des Weges stoßen. Die

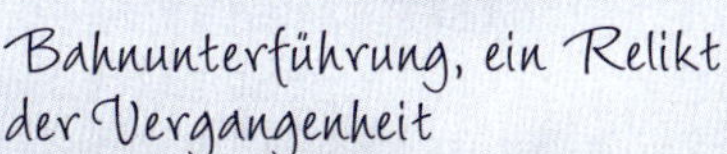

Bahnunterführung, ein Relikt der Vergangenheit

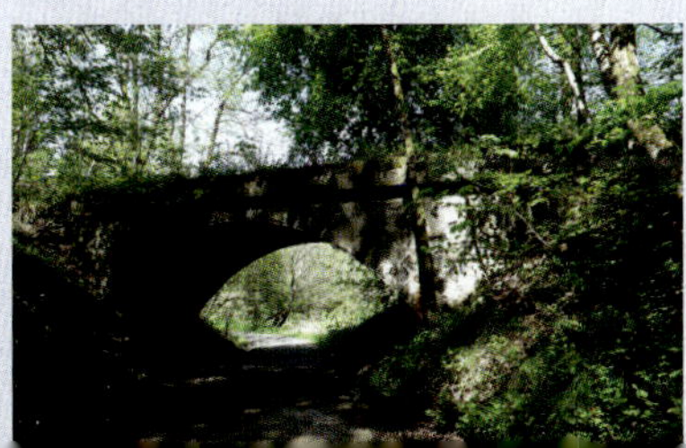

Die Barbarakapelle, ein umgewidmetes Trafo-Häuschen

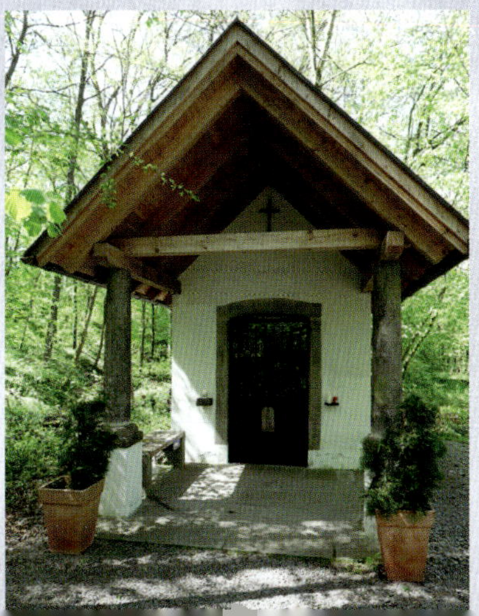

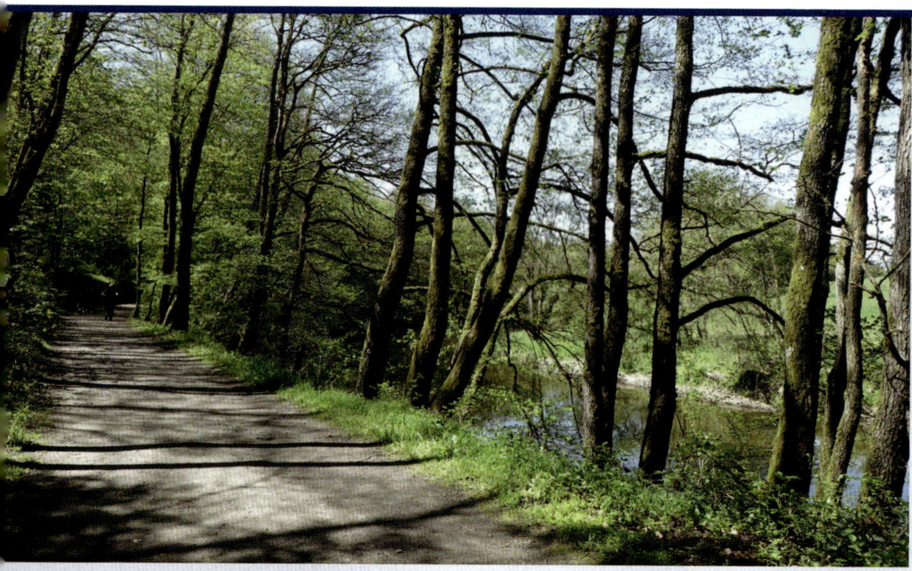

Bequemer Wander- und Radweg entlang der Vils

Orientierung in diesem renaturierten Kleinod ist einfach, immer auf dem Hauptweg entlang des Flusses.

Nach knapp zwei Kilometern folgen wir der Beschilderung zum Taferlsee ❸ nach links, unter dem Bahndamm hindurch. Ein kurzer Abstecher von wenigen Metern und wir stehen vor dem etwas trüben, verwunschen wirkenden Gewässer. Am gegenüberliegenden Ufer ragen überwucherte Granitwände senkrecht empor. Aus bis zu zwanzig Metern Tiefe wurde hier der begehrte Baustoff aus dem Fels gebrochen. Nach der Auflassung des Steinbruchs 1943 flutete ihn das Grundwasser und schuf somit diesen See.

Wieder zurück auf dem Hauptweg erreichen wir bald offenes Land. Das Tal weitet sich. Nach einigen hundert Metern treffen wir auf die Mattenhamer Straße. Wir folgen ihr nach rechts und biegen bei der nächsten Möglichkeit links ab, Richtung Vils-Lehrpfad und Aussichtsturm ❹ (siehe Seite 50), den wir nach fünfhundert Metern auf dem Feldweg erreichen. Ein Hotspot für Birdwatcher, aber auch dem Laien öffnet sich ein weiter Blick, den ein Fernglas noch schärft. Ein brütender Schwan, ein aufgeschreckter Fischreiher und gemütlich treibende Enten. Der Kuckuck ruft,

Der Taferlsee, ein gefluteter Steinbruch

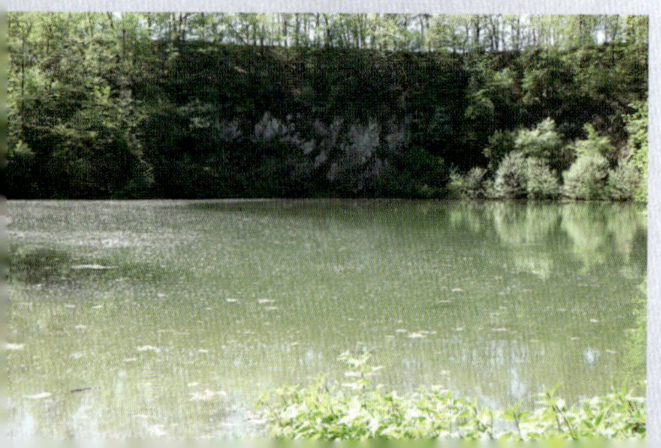

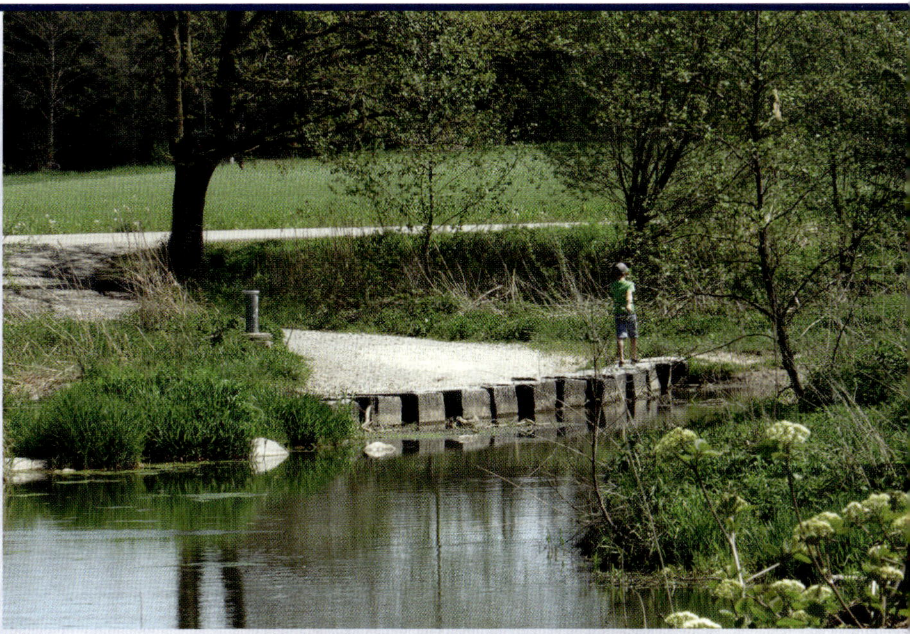

Über Granitblöcke geht es über den Nebenarm der Vils

lässt sich allerdings nicht sehen. Dem flüchtigen Wanderer bleiben noch viele andere Arten verborgen.

Herab vom Turm gehen wir zunächst einige Meter zurück und queren auf aneinander gereihten Granitblöcken einen kleinen Nebenarm der Vils. Der Pfad windet sich durch eine üppige Busch- und Wasserlandschaft, kreuzt zwei weitere Altwasser. Auf der Wiese folgen wir dem ausgetretenen Weg nach rechts und kurz vor dem Fluss nach links. An der Straße gehen wir rechts und weiter über die Vilsbrücke. Hier bietet sich ein kurzer Abstecher zum empfehlenswerten Landhof Eineder ❺ mit gemütlichem Biergarten an. Wir folgen also der Straße nach links in die Ortsmitte von Schönerting, wo wir genüsslich einkehren. Nur ein wenig weiter befindet sich ein Alpaka-Hof. Die putzigen südamerikanischen Tierchen und der Streichelzoo dürften vor allem Kinder begeistern.

Gestärkt marschieren wir an die Vils zurück. Wir überqueren vorsichtig die Landstraße und folgen dem Fluss nun stromabwärts auf

Vils, sedimentgeschwängert in Richtung Engtal

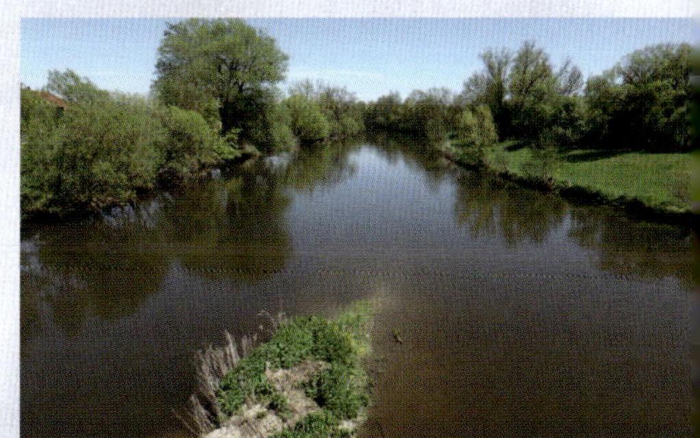

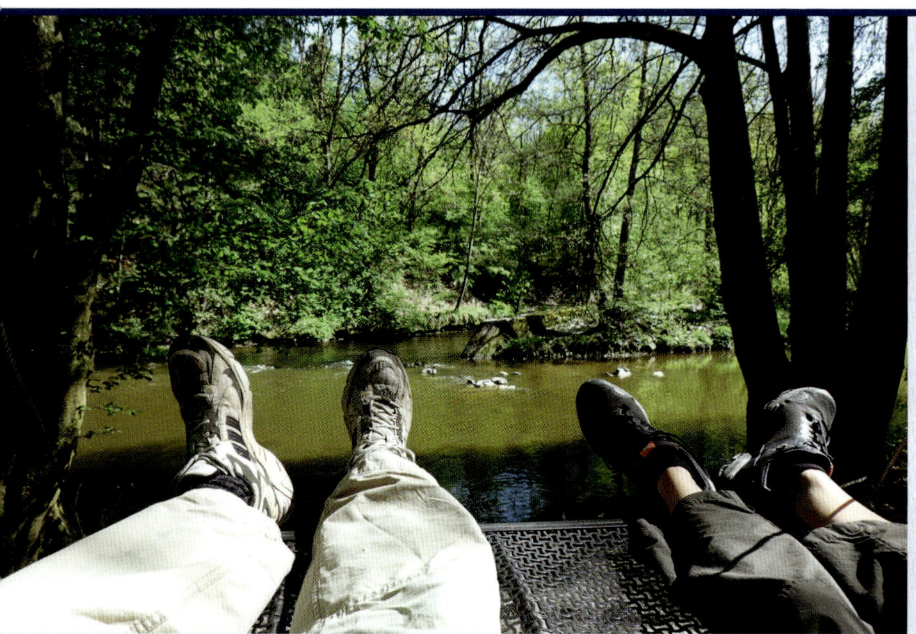

Relaxte Schwingungen auf der Bierschaukel

einem schmalen Teersträßchen. Das Ufer ist gesäumt mit allerlei Sträuchern und Bäumen. Auf unserer linken Seite belegen Felder und Wiesen die sanft gewellte Landschaft. Ganz unspektakulär, immer nahe am Wasser, kommen wir an eine kleine Kreuzung. Wir gehen geradeaus weiter, folgen immer weiter dem Flusslauf. Ab hier bewegen wir uns auf dem Via-Nova-Pilgerweg.

Eine „Villa Kunterbunt" zieht unsere überraschten Blicke auf sich. Fast schon ein wenig surreal, der wilde Garten mit seinen vielfarbig bemalten Steinen. Das ganze Anwesen ist ein fröhliches Gesamtkunstwerk.

Wenig weiter passieren wir das kleine E-Werk Grafenmühl. An der folgenden Weggabelung nehmen wir den rechten, gekiesten Abzweig, der in ein schattiges Wäldchen führt. Alsbald bietet sich auf der „Bierschaukel" die Gelegenheit, Beine und Seele, im wahrsten Wortsinne, baumeln zu lassen. Nach entspanntem Pendeln setzen wir leichten Fußes unsere Wanderung fort. Dichter, vielfältiger Auwald, der sich teils an steile Hänge klammert, hüllt uns ein. Eineinhalb Kilometer weiter erreichen wir das Kraftwerk Vilshofen ❻. Nachdem wir den Wald hinter uns gelassen haben, grüßt, stolz auf einem Hügel thronend, die Benediktinerabtei Schweiklberg.

Wir bleiben weiter auf dem breiten Hauptweg Richtung Vilshofen. Hinter dem auf der gegenüberliegenden Flussseite liegenden Freibad biegen wir links ab, folgen der Wegweisung zur Abtei. Wer sich den kurzen An-

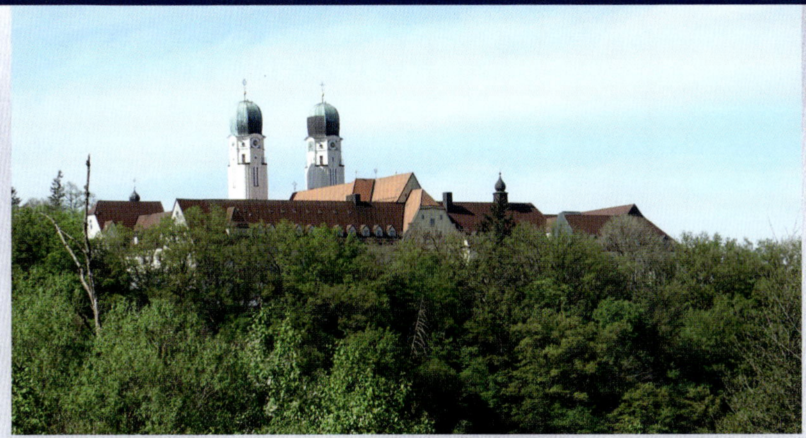

Schweiklberg, Missionsabtei der Benediktiner

stieg zum kulturellen Höhepunkt sparen möchte, läuft einfach geradeaus weiter. Wir erklimmen jedoch den Klosterhügel. Dort warten eine im Jugendstil erbaute Abteikirche ❼, das sehenswerte Afrikamuseum und nicht zuletzt das einladende Kloster-Café als Belohnung für die kleine Anstrengung.

Auf dem Weg hinab nach Vilshofen lassen wir die Klosteranlage rechts liegen und kurz darauf den Friedhof mit Kapelle linker Hand. An der Wegeinmündung biegen wir rechts in das kleine Sträßchen Mühlberg. Wir folgen ihm auf einem Linksbogen. Achtung, kann leicht übersehen werden! Nach knapp hundert Metern biegen wir zwischen zwei Häusern rechts ab. Ein schmaler Pfad verläuft dann entlang eines Zauns steil bergab. Über einige Stufen steigen wir zur Uferstraße Kreppe. Auf ihr gehen wir links, der Vils wieder nahe. Weiter der Kreppe folgend erreichen wir die Bahnunterführung. Gute 50 Meter danach biegen wir rechts auf einen Fußweg ab, der uns nach wiederum 50 Metern auf die Fischerzeile bringt. Wir schwenken links auf sie ein. Vorbei an einigen historischen Häusern erreichen wir unseren Ausgangspunkt der Tour.

Essen/Einkehren:

Landhof Eineder
Schönerting 42
94474 Vilshofen
Tel. 08543 1323
www.landhof-eineder.de
Ein Abstecher von 400 Metern in Schönerting am Wendepunkt der Tour

Klosterladen und Cafeteria in der Benediktinerabtei Schweiklberg
Schweiklberg 1
94474 Vilshofen
Tel. 08541 2090
www.schweiklberg.de
Mehrere Lokale am Stadtplatz in Vilshofen

Holzkirchen: Beschauliche Runde zur Georgseiche

Leicht

9,9 km

↓↑ 190 m

2½ Std.

Holzkirchen – Maierhof – Scheunöd – Marterberg – Holzkirchen

Diese kleine Rundtour führt uns, abseits der großen Wanderströme, durch landwirtschaftlich geprägte Kulturlandschaft und herrliche Wälder. Herausragend, die noch völlig intakte, jahrhundertealte Georgseiche.

Markierung:
Ab Maierhof Wanderweg Nr. 9 (Römersteig)

Parken:
Parkplatz vor der Kirche (Navi: Kirchplatz 3, 94496 Ortenburg)

ÖPNV:
Bahnhof Vilshofen, weiter mit Bus 6108

Tourist-Information:
Tourist-Info Ortenburg, Marktplatz 11, 94496 Ortenburg, Tel. 08542 16421, www.ortenburg.de

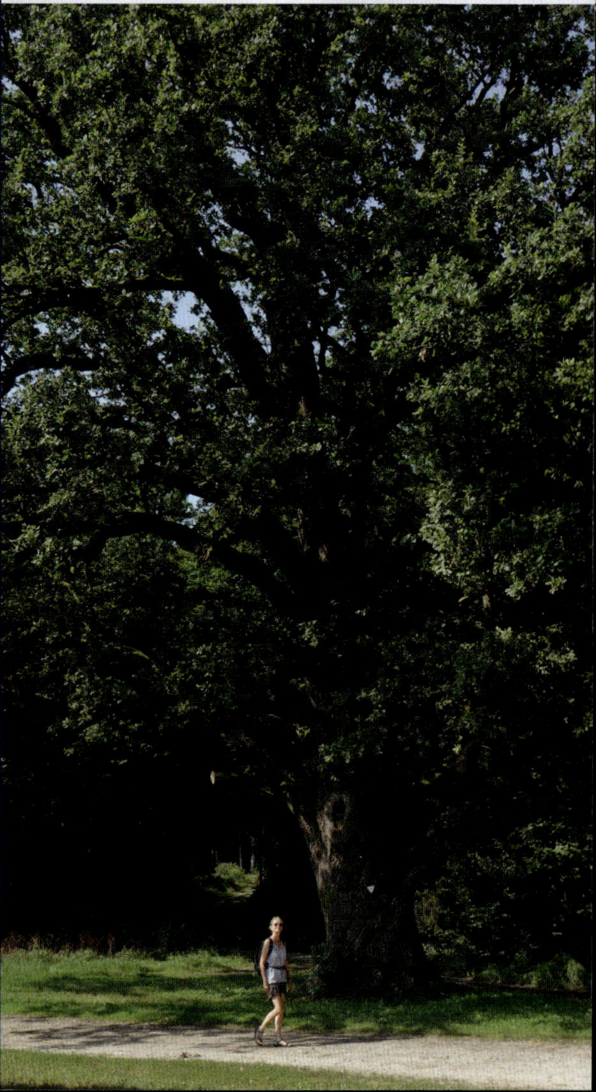

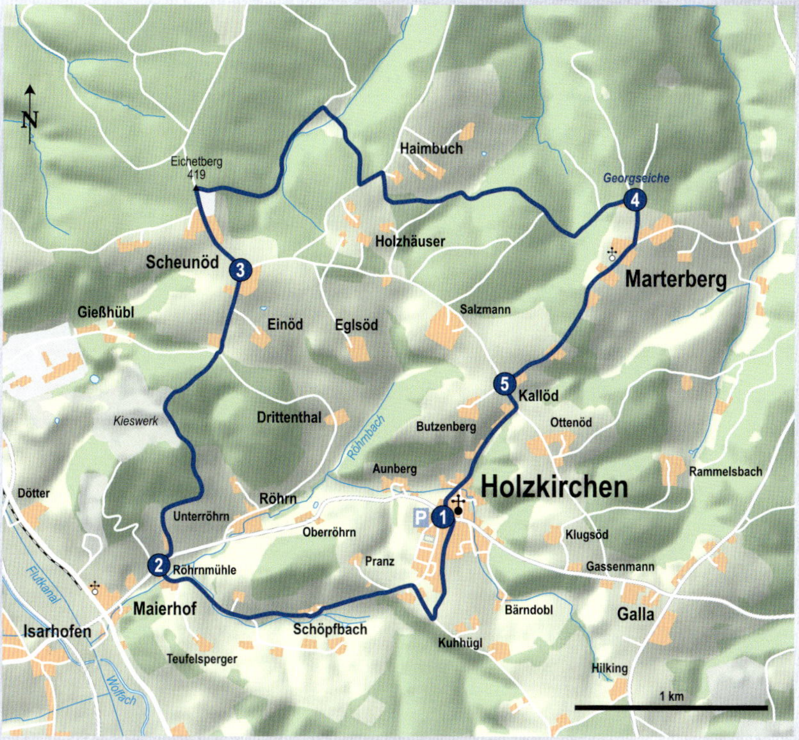

1. Holzkirchen – Start/Ziel
2. Röhrnmühle
3. Scheunöd
4. Georgseiche
5. Kallöd

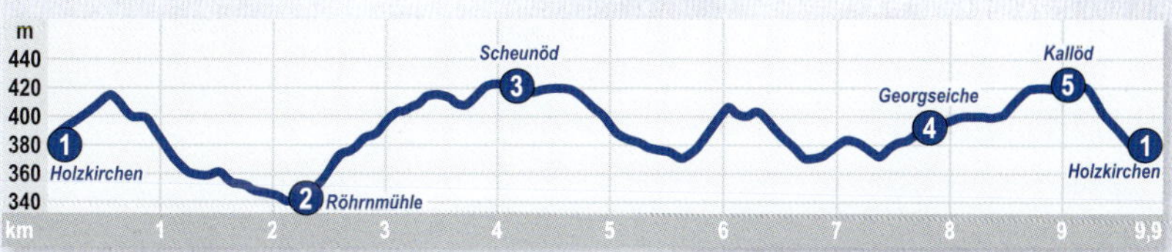

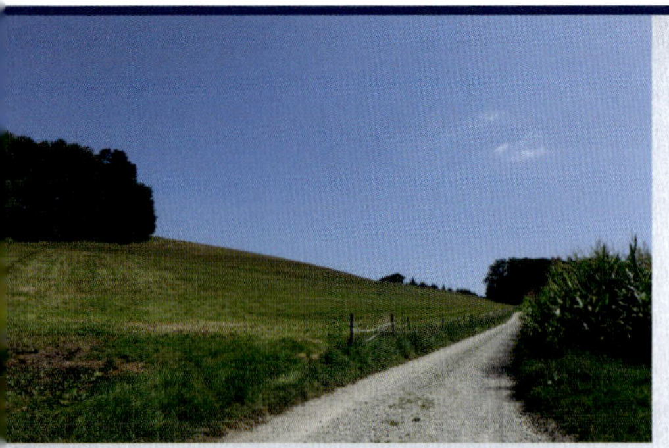

Bäuerliche Landschaft um Holzkirchen

Der verschlafene Weiler Holzkirchen ist Ausgangspunkt dieser Tour ❶. Von der Kirche gehen wir einige Meter zur Hauptstraße hinauf und folgen dieser kurz nach links, dann biegen wir rechts in den Kirchweg. Der verliert bald seine Teerdecke und führt uns über Felder und Wiesen bergan nach Kühhügl.

An der T-Kreuzung folgen wir dem Asphaltsträßchen nach rechts und biegen nach den Häusern links ab, dann auf dem Schotterweg weiter geradeaus. An der Weggabelung halten wir uns links bergab, passieren einen großen Bauernhof und an der Einmündung auf das Sträßchen wandern wir rechts weiter. Wir kommen dann über das Bächlein Röhrn bei dem Weiler Maierhof an die Kreisstraße PA 37 ❷. Hier treffen wir auch auf den Römersteig (Wanderweg Nr. 9), dessen Markierung wir nach rechts folgen. Nach 75 Metern schwenken wir, nach dem Bushäuschen, links auf einen Feldweg ein. An der Weggabelung am Waldanfang gehen wir rechts. Der schon etwas verwachsene Traktorweg führt uns dann am Waldrand entlang und nach einigen hundert Metern an die senkrecht abfallende Abbruchkante einer

Steile Abbruchkante an der Kiesgrube

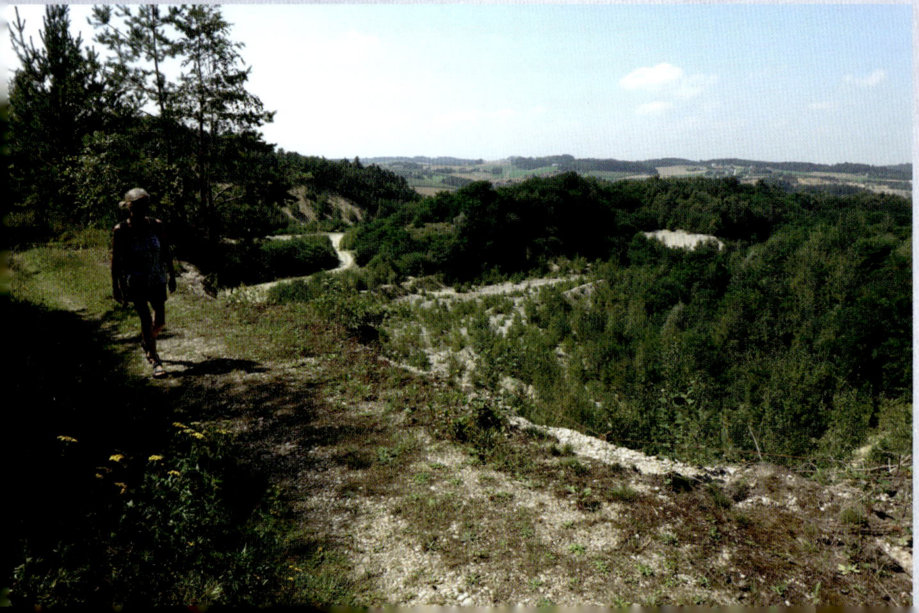

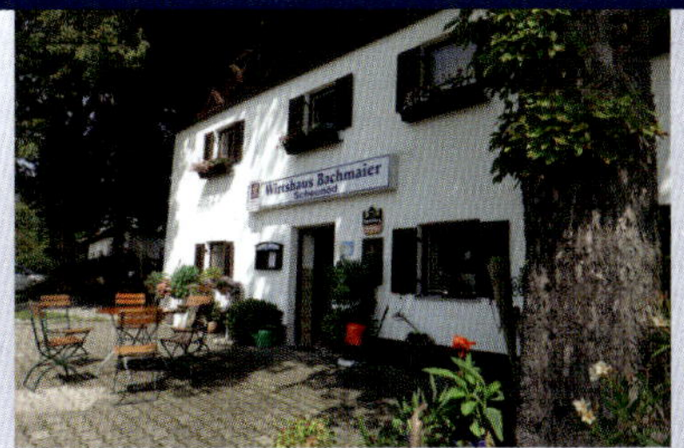

Einkehrmöglichkeit nach Scheunöd

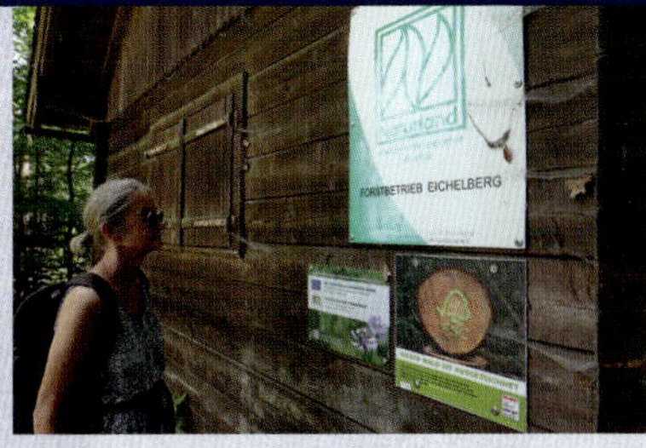

Nachhaltig bewirtschafteter Wald

riesigen Kieshalde. Langsam erobert sich die Natur das Areal zurück, über das wir auf die hügelige, mit Feldern, Wiesen und Wäldern gesprenkelte Kulturlandschaft blicken.
Unser Weg führt dann weiter durch ein kleines Wäldchen, mündet in ein schmales Sträßchen, das uns geradewegs nach Scheunöd bringt. Hier gehen wir an der T-Kreuzung mit der Vorfahrtstraße ❸ links und erreichen nach 300 Metern die Gaststätte Bachmaier. Das Traditions-Wirtshaus wird heute nur noch im Nebenerwerb geführt. Es bietet erfrischende Getränke, kleinere Brotzeiten und vor allem den Stammtischbrüdern aus den umliegenden Weilern eine Heimat.
Nach erquickender Rast spazieren wir auf dem Sträßchen weiter, biegen nach dem Brennholzhandel rechts auf einen Feldweg. Der läuft abwärts in einen FSC und nach den Richtlinien von Naturland zertifizierten Forst. Und tatsächlich verströmt die vielfältige Waldgesellschaft mit ihren alten Königen – den Buchen, Eichen und Fichten – eine un-

Lichtung im Waldmeer

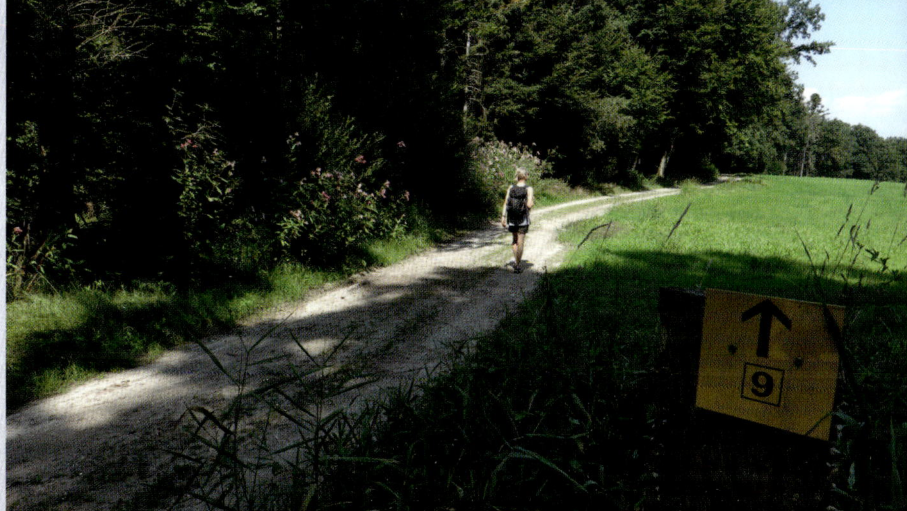

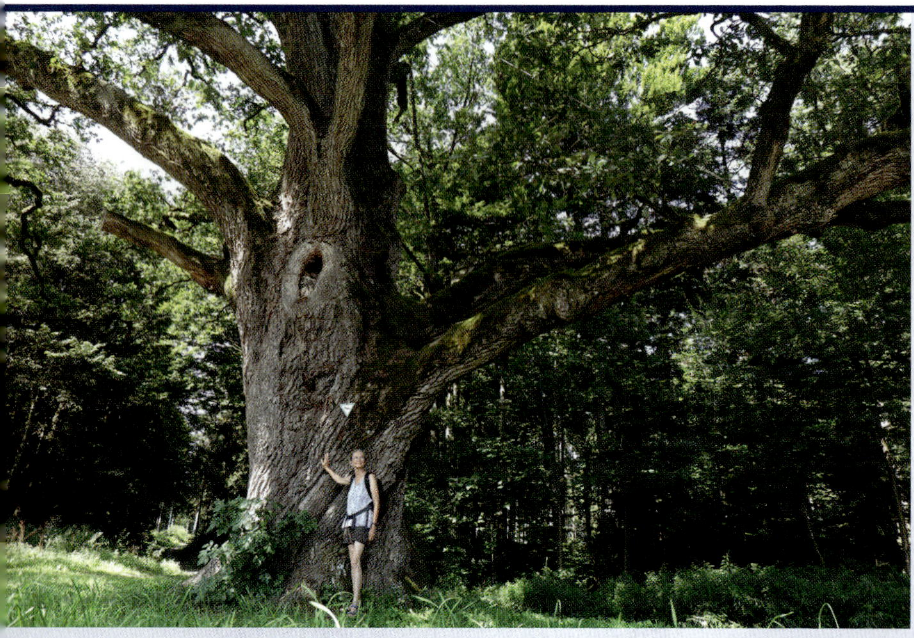

Georgseiche bei Marterberg

widerstehliche Wohlfühl-Atmosphäre. Eine bezaubernde Vorstellung des deutschen Romantik-Bildes.

Wir kommen an eine Lichtung, die wir in der Mitte, bei den großen Eichen, nach rechts queren. Weiter geht's durch den schönen

Kapelle in Marterberg

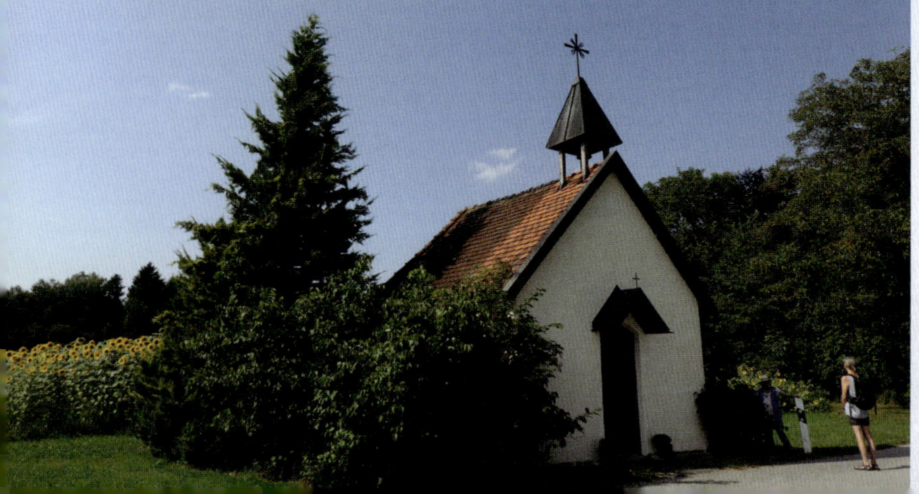

Mischwald leicht ansteigend, bis wir an eine schmale Straße stoßen, der wir nach links folgen. Am ersten Abzweig bei dem Gehöft gehen wir rechts und an der Gabelung auf den Wiesenweg gleich wieder – in Richtung Wald. Nach 30 Metern an seinem Rand entlang schlagen wir uns nach links in die Büsche, halten uns gleich an der Pfadgabelung wieder links. Eine schmale Spur zieht sich durch das satte Grün der Farne, Gräser, Brennnesseln, Moose und des Unterholzes.

Bei der Einmündung auf den Forstweg marschieren wir links und bei der nächsten Wegeinmündung geradeaus. Erst noch etwas abwärts, dann wieder ansteigend, steuern wir auf die mächtige Georgseiche zu. Erhaben und Ehrfurcht gebietend steht das Naturdenkmal am Waldrand ❹. Im Schatten ihrer Jahrhunderte – ihr genaues Alter kennt wohl keiner – dämmert einem die eigene Kurzlebigkeit. Leider fehlt eine Ruhebank, auf der man ein wenig Zeit davon verträumen könnte.

Beeindruckt laufen wir an dem Baummonument nach rechts weiter, zum verschlafenen Weiler Marterberg. Auf das Teersträßchen biegen wir rechts ein, passieren nach ein paar Häusern eine liebevoll gepflegte Kapelle. Unsere Route läuft weiter auf dem wenig frequentierten Sträßchen und an der Vorfahrtstraße links ❺. Nach 150 Metern, bei dem Christus-Kreuz, spazieren wir rechts den Brunndobl hinab. Hinter dem Ortsschild von Holzkirchen passieren wir die Edelbrennerei Braun und mit dem Kirchturm vor der Nase geht es geradewegs zurück zum Ausgangspunkt.

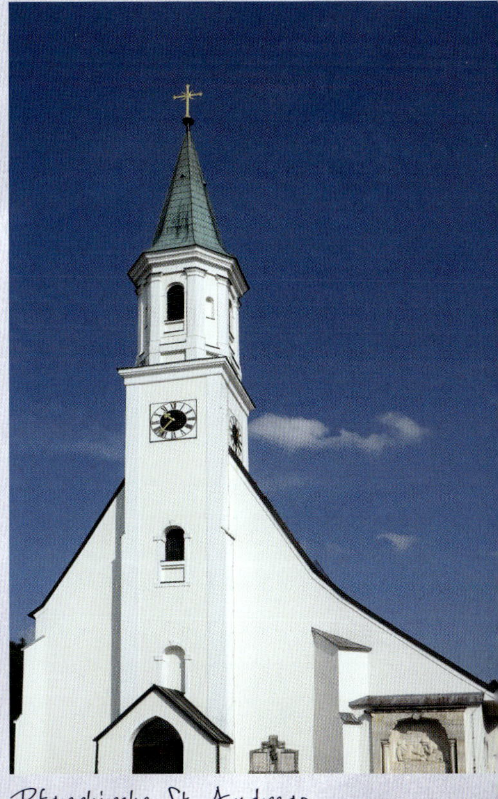

Pfarrkirche St. Andreas in Holzkirchen

Essen/Einkehren:

Gasthaus Bachmaier
Scheunöd 18
94474 Vilshofen
Tel. 08542 7291
Nur Getränke und Brotzeiten

Leicht

10,3 km

↓↑ 170 m

3 Std.

Heiligenbrunn: Vom Wallfahrtsort durch bezaubernde Wälder

Heiligenbrunn – Breitanger – Laufenbach – Kleine Diensthütte – Heiligenbrunn

Fast die gesamte Runde über genießen wir einen wunderbaren, abwechslungsreichen Mischwald, mit Feuchtgebieten, Rodungsinseln und einem quirligen Wildbach.

Markierung:
Grüne 14 und Grüne 17

Parken:
Wanderparkplatz bei der Kapelle Heiligenbrunn (Navi: Heiligenbrunn, 94081 Fürstenzell)

ÖPNV:
Passau Hauptbahnhof, weiter mit Bus 6147 oder 6148 bis Seestetten, von dort fünf Minuten Fußweg bis zur Einstiegsmöglichkeit in Laufenbach

Tourist-Information:
Landratsamt Passau – Tourismus, Domplatz 11, 94032 Passau, Tel. 0851 397600, www.passauer-land.de

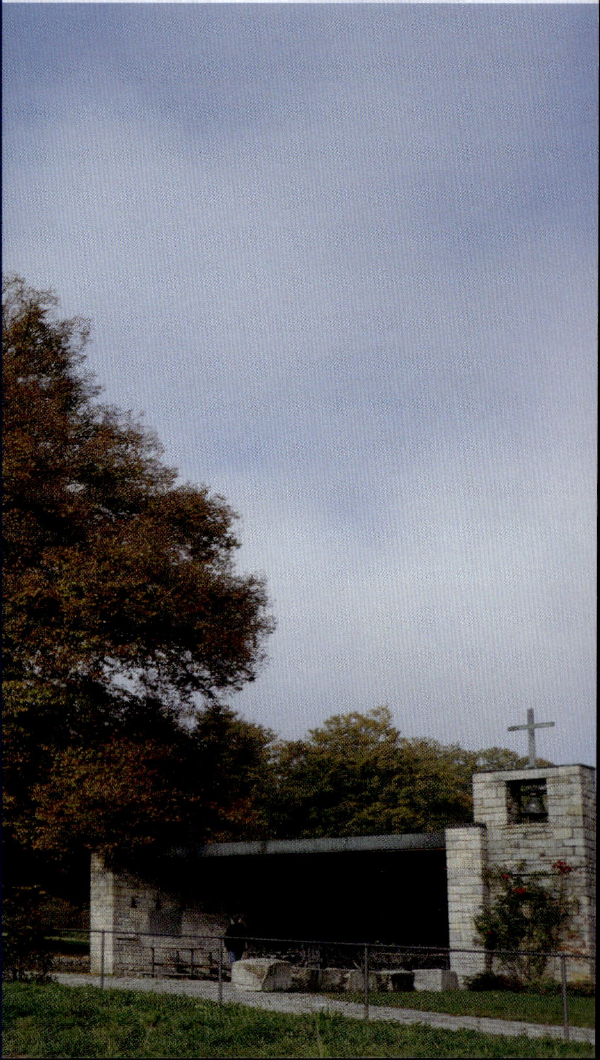

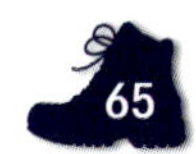

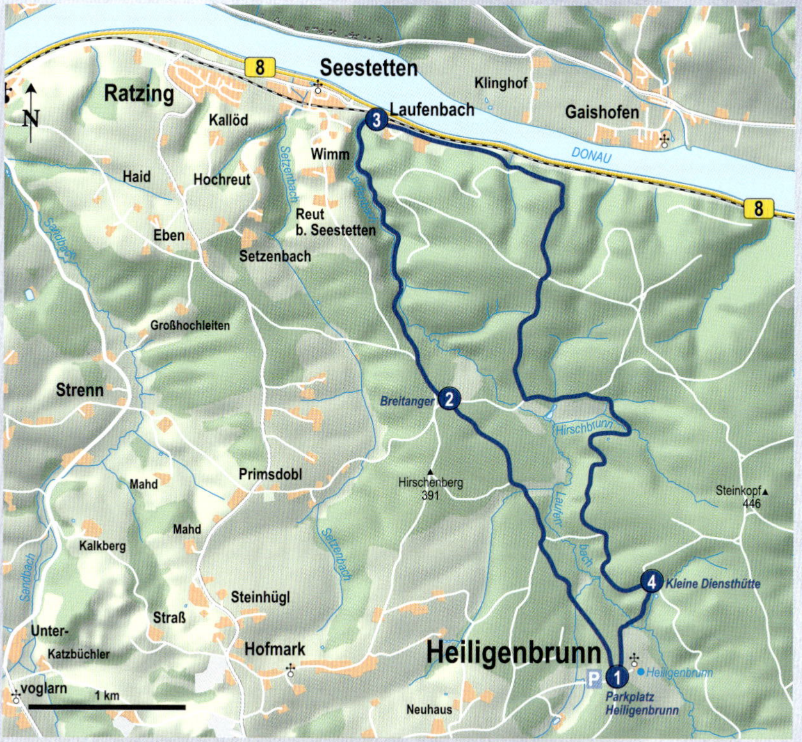

❶ Heiligenbrunn - Start/Ziel

❷ Breitanger

❸ Laufenbach

❹ Kleine Diensthütte

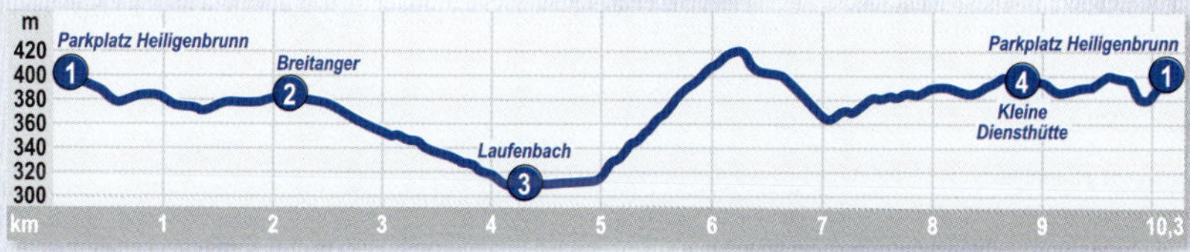

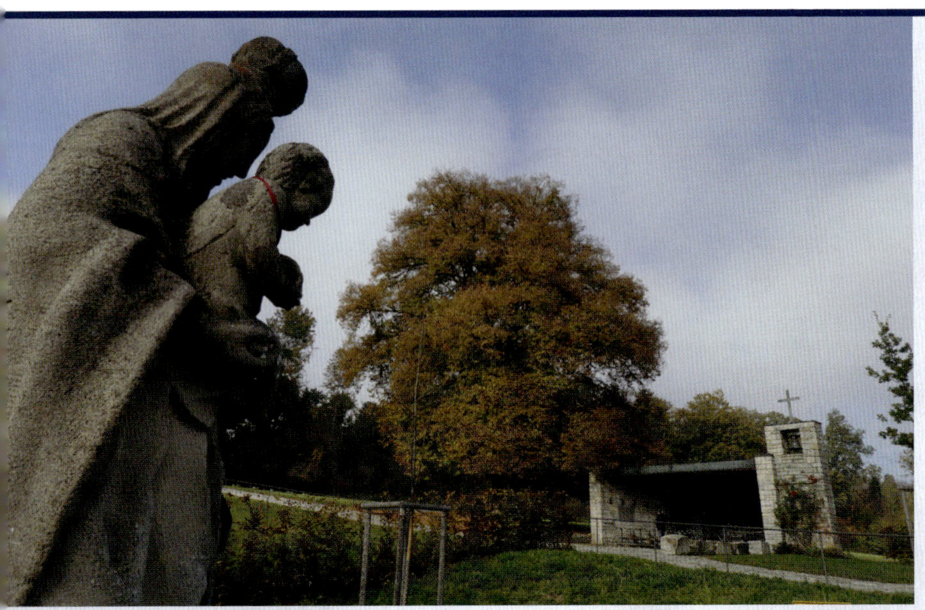

Wallfahrtskapelle Heiligenbrunn

Ausgangs- und Zielpunkt unserer Wanderung durch das Hochbuchet ist der Wanderparkplatz bei der Wallfahrtskapelle Heiligenbrunn ❶. Von der Kapelle und ihrem Brunnen kommend, halten wir uns am Parkplatz rechts und nehmen den schmalen Pfad in den Wald hinein. Nach 60 Metern stoßen wir auf einen breiteren Forstweg, dem wir nach rechts folgen. Von hier bis an die Donau weist uns die grüne Markierung des Wanderweges 14 den Weg.

Wir kommen über ein kleines Brückchen, biegen an der Wegeinmündung rechts ab und folgen einer langgezogenen Linkskurve.

Heiligenbrunn

Man sieht der modernen, 1964 aus Granitsteinen errichteten Wallfahrtskapelle mit dem gefassten Brunnen nicht an, welch lange und kuriose Geschichte mit dem Ort verbunden ist. Die Ursprünge reichen bis ins späte 16. Jahrhundert zurück. Die Legende besagt, dass einst eine Bauerstochter durch das kalkarme Wasser aus dem Teich von ihrer „Hinfallenden Sucht" (Epilepsie) geheilt worden sein soll. Der Vater habe darauf eine hölzerne Mariensäule gestiftet. Der Grundeigentümer fühlte sich durch das Zertreten seiner Wiese geschädigt und schüttete 1674 den Brunnen zu. In der folgenden Nacht brannte sein Hof ab. Das veranlasste den Bauern, den Brunnen wieder freizulegen und daneben eine hölzerne Kapelle zu errichten. Zur Zeit der Säkularisation wurde die Wallfahrt nach Heiligenbrunn verboten und die Kapelle abgerissen. Trotz des Verbotes wurden 1803 an Mariä Heimsuchung über 2000 Wallfahrer gezählt, gegen die sogar Militär eingesetzt wurde. 1818 errichtete man eine neue Kapelle neben dem Teich. Zu Beginn des 20. Jahrhunderts verebbte der Pilgerstrom und wurde erst nach dem Zweiten Weltkrieg durch die umliegenden Gemeinden wieder belebt.

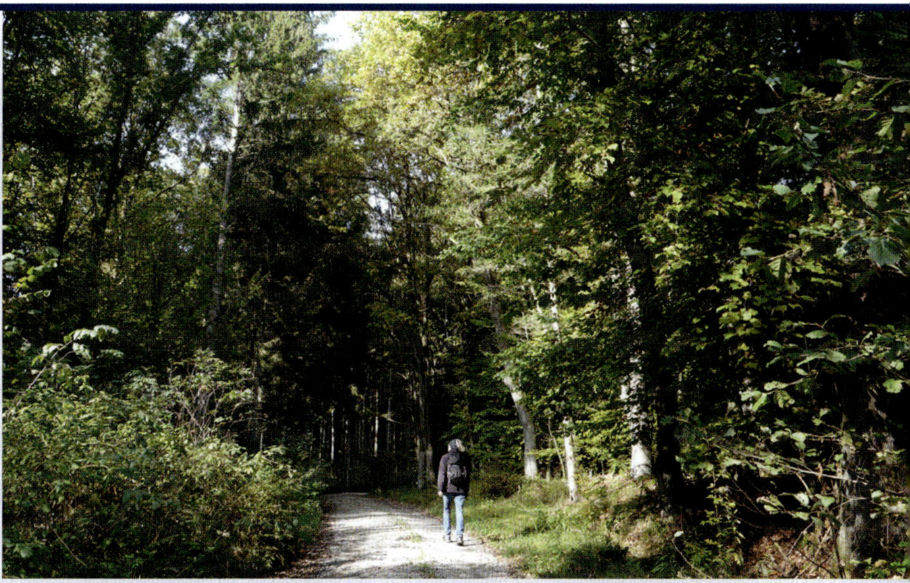

Artenreicher Mischwald im Hochbuchet

An der Weggabelung marschieren wir rechts. Artenreicher Mischwald verschiedener Baumgenerationen spendet Lungen und Geist erquickend frische Luft. Irisierende Lichtspiele im vom Wind bewegten Blättermeer ziehen unsere Blicke an. Der kleine festgewalzte Forstweg ist bequem zu belaufen, zumal es meist abwärts geht, und erfordert wenig Aufmerksamkeit. Die schenken wir umso mehr dem uns umgebenden Baumvolke. Man kommt in Versuchung, den einen oder anderen Genossen zu umarmen, sich dem modernen Life-Style des Waldbadens hinzugeben.

An der Wegeinmündung beim Breitanger ❷, einer kleinen Lichtung, wandern wir erst links und nach einigen Metern an der Weggabelung rechts. Gut 300 Meter weiter folgen wir der Wegweisung nach rechts, Richtung Seestetten. Wir schlendern dann gemütlich entlang des Laufenbachs, der munter neben uns herplätschert. Nur noch einige überwachsene Mauerreste im Dickicht am gegenüberliegenden Ufer weisen auf ein ehemaliges Anwesen hin. Wie die Menschen hier einst lebten, lässt sich nur schwer erahnen.

Immer geradeaus auf dem Hauptweg erreichen wir den Weiler Laufenbach ❸. Ab den

Ruhebank am Laufenbach

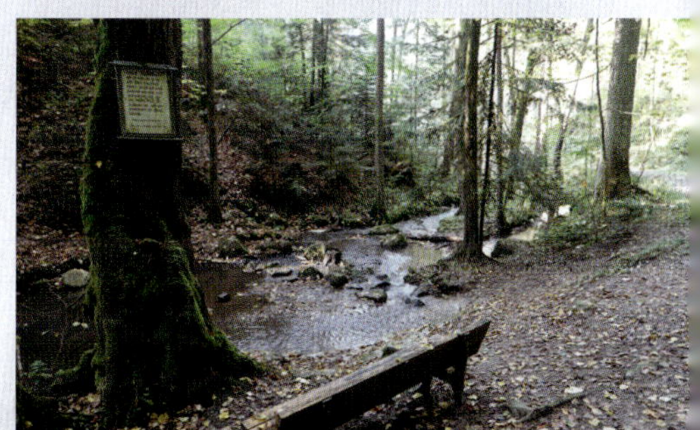

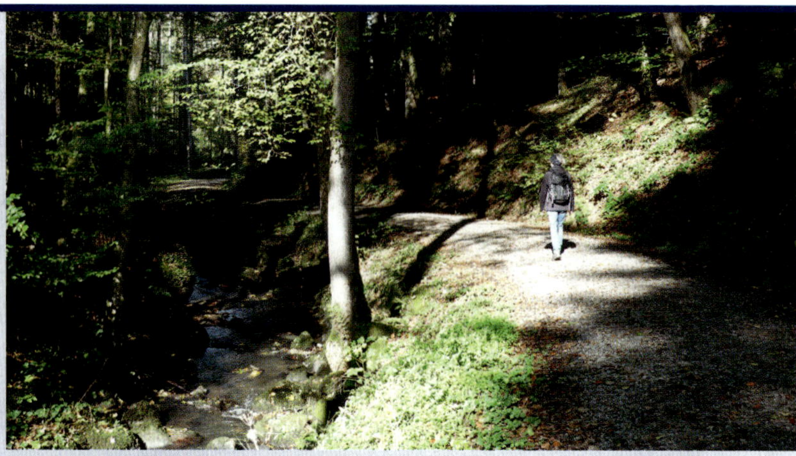

Bequemer Wanderweg entlang des Laufenbachs

ersten Häusern bekommen wir Asphalt unter die Schuhsohlen. An der Kreuzung mit der Vorfahrtstraße biegen wir rechts ab und verlassen somit den Wanderweg 14. Hier ist eine Einstiegsmöglichkeit für Leute, die mit dem ÖPNV angereist sind (Bushaltestelle in Seestetten).

Vorbei am ehemaligen Bahnhofsgebäude von Seestetten laufen wir mit Blick auf die Donau ein kurzes Stück entlang der Eisenbahngleise und wechseln vom Asphalt wieder auf gekiesten Untergrund. Der Weg führt uns dann nach rechts, teils steil bergan, von der Donau weg und wieder in herrlichen Mischwald hinein. An der doppelten Weggabelung halten wir uns erst rechts und einige Meter weiter links.

Unsere Route führt leicht abwärts zu einer T-Kreuzung bei einer Lichtung, auf der zwei kleine Fischweiher liegen. Wir biegen links

Blick auf die Donau

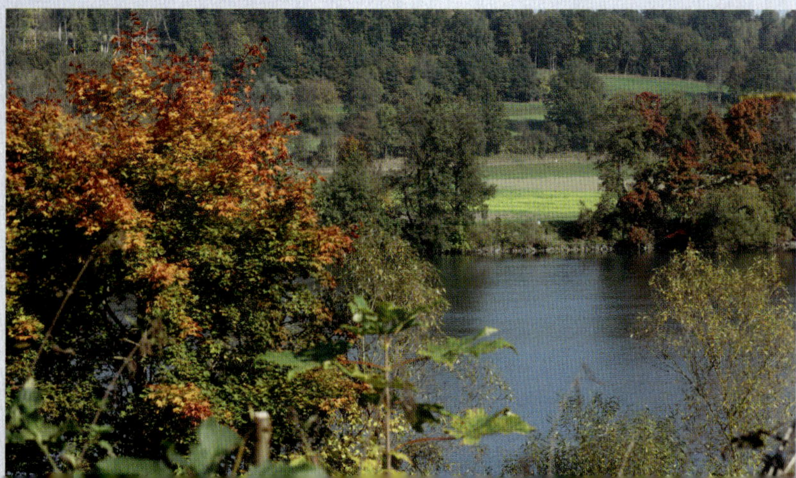

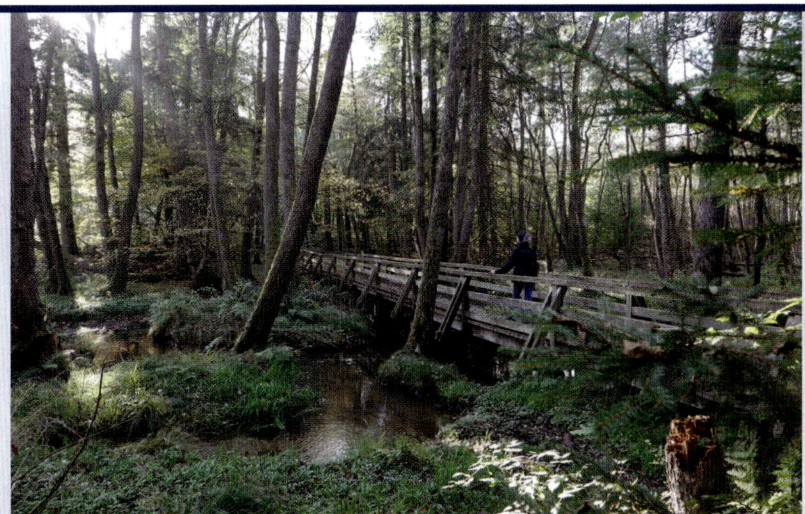

Brücke über das Feuchtgebiet

ab, lassen die Weiher rechter Hand liegen. Danach nehmen wir den ersten Abzweig nach rechts. Im sanften Auf und Ab kommen wir an eine Wegkreuzung, über die wir gerade weitermarschieren. Bei der Kreuzung bei der Kleinen Diensthütte ❹ biegen wir rechts ab und wandern direkt an dem niedlichen Holzhäuschen vorbei.

Ab hier können wir bis zum Ziel der Markierung „Grüne 17" folgen. Der Weg verjüngt sich zum Pfad, führt an moorigen Tümpeln und Sumpfgebieten vorbei. Eine längere Holzbrücke hilft uns dann, solche zu queren. Danach kommen wir aus dem Wald, steigen an dessen Rand über eine Wiese bergan. Hinter dieser taucht bald ganz unscheinbar, neben einer prächtigen, uralten Linde, die Kapelle Heiligenbrunn auf. Wir spazieren weiter am Waldrand entlang und erreichen so direkt unseren Ausgangspunkt.

Kleine Diensthütte →

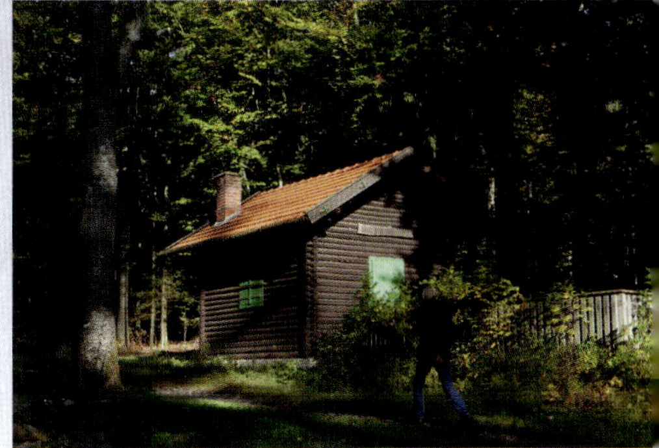

Essen/Einkehren:

Direkt an der Strecke gibt es keine Einkehrmöglichkeit.

Hals: Verschlungene Wege *um die* Halser Ilzschleife

Leicht

7,2 km

↓↑ 110 m

2 Std.

Hals, Marktplatz – Triftsperre – Stausee Oberilzmühle – Burgruine Reschenstein – Hals, Marktplatz

Auf dieser kurzen Wanderung entdecken wir das artenreiche Landschaftsschutzgebiet der Halser Ilzschleifen.

Markierung:
Goldsteig (von Triftsperre bis Stausee Oberilzmühle), Ilztalwanderweg

Parken:
Kostenfreier Parkplatz, nach der Ilzbrücke links, am Ende des Pustetweges (Navi: Marktplatz, 94034 Passau)

ÖPNV:
Hauptbahnhof Passau und weiter vom ZOB mit Stadtbuslinie 4

Tourist-Information:

1. Bahnhofstr. 28
   94032 Passau
2. Rathausplatz 2
   94032 Passau
   Tel. 0851 955980
   www.tourismus.passau.de

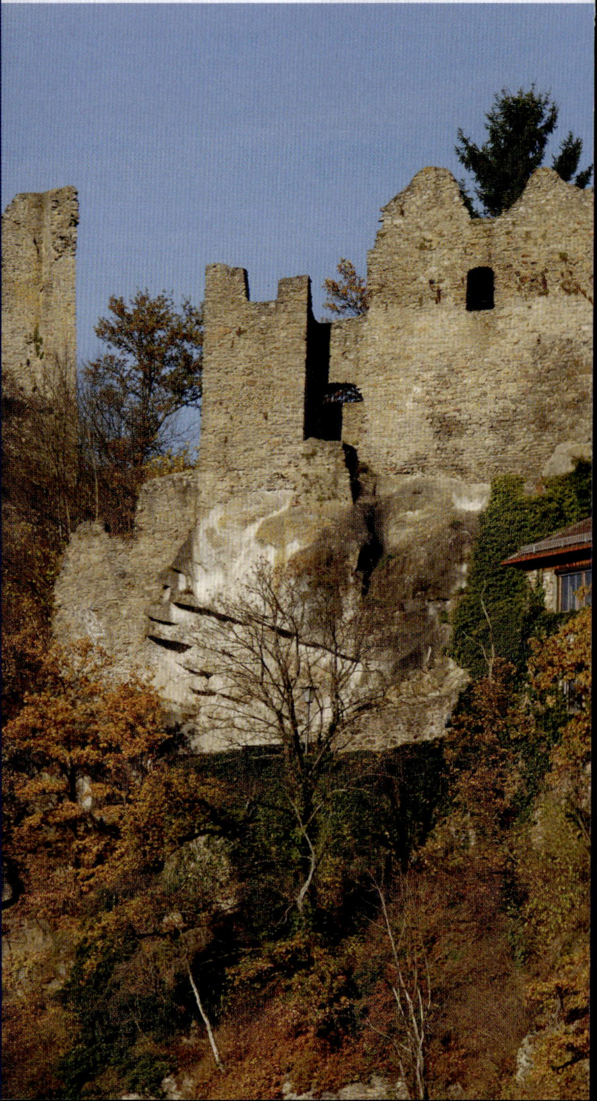

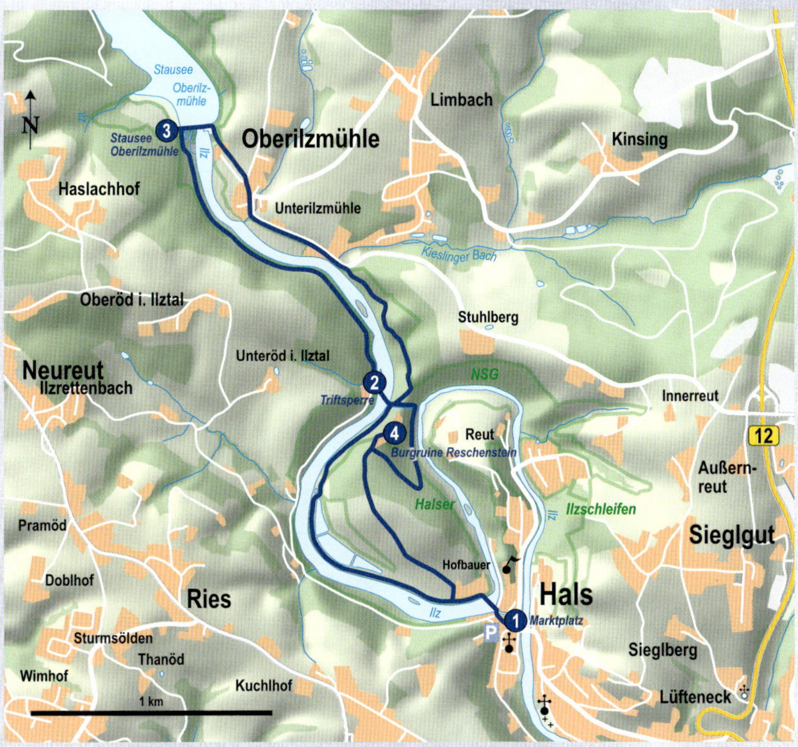

❶ Hals, Marktplatz – Start/Ziel

❷ Triftsperre

❸ Stausee Oberilzmühle

❹ Burgruine Reschenstein

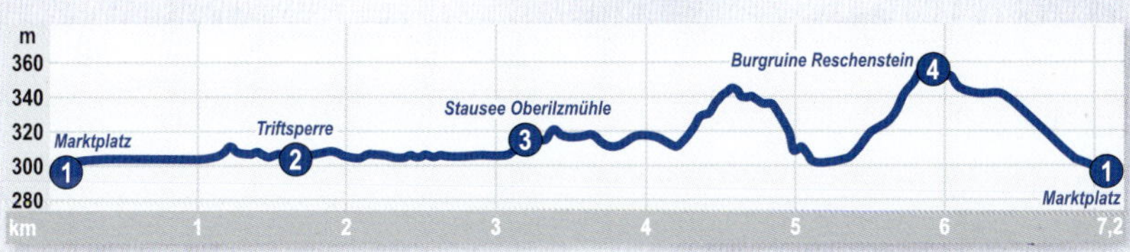

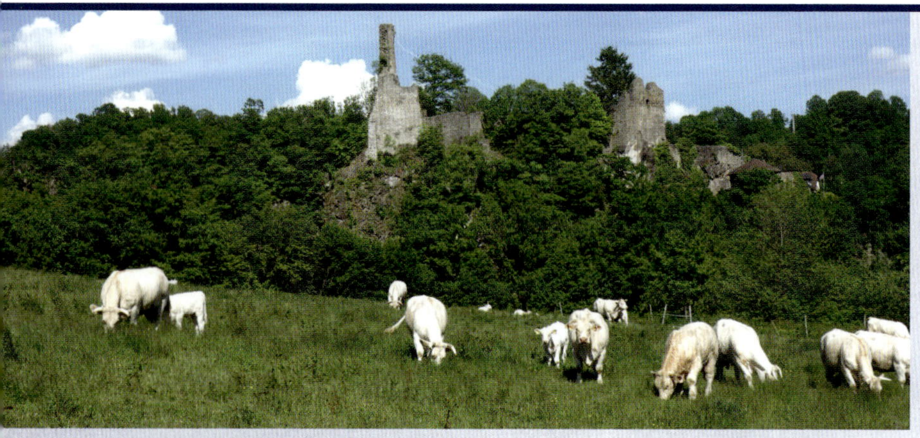

↑ Burgruine Hals

↓ Zwischen Fels und Wasser

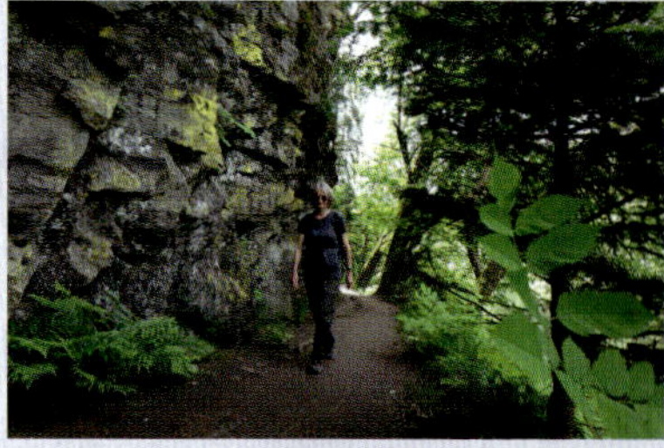

Wir starten vom Marktplatz ❶ des Passauer Stadtteils Hals. Malerisch schmiegt er sich in eine der zwei Engstellen an der Doppelschlaufe der Ilz, die hier über Jahrmillionen geformt wurden. Wenig erinnert im verschlafenen Zentrum des Ortes an die glanzvolle Zeit, als berühmte Kurgäste in Bad Hals abstiegen. Franz Lehar soll hier 1901 seine erste Operette komponiert haben.

Vorbei an Hofwirts Gasthof geht es kurz den Schmiedberg hinauf. Wir halten uns an der nächsten Gabelung rechts und gelangen über den Staudamm auf die gegenüberliegende Flussseite. Die aufragende Burgruine gibt der Szenerie einen romantischen Rahmen. Wir folgen der gestauten Ilz, vorbei am Hofbauerngut auf einem breiten Feldweg nach links, stromaufwärts. Vorbei an einer Liegewiese mit Badestelle und kleinem Kiosk säumen bald einige Fischweiher unseren rechten Wegesrand.

Holztrift

Als Trift bezeichnet man den Transport von ungebündelten Baumstämmen auf dem Wasser. Die Ilz erschließt mit ihren Zuflüssen die waldreiche Region zwischen Rachel und Dreisessel. Die Bäche wurden bis zu den Einschlagsorten ausgebaut, das Holz in Stauweihern, den sogenannten Klausen, gesammelt. Vor allem im Frühjahr nach der Schneeschmelze wurde es dann mit dem angestauten Wasser abgelassen. An den Triftsperren oder Triftrechen – die ersten entstanden 1731 in Fürsteneck und Hals – wurde das Holz an Land gebracht. Mit dem Ausbau der Eisenbahn verlor der Transport auf dem Wasser an Bedeutung. Erst nach dem Ende des Zweiten Weltkrieges wurde die harte und gefährliche Arbeit ganz eingestellt.

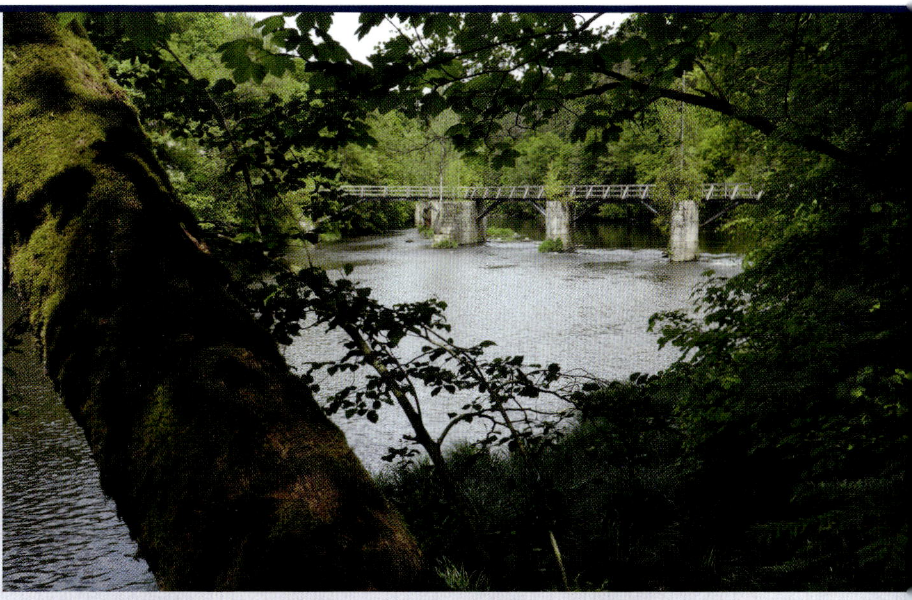

Brücke bei der Triftsperre

Danach wird der Weg schmäler, führt immer noch nahe der Ilz in ein Wäldchen, wo wir uns an der ersten Gabelung links halten. Alte Baumriesen klammern sich an das schmale Ufer, das von steil aufragenden Felswänden begrenzt wird. Seine dunkle Farbe verdankt der Fluss den Huminstoffen, die er aus den Wäldern und Mooren des Bayerwaldes mitbringt. Bald sieht man zwischen dem Geäst die lange Holzbrücke an der Triftsperre.

Auf der anderen Seite bietet das gleichnamige Gasthaus kulinarische Stärkung und Erfrischung ❷. Da unser Rückweg hier wieder vorbeiführt, verschieben wir die Einkehr auf später. Wir gehen also von der Brücke nach rechts weiter. Ab hier bis zum Stausee Oberilzmühle wandern wir auf dem Goldsteig, immer nahe am Fluss. Der zeigt sich hier von seiner gemütlichen Seite. Breit und gemächlich kommt er uns entgegen, reguliert von dem Staudamm Oberilzmühle eineinhalb Kilometer stromaufwärts. Bis dahin genießen wir die beruhigende Wirkung des fließenden Wassers, schlendern entspannt auf dem schmalen Pfad am Ufer entlang.

Gemütlicher Uferweg

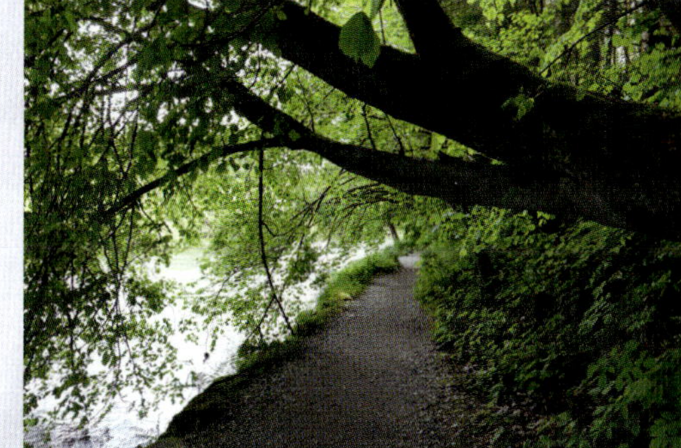

Stausee Oberilzmühle

Oberhalb des Wehres kommen wir an eine gepflegte Liegewiese ❸. Einige Besucher nehmen ein Sonnenbad, ganz Wagemutige stürzen sich in die kühlen Fluten. Andere wiederum versuchen sich als Stand-up-Paddler. Wir bleiben auf festem Boden, steuern über die Staumauer die andere Flussseite an.

Dort wenden wir uns nach rechts. Vorbei am Parkplatz, halten wir uns am Teersträßchen wieder rechts. Wir passieren die Weiler Oberilzmühle und Unterilzmühle. Einige der traumhaft gelegenen Anwesen konnten wir bereits vom gegenüberliegenden Ufer aus bewundern.

Nach den letzten Häusern nehmen wir den Waldweg nach rechts, an der gleich folgenden Gabelung den linken Pfad bergan. Der hebt uns langsam auf 50 Meter über den Talgrund. Der dicht bewaldete Hang fällt steil ab, der Weg ist mit einem Geländer gesichert. Zwischen den Bäumen glitzert die Ilz zu uns herauf. Bald sehen wir im Tal die Triftsperre auftauchen.

Nun gibt es zwei Möglichkeiten. Wer nicht wieder hinabsteigen und sich durch den schaurig-schönen Trifttunnel tasten will, geht an der Wegkreuzung geradeaus weiter und kommt nach gut 200 Metern an die Burgruine Reschenstein. Wir halten uns rechts, nehmen die längere Variante mit Einkehrschwung. Ein kurzes steiles Stück bergab, und wir stehen wieder vor der Brücke, die über den Fluss zum Gasthaus führt.

Gestärkt für die letzte Etappe kehren wir über die Brücke zum Tunneleingang zurück. 115 Meter wurden in dreijähriger Arbeit ab 1827 in den harten Fels getrieben. Knapp einhundert Jahre lang wurden die angeschwemmten Holzstämme durch die Abkürzung gespült. Obwohl das Licht am Ende des Stollens immer sichtbar ist, durchläuft uns in der schummrigen Röhre ein kühler Schauer.

Wieder unter freiem Himmel folgen wir dem Pfad und der Ilz nach rechts. Wir entfernen uns dann ein wenig vom Flusslauf und nehmen die Abzweigung beim Christuskreuz nach rechts. Diese führt steil auf den Berg-

Entlang der Ilzleiten

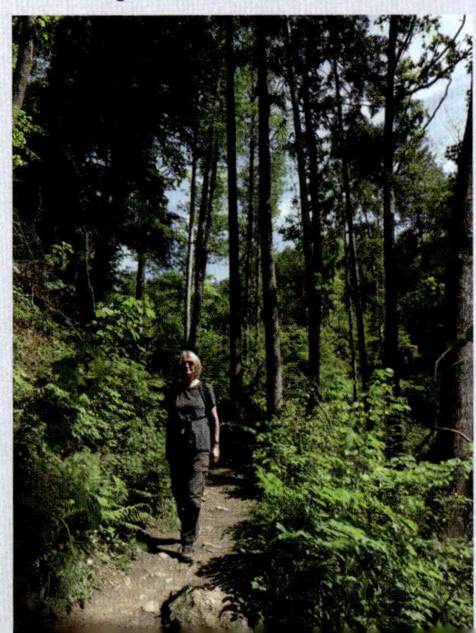

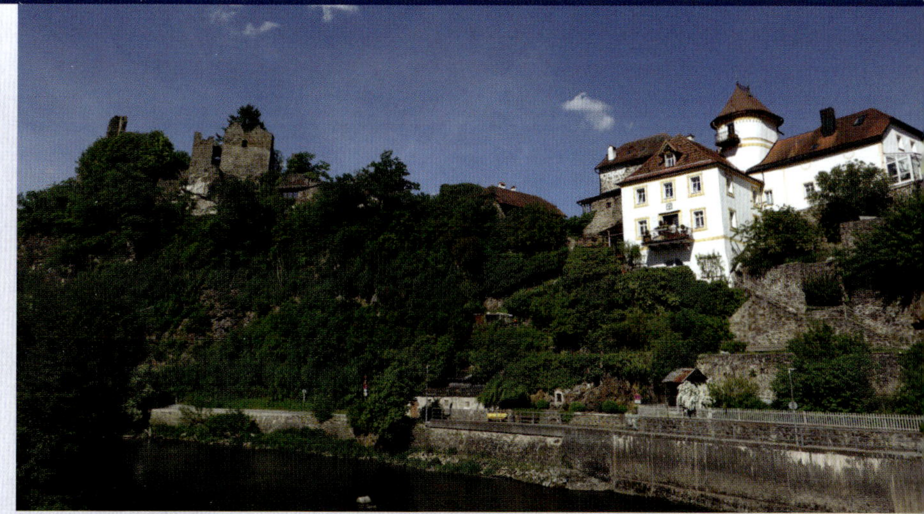

Romantische Skyline von Hals

rücken und mündet dort in einen Weg. Wir wenden uns nach rechts zu einem Abstecher zur Burgruine Reschenstein. Den Einstieg in die stark verwilderte Anlage kann man leicht übersehen. Nach gut 60 Metern führen einige bemooste Steinstufen in den Wald. Zwischen Gestrüpp und Bäumen ist der renovierte Bergfried erst spät zu erkennen ❹. Zu ritterlichen Zeiten war dies eine Vorburg zu der in Hals. Heute sind beide in Privatbesitz und der Turm nicht zugänglich. Nur sehr schwerlich ergeben die überwachsenen Mauern- und Treppenreste ein Bild der ehemaligen Feste.

Wieder zurück auf dem Hauptweg, schlagen wir die Richtung ein, aus der wir gekommen sind. An der Wegeinmündung gehen wir geradeaus vorbei und kommen so alsbald aus dem Wald. Es eröffnet sich ein schöner Blick hinab zur Ilz und den Fischweihern vom Beginn unserer Tour. Vor uns erhebt sich die Burgruine Hals über die Wiesen. Hinter dem Hofbauerngut biegen wir links ab, und über den bekannten Staudamm gehen wir zurück zum Marktplatz, dem Ausgangspunkt der Tour.

Essen/Einkehren:

Gasthaus Zur Triftsperre
Triftsperre 15
94034 Passau
Tel. 0851 51162
www.zur-triftsperre.de
Mit schönem Biergarten

Hofwirt's Gasthaus
Marktplatz 3
94034 Passau
Tel. 0851 96682130

Natur und Kultur *zwischen* Oberhaus *und* Stadtpark

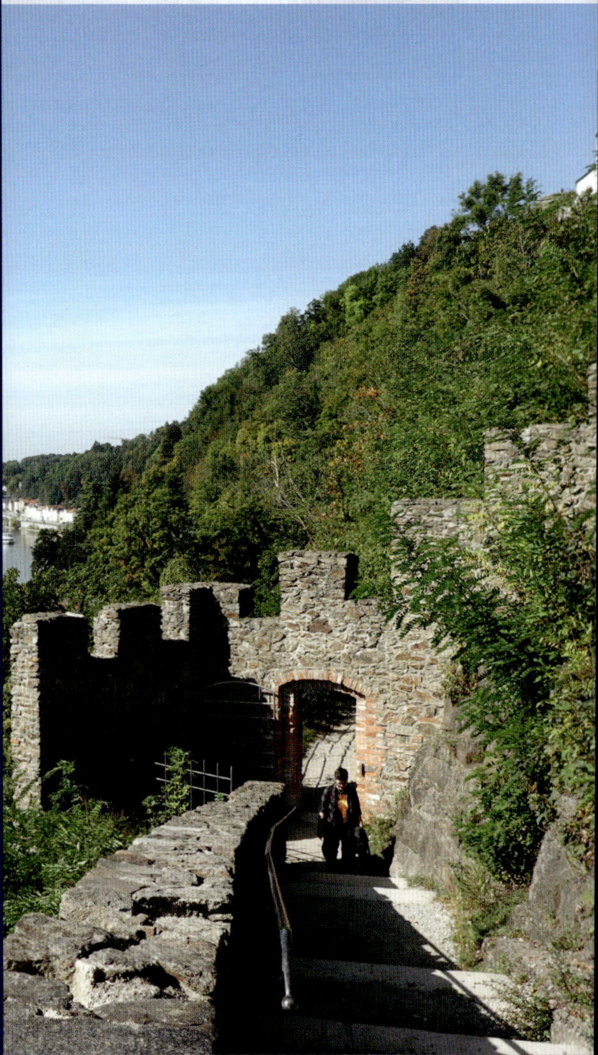

Leicht

8,4 km

↓↑ 255 m

2½ Std.

Veste Oberhaus – Bergfried – Passau, Eggendobl – Hacklberger Bräustüberl – Andorfer Weißbräu – Veste Oberhaus

Abwechslungsreiche Rundtour im Passauer Stadtgebiet.

Markierung:
Von der Veste Oberhaus bis zum Stadtpark Freudenhain: Donau-Panoramaweg

Parken:
Parkplatz direkt vor der Veste Oberhaus (Navi: Oberhaus 125, 94034 Passau)

ÖPNV:
Pendelbus vom Rathausplatz: Montag, Donnerstag und Freitag von 10 bis 17 Uhr; Samstag, Sonntag und Feiertag von 10 bis 18 Uhr – jeweils im Halbstundentakt

Tourist-Information:
Tourist-Information am Rathaus, Rathausplatz 2, 94032 Passau, Tel. 0851 955980, www.tourismus.passau.de

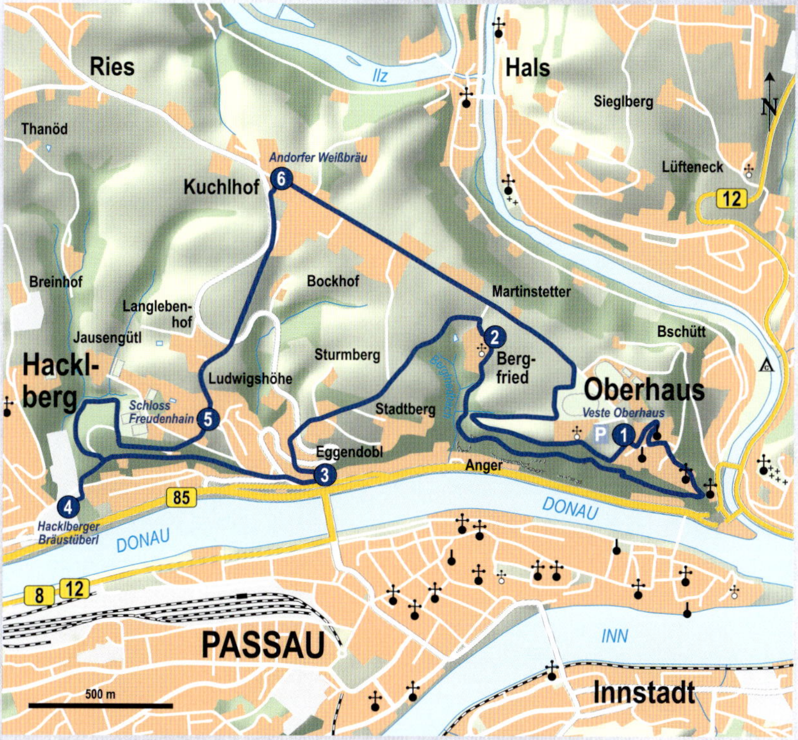

❶ Veste Oberhaus – Start/Ziel

❷ Bergfried

❸ Passau, Eggendobl

❹ Hacklberger Bräustüberl

❺ Schloss Freudenhain

❻ Andorfer Weißbräu

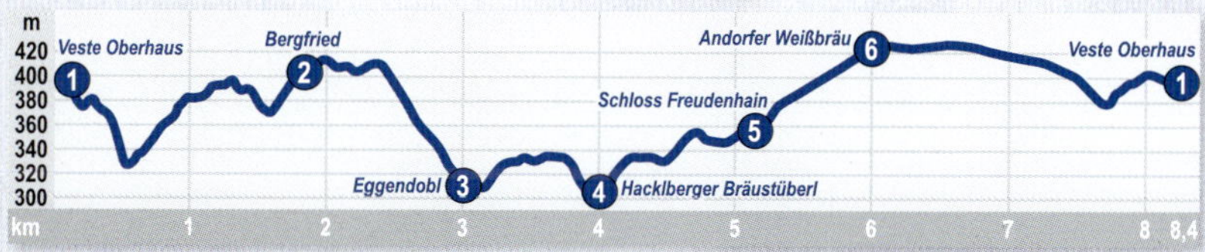

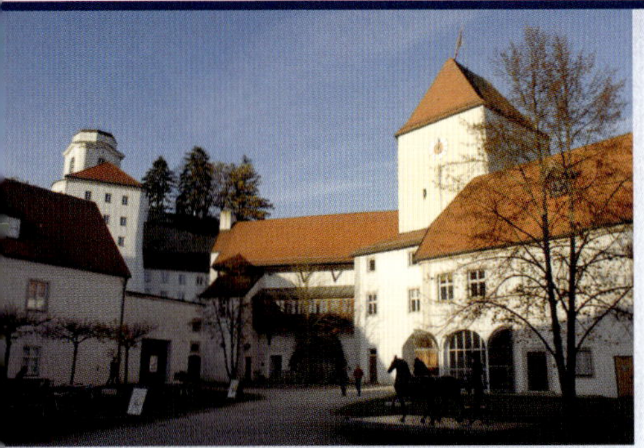

Burghof der Veste Oberhaus

Die Veste Oberhaus, gut einhundert Meter über der Passauer Altstadt auf dem Georgsberg, ist Start und Ziel dieser Tour ❶. Egal ob vor oder nach der Wanderung, es lohnt sich ein ausgiebiger Besuch der mittelalterlichen Burganlage mit sehenswertem Museum und Aussichtsturm. Er gewährt neben sagenhaften Ausblicken über die Stadt tiefere Einblicke in deren Geschichte.

Vom Parkplatz vor der Veste Oberhaus gehen wir geradeaus auf sie zu, lassen das Lokal „Das Oberhaus" rechter Hand liegen. Wir halten uns zunächst links, gehen durch einen Torbogen im sogenannten Generalsgebäude und vorbei an der Jugendherberge. An deren Tafernengebäude biegen wir bei der Haltestelle des Pendelbusses (Einstieg für die Wandernden, die per ÖPNV anreisen) nach rechts ab und überwinden auf der Holzbrücke den Burggraben. Durch den Torturm betreten wir den vollkommen von Gebäuden umsäumten Burghof, in dem sich auch ein nettes Café befindet.

Wir folgen der Wegweisung des Wehrganges, die uns quer über den Hof zu einem Durchgang führt. Über einige Stufen abwärts spazieren wir entlang der Wehrmauer zum Achteckturm unterhalb der Batterie Linde. Wir durchqueren den Turm nach rechts, folgen weiter dem abwärts laufenden Weg. Nach einer Serpentine und einem Torbogen erreichen wir den Ludwigsteig. In der einen Richtung führt er über Stufen hinab zur Prinzregent-Luitpold-Brücke (Einstiegsmöglichkeit für diejenigen, die von der Altstadt zu Fuß kommen).

Wir nehmen die andere Richtung entlang der steil abfallenden Donauleiten. An der

Veste Oberhaus

Mit einer umbauten Fläche von 65.000 Quadratmetern zählt die Veste Oberhaus zu den größten erhaltenen Burganlagen Europas. Unter Fürstbischof Ulrich II. begannen 1219 die Bauarbeiten, nachdem er von Kaiser Friedrich II. auch zum weltlichen Reichsfürsten über das Abteiland eingesetzt wurde. Über die Jahrhunderte diente die Burg als Residenz der Passauer Fürstbischöfe, wie auch als wehrhafte Trutzburg gegen die Habsburger oder eigenen Bürger – wenn sie sich mal wieder gegen die Herrschenden erhoben. Nach der Säkularisation diente sie Napoleon Bonaparte als Grenzbefestigung zu Österreich. Später erwarb sie als Strafanstalt den zweifelhaften Ruhm als „Bastille Bayerns". 1918 verbrachte ein Leutnant Charles de Gaulle hier eine Zeit als Kriegsgefangener. Erst 1932 verließ das Militär die Burg und übergab sie der Stadt. Seither wurde sie als Museum aus- und umgebaut und erzählt heute auf 3.000 Quadratmetern von der spannenden Geschichte Passaus. In dem Burgareal befinden sich zudem eine Jugendherberge, eine Sternwarte, ein Café sowie eine Gaststätte. www.oberhausmuseum.de

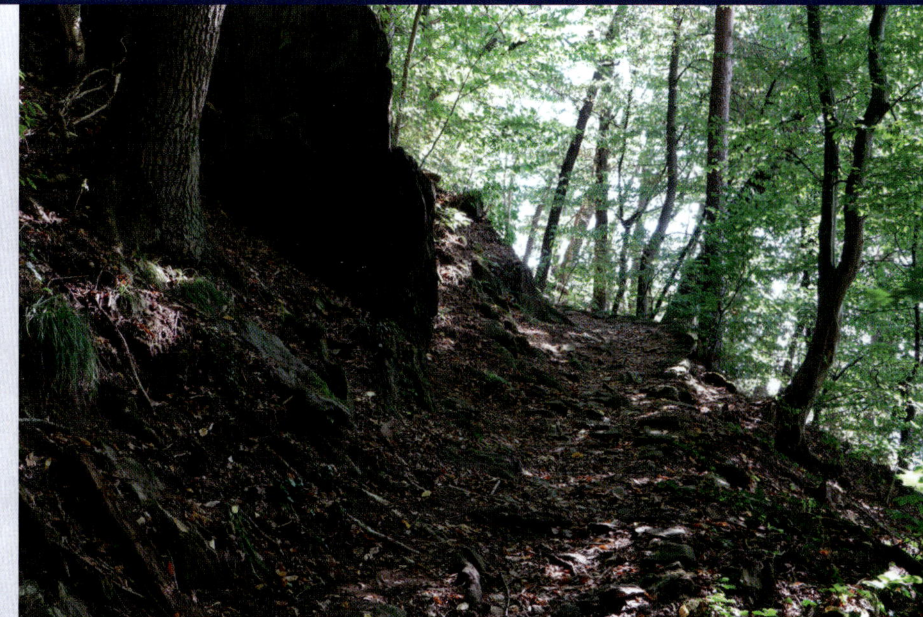

Schmale Pfade entlang der Donauleiten

Weggabelung halten wir uns rechts. Durch dichten Hangwald bahnt sich ein schmaler Pfad, teils von alten Befestigungsmauern gestützt, teils von neuerem Geländer gesichert. An der nächsten Weggabelung gehen wir wieder rechts und auf zwei Haarnadelkurven weiter bergan. Bei dem Rastplatz mit dem Wetterpilz genießen wir einen wunderbaren Blick auf das einzigartige Passauer Panorama. Einem riesigen Schiffsrumpf gleich liegt die Altstadt zwischen Donau und Inn.

Wir lichten unsere Anker, nehmen Kurs auf den schmalen Waldpfad, der etwas oberhalb des Wetterpilzes am Hang entlangführt. Bei der Weggabelung steuern wir links und an der Wegeinmündung rechts. Auf steinig-wurzeligem Untergrund umhüllt uns dichter Laubwald, vornehmlich Eichen und Buchen. Wir kreuzen die stufige Oberhauserleitenstiege, marschieren geradeaus weiter und wechseln dabei vom Unteren Längsweg auf den Oberen Längsweg. Entlang eines steil eingeschnittenen Quertales geht es aufwärts, heraus aus dem Donautal. Wasser und Wind haben deutliche Spuren auf und neben dem Weg hinterlassen – gestürzte Bäume über dem Pfad und Löcher darin.

Aus dem Hangwald kommen wir auf offenes Gelände. Vor uns liegt in idyllischer Lage das ehemalige Kloster Bergfried ❷. Die Anlage wurde verkauft und soll mit kulturellen Veranstaltungen zum Leben erweckt werden. Unsere Tour führt an der Kirche links durch den kleinen Hof. Nach dem Tor biegen wir

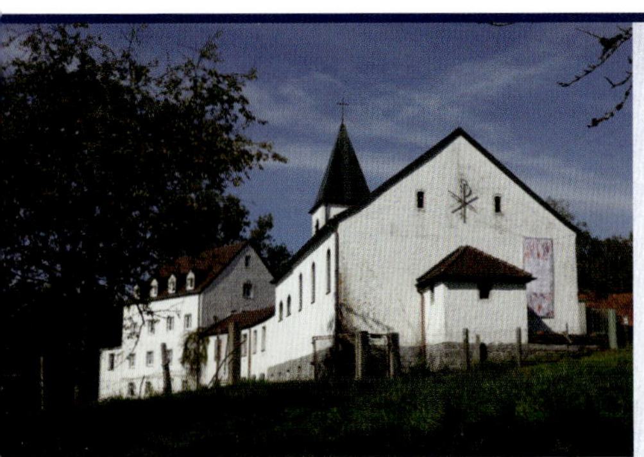

Ehemaliges Benediktinerkloster Bergfried

links auf einen Feldweg, den sogenannten Sturmbergweg. Erst bringt er uns durch einen grünen Blättertunnel, dann über Felder und Wiesen auf eine Hügelkuppe. An der Wegekreuzung wandern wir immer geradeaus weiter bergab. Nach einem kurzen Waldstück ist unser Weg dann asphaltiert. Wir passieren einige Häuser, prächtige Villen und einen alten Gutshof. Nach diesem queren wir vorsichtig die Neue Rieser Straße, laufen auf dem Fußgängerweg geradeaus bergab. Die zweite Kreuzung überwinden wir ebenso. Der Sturmbergweg bringt uns weiter Richtung Donauufer. Vor dem letzten Haus bei der Kreuzung mit der B 85 biegen wir rechts ab und gleich darauf wieder.

Wir laufen ein Stück weit parallel mit der Bundesstraße auf dem Gehweg des Eggendobl ❸. Am Zebrastreifen queren wir die Straße und laufen gerade in die Vilshofener Straße, die wir wiederum beim nächsten Zebrastreifen überqueren und ihr einige Meter nach links folgen. Eine Treppe bringt uns dann nach rechts an die Alte Rieser Straße, auf die wir links einschwenken. Nach 70 Metern zweigt links ein Fußgängerweg, der Untere Alleeweg, ab, und schon befinden wir uns im weitläufigen Stadtpark Hacklberg. Ende des 18. Jahrhunderts ließ der Passauer Fürstbischof Kardinal Graf von Auersperg die Grünanlage zeitgleich mit dem Lustschloss Freudenhain errichten. Die nach englischem Vorbild angelegte naturnahe Idylle sollte auch für das gemeine Volk frei zugänglich sein. Schon bald nach dem Tode des Kardinals verfiel die ganzheitliche Pracht, verwilderte zusehends. Heute ist das gut fünf Kilometer lange Wegenetz wieder gut gepflegt und lädt ein, sich darin zu verlieren.

Unterer Alleenweg im Stadtpark

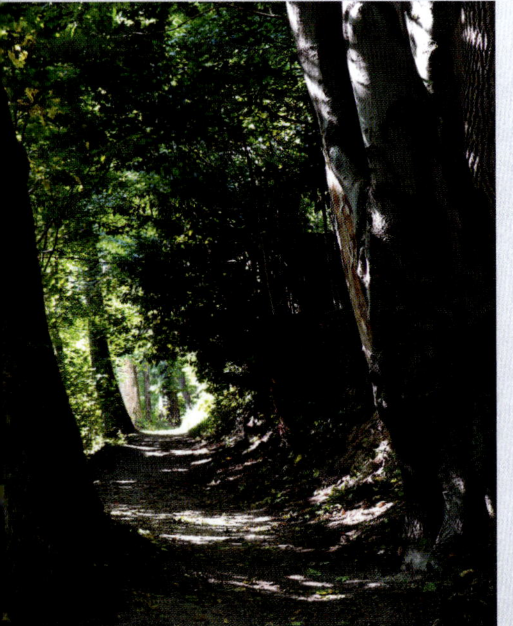

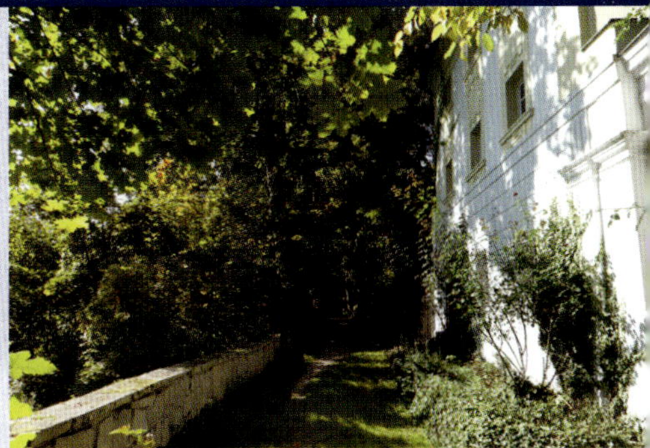

Früheres chinesisches Porzellankabinett

Doch zunächst passieren wir das ehemalige chinesische Porzellankabinett. Die weiß-gelb getünchte Villa befindet sich mittlerweile in Privatbesitz. An der Kreuzung mit der Treppe bietet sich ein 200 Meter langer Abstecher nach links zur Brauerei Hacklberg an ❹. Neben der sehenswerten historischen Brauereianlage findet sich unter schattigen Kastanien der größte Biergarten Passaus (bis zu 1.000 Plätze). Das vielgestaltige Bräustüberl verwöhnt mit traditionellen wie auch modernen Küchenkreationen.

Gut gestärkt erklimmen wir den Hügel, um wieder zu unserer Hauptroute zu gelangen. Dort wenden wir uns dann nach links und gelangen an eine kreisrunde Vertiefung im Erdboden. An dieser Stelle sprudelte einst ein Springbrunnen, heute ist sie eine von insgesamt neun Stationen des Geistlichen Weges St. Konrad, die zum Innehalten und Nachdenken anregen. Wir spazieren um das Loch herum geradeaus weiter.

Unser Weg führt oberhalb des Brauereigeländes leicht ansteigend an diesem vorbei. An dessen Ende nehmen wir den linken Zweig der Weggabelung. Da die Grotte des Canopus, ein Relikt aus der Entstehungszeit des Schlossparks, zur Zeit nicht zugänglich

Lustwandeln im Stadtpark

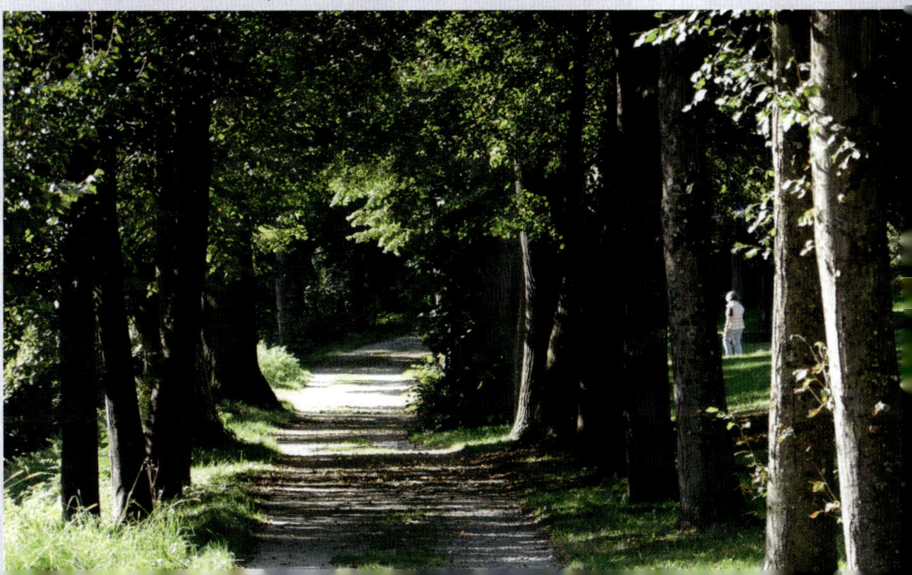

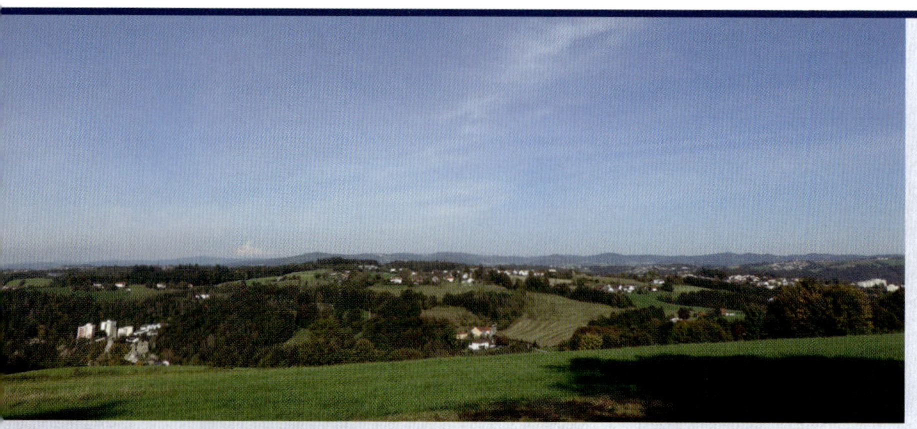

Blick über das Ilztal in den Bayerischen Wald

ist, marschieren wir an dem Abzweig geradeaus vorbei.

In einem Rechtsbogen erreichen wir, immer leicht ansteigend, ein Sport-Center mit mehreren Tennisplätzen. Vor der Anlage biegen wir rechts ab und nach dieser gelangen wir mit einer Linkskurve auf den Oberen Alleenweg. Ein kurzes Stück verläuft parallel dazu ein heimeliger Laubengang, Kunstobjekte schmücken die Gartenlandschaft. Beim ehemaligen Lustschloss Freudenhain, nun Herberge eines Gymnasiums, verlassen wir den Stadtpark, queren das Sträßchen und ein geteerter Fußweg bringt uns an das Hauptportal des Schlosses ❺.

Wir laufen gerade weiter und an der Alten Rieser Straße nach links zum Langlebenhof. In dem außergewöhnlichen und integrativen Lebensprojekt dreht sich alles um die Aroniabeere. Verschiedenste Produkte aus der „Wunderbeere" können im Hofladen erworben werden.

Nach dem Anwesen kreuzen wir vorsichtig die Neue Rieser Straße und laufen auf der Alten Rieser Straße weiter, schnurstracks bergan. Der Feldweg wird gesäumt von einem Spalier alter Kastanien. Bevor wir wieder auf die Neue Rieser Straße stoßen, steigen wir beim Andorfer Weißbräu nach rechts über einige Stufen in dessen gemütlichen wie aussichtsreichen Biergarten empor ❻. Überregional bekannt ist die Brauerei für seine Weißbier-Spezialitäten.

Wir verlassen den gastlichen Ort durch den Haupteingang, halten uns am Parkplatz links und folgen dem Rennweg nach rechts. Das verkehrsberuhigte Sträßchen führt uns durch eine Wohnsiedlung wieder auf freies Gelände. Nach links sehen wir auf die Burgruine Hals im Ilztal. Vor den Sportanlagen machen wir noch einmal einen Schlenker nach rechts. Wer die Tour hier abkürzen möchte, geht einfach 250 Meter geradeaus weiter zum Parkplatz.

Der Wiesenweg bringt uns zuerst in einer Rechts- und dann in einer Linkskurve entlang einer Hecke um den Sportplatz. Bei der Wegeinmündung vor der Turnhalle halten wir uns

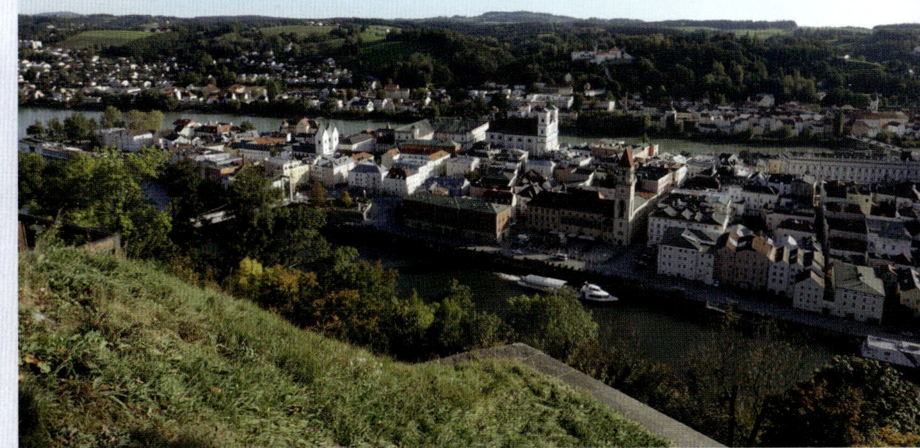

Blick vom Aussichtspunkt Oberhaus

rechts. Nach einem kurzen Waldstück biegen wir vor den abwärts führenden Stufen links auf den schmalen Pfad. Wir bleiben dann immer auf dem sogenannten Oberen Längsweg, mal im, mal am Wald entlang. Er läuft etwas oberhalb, mehr oder weniger parallel, zu unserem Hinweg an der Donauleite.

An der Wegekreuzung nach dem Aussichtspunkt gehen wir geradeaus über einige Stufen abwärts weiter. Wir passieren den Thingplatz. In der dunkelsten Zeit der Passauer Geschichte von den Nationalsozialisten errichtet, dient der arenaförmige Wiesengrund schon seit Langem als Veranstaltungsort für Festivals im Zeichen von Frieden und Toleranz. Gleich nach der Freiluftbühne stehen wir auch schon am wohl beliebtesten Aussichtspunkt über die Dreiflüssestadt, die uns in ihrer ganzen Pracht zu Füßen liegt. Von hier sind es nach links nur noch knapp einhundert Meter zurück zum Ausgangspunkt unserer Tour.

Essen/Einkehren:

Burg Café
Oberhaus 125
94034 Passau
Tel. 0851 4933519

Das Oberhaus
Oberhaus 1
94034 Passau
Tel. 0851 37930657
www.dasoberhaus.com

Hacklberger Bräustüberl
Bräuhausplatz 7
94034 Passau
Tel. 0851 752212
www.hacklberger-braestueberl.de

Andorfer Weißbräu
Rennweg 2
94034 Passau
Tel. 0851 754444
www.andorfer-weissbraeu.de

Mariahilf: Streifzug durch Passaus Innstadt

Leicht

6,1 km

↓↑ 155 m

2 Std.

Fünferlsteg – Römermuseum Kastell Boiotro – Kloster Mariahilf – Stephanskreuz – Marienbrücke – Fünferlsteg

Phantastische Ausblicke auf die Dreiflüssestadt auf einem abwechslungsreichen, urbanen Spaziergang. Mein Tipp: Decke, Picknick und etwas Zeit einpacken.

Markierung:
Keine Wanderwegmarkierung

Parken:
Mehrere Parkhäuser in der Altstadt, günstige Möglichkeit ist der Parkplatz unter der Schanzlbrücke (sonntags kostenfrei) (Navi: Innstraße 21, 94032 Passau)

ÖPNV:
Passau Hauptbahnhof, 10 Minuten Fußweg zum Ausgangspunkt

Tourist-Information:
Tourist-Information am Rathaus, Rathausplatz 2, 94032 Passau, Tel. 0851 955980, www.tourismus.passau.de

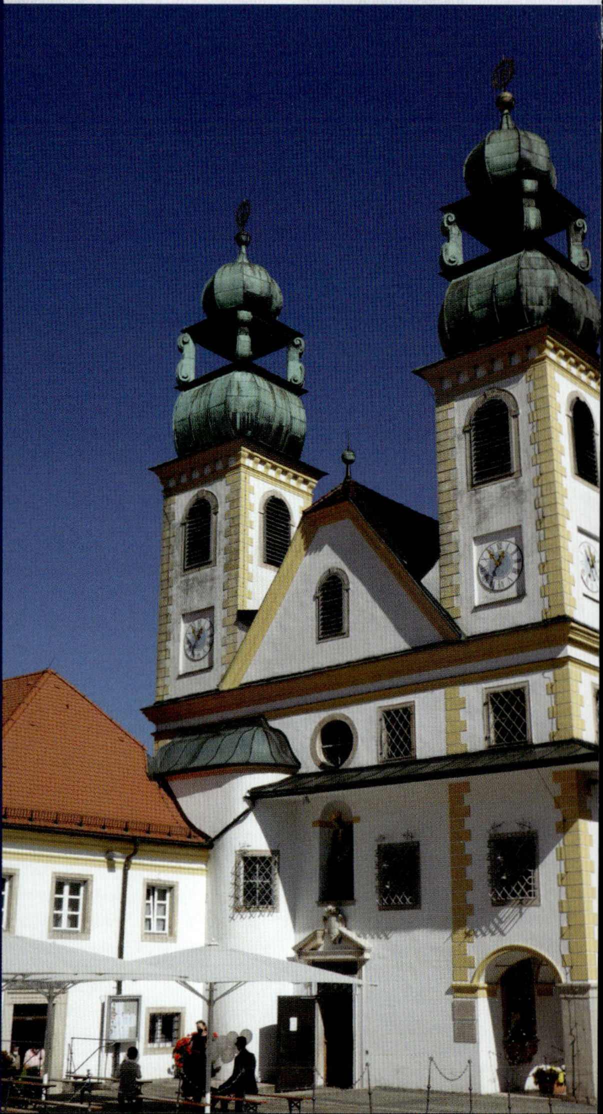

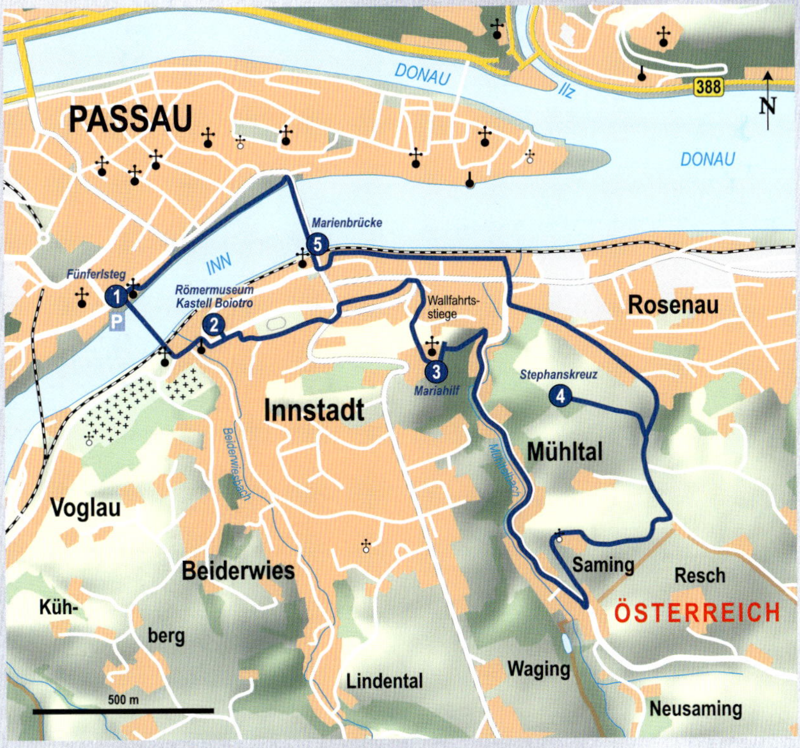

1. Fünferlsteg – Start/Ziel
2. Römermuseum Kastell Boiotro
3. Kloster Mariahilf
4. Stephanskreuz
5. Marienbrücke

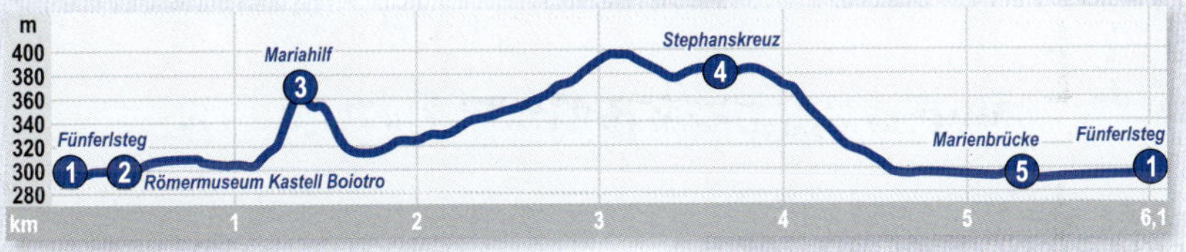

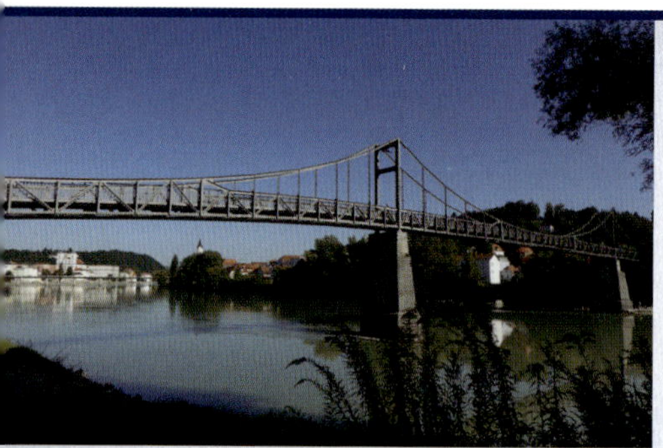
Fünferlsteg, heute mautfrei

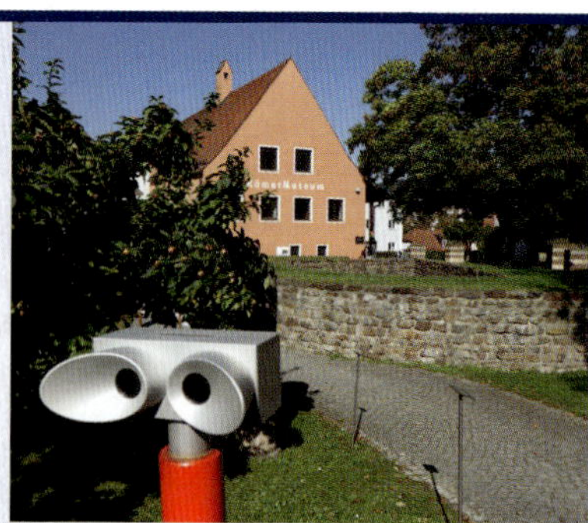
Römermuseum Kastell Boiotro

Wir starten unsere aussichtsreiche Runde am sogenannten Fünferlsteg. Wir betreten die 1916 erbaute Fußgängerbrücke ❶ von der Innstraße auf der Altstadtseite, direkt bei der kleinen Auferstehungskirche. Wer Appetit verspürt, kann sich im ehemaligen Mauthäuschen, das heute das winzige Lokal „Die Küche“ beherbergt, genussvoll stärken. Seit 1976 ist die Passage kostenfrei und obendrein gibt es noch einen herrlichen Postkartenblick auf die Altstadt. Dominierend ist der in strahlendem Weiß leuchtende Stephansdom, hinter dem sich hoch auf dem Georgsberg die Veste Oberhaus erhebt.

Auf der anderen Seite des Inns biegen wir links in die Gasse Voglau. Interessierte können hier einen Abstecher nach rechts zur Kirche St. Severin unternehmen und in den ausgedehnten Anlagen des Innstadt-Friedhofs die letzten Ruhestätten zahlreicher Lokalgrößen besuchen. Nur wenig weiter des Weges bietet das Römermuseum Kastell Boiotro ❷ tieferen Einblick in die jahrtausendelange Passauer Geschichte.

Wir folgen der Wegweisung durch das Severinstor aus dem 15. Jahrhundert und gehen an der T-Kreuzung nach rechts in die Jahnstraße. Linker Hand folgt dann der Eingang zum Museum, das auf Fundamenten der römischen Wehranlage steht. Einige der alten Mauerreste sind im Garten und im Gebäude freigelegt. Stereoskope im Freigelände zeigen, wie es an der betreffenden Stelle in der Antike ausgesehen haben mag. Beim Parkplatz des Museums queren wir die Jahnstra-

Wallfahrtskirche Mariahilf

Malerisch, auf einem Hügel am Innufer gegenüber der Passauer Altstadt, thront die frühbarocke Wallfahrtskirche Mariahilf. Der Domdekan Marquard Freiherr von Schwendi ließ sie von 1624 bis 1627 vom italienischen Architekten Francesco Garbanino samt Wallfahrtsstiege erbauen. Das Gnadenbild im Hochaltar ist eine Kopie aus dem 17. Jahrhundert des bekannten Gemäldes von Lucas Cranach dem Älteren. Der Habsburger Kaiser Leopold I. suchte während der Türkenbelagerung Wiens hier göttlichen Beistand. Von ihm stammt auch der prunkvolle Leuchter in dem ansonsten eher schlichten Gotteshaus, an dessen Wänden es zahlreiche Votivgaben, wie aus Blech nachgebildete Gliedmaßen, zu bewundern gibt. Für die Seelsorge war über Jahrhunderte der Kapuzinerorden im angegliederten Kloster zuständig. Seit 2002 sind die polnischen Pauliner hier beheimatet.

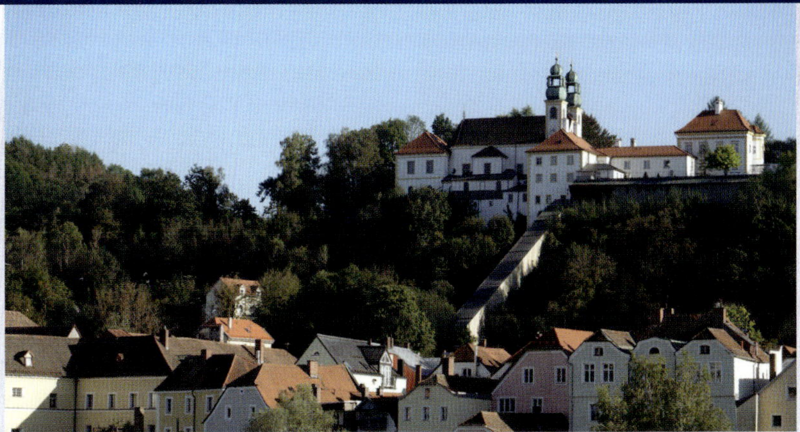

Kloster Mariahilf mit gedeckter Wallfahrtsstiege

ße und schlüpfen durch einen Torbogen in der alten Stadtmauer.

Ein paar Meter dahinter reiht sich ein zweiter Befestigungswall, in dem sich ebenfalls ein Durchlass findet. Über einige Stufen steigen wir aufwärts und spazieren dann nach links weiter. Auf einem schmalen Fußweg passieren wir die Grundschule Innstadt, halten uns an der T-Kreuzung links und an der folgenden Vorfahrtstraße Mariahilfberg wieder. An der Ampel biegen wir rechts in die Römerstraße. Vorbei am Alten Wehrturm nehmen wir kurz vor dem Ende der Römerstraße, unmittelbar nach dem letzten Haus, den Fußweg über den Kapuzinerplatz nach rechts. Wir überqueren vorsichtig den Neutorgraben und stehen bei einem frühbarocken Kruzifix, direkt vor dem Eingang der Mariahilfstiege.

Über 321 Stufen führt die sogenannte Himmelsleiter hinauf zur Wallfahrtskirche Mariahilf. Erbaut wurde die Stiege 1628, gleichzeitig mit der Kirche, und grundlegend saniert in den 1860er Jahren. Der überdachte Bittgang ist geschmückt mit allerlei Votivtafeln, Marienbildern und Rosenkränzen. Nach dem ersten, kürzeren Aufgang kommen wir wieder unter freien Himmel und betreten

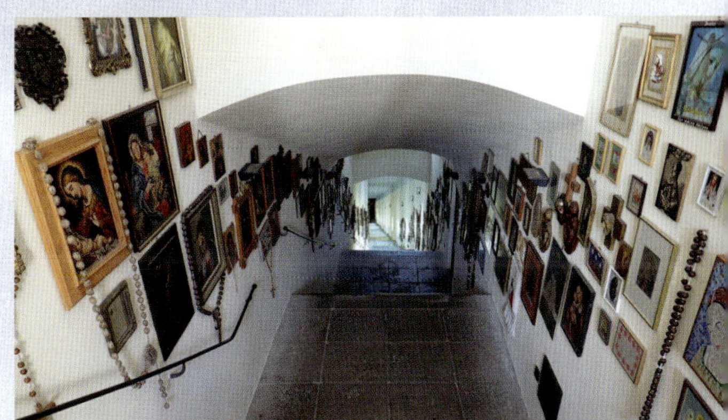

Wallfahrtsstiege Mariahilf

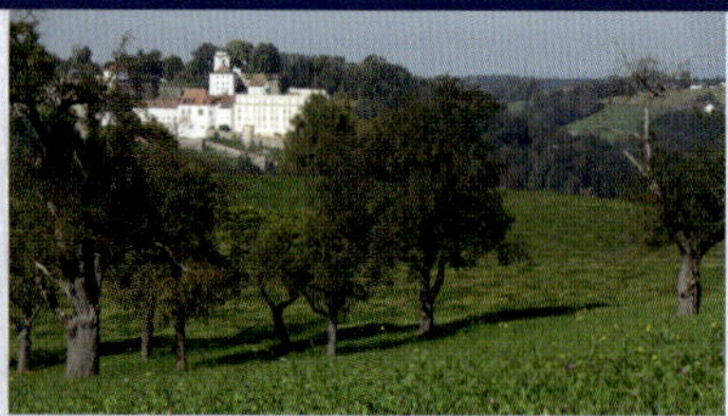

Blick über Beiderwies auf die Veste Oberhaus

nach rechts durch eine Tür den zweiten. Ganz außer Atem stehen wir dann direkt vor dem Eingang der barocken Klosterkirche ❸. Nach einer andächtigen Besichtigung halten wir uns nach der Kirche links, queren den Klosterhof und spazieren durch das Tor in der Mauer. Danach wenden wir uns wieder links, etwas bergab zum Aussichtspunkt, wo wir einen herrlichen Blick über die Dreiflüssestadt genießen.

Es ist schwer, sich von dieser prachtvollen Szenerie zu lösen, aber wir wollen noch aus einer weiteren Perspektive auf sie schauen. Wir gehen einige Meter zurück und biegen links in den über Stufen durch dichten Hangwald abwärts führenden Weg. Nach dem Waldstück folgen wir einer Haarnadelkurve nach rechts und gelangen bei der alten Tabakfabrik auf die Mühltalstraße, auf die wir nach rechts einschwenken. Entlang des Mühlbachs schlendern wir auf dem ruhigen Sträßchen knapp 900 Meter aufwärts. Kurz vor der österreichischen Grenze biegen wir im spitzen Winkel nach links ab. Der geteerte Weg führt an zwei Häusern vorbei, dann über offenes Land an ein allein stehendes Gehöft. Nach dem Anwesen führt uns ein Feldweg nach links weiter bergan. Bei der Einmüdung auf das Teersträßchen (Linzer Straße) wandern wir links. An der Bushaltestelle Klafterbrunnenweg folgen wir der

Panorama am Stephanskreuz

Wegweisung zum Stephanskreuz nach links. Auf dem Feldweg erreichen wir in gut fünf Minuten das Denkmal. Auf eine unrühmliche Vergangenheit in der Zeit des Nationalsozialismus zurückblickend, wurde 1957 ein neues Kreuz, in Gedenken an den Volksaufstand in Ungarn im Oktober 1956, geweiht. Das Überwältigende an diesem Ort ist das großartige Panorama über die grüne Wiese mit der prächtigen Skyline von Passau zwischen Donau, Inn und Ilz. Abseits des großen Touristenstroms, in all seiner Ruhe, verströmt der Platz eine fast magische Kraft.

Wir lassen das Bilderbuchidyll noch ein wenig auf uns wirken, bevor wir den Rückweg zur Linzer Straße antreten. Sie bringt uns nach links bald in ein ruhiges Wohnviertel. Bei der Einmündung in die Mühltalstraße blinken wir rechts. Das Wirtshaus „Zur Schnecke" lädt mit einem schattigen Biergarten zur stärkenden Einkehr. Nach dem Gasthof queren wir die Kapuzinerstraße, gehen einige Meter nach rechts, um dann links in den Fußgängerweg einzubiegen. Das sogenannte Fischergässchen führt uns an die Bahngleise entlang des Innufers.

Wir gehen auf der stillgelegten Bahntrasse nach links. Über den Inn hinweg begleitet uns die pittoreske Ansicht der Passauer Altstadt. Auf unserer Seite passieren wir das alte Firmengelände der Innstadt-Brauerei. Etwa 50 Meter vor der Marienbrücke biegen wir nach links von den Schienen in die Schiffmühlgasse. An deren Ende gehen wir rechts in die Löwengrube und gleich wieder rechts in die Mariahilfstraße. Auf einem breiten Gehweg bringt uns diese über die stark befahrene Marienbrücke.

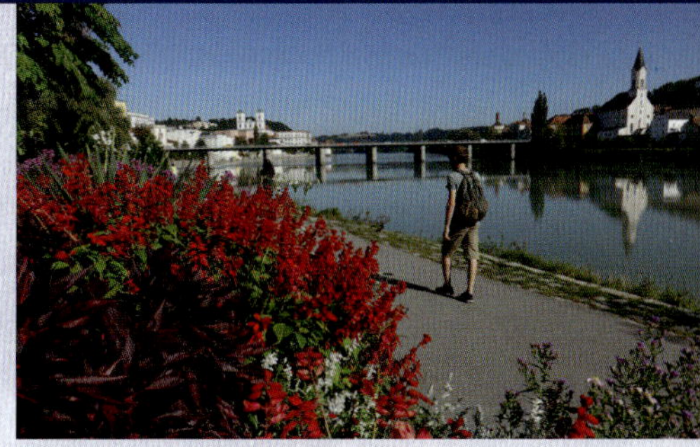

Passaus Flaniermeile, die Innpromenade

Auf der anderen Seite des Inns steigen wir nach rechts einige Stufen zur Innpromenade hinab. Nach rechts, flussaufwärts, geht es auf ihr zurück zum Ausgangspunkt am Fünferlsteg. Auf der letzten Etappe unserer Rundtour verfallen wir auf der beliebten Spaziermeile vom Wandern ins Flanieren.

Essen/Einkehren:

Die Küche
Innstraße 21
94032 Passau
Tel. 0851 98904935
www.diekueche-passau.de

Gasthof zur Schnecke
Kapuzinerstraße 12
94032 Passau
Tel. 0851 36235

Zahlreiche Lokale für jeden Geschmack in der Passauer Altstadt

Erlau: Über aussichtsreiche Höhen und durchs urige Erlau-Tal

Mittel

16,5 km

↓↑ 300 m

4 ½ Std.

Erlau – Schörgendorf – Wingersdorf – Donaublick – Buchsee – Kellberg – Schmölz – Erlautal – Erlau

Herrliche Panoramen von der König-Max-Höhe und vom Donaublick am Hochstein umd ein steiniger Pfad entlang der rauschenden Erlau.

Markierung:
Donausteig, Goldsteig, lokale Wanderwege Nr. 43, 44 und 45

Parken:
In Erlau nach der Brücke, direkt an der B 388 (Navi: Hauptstraße, 94130 Obernzell-Erlau)

ÖPNV:
Passau Hauptbahnhof und weiter mit Bus Linie 6101 oder 6102

Tourist-Information:
Tourist-Information Thyrnau-Kellberg, St.-Blasius-Str. 10, 94136 Thyrnau, Tel. 08501 320, www.thyrnau.de

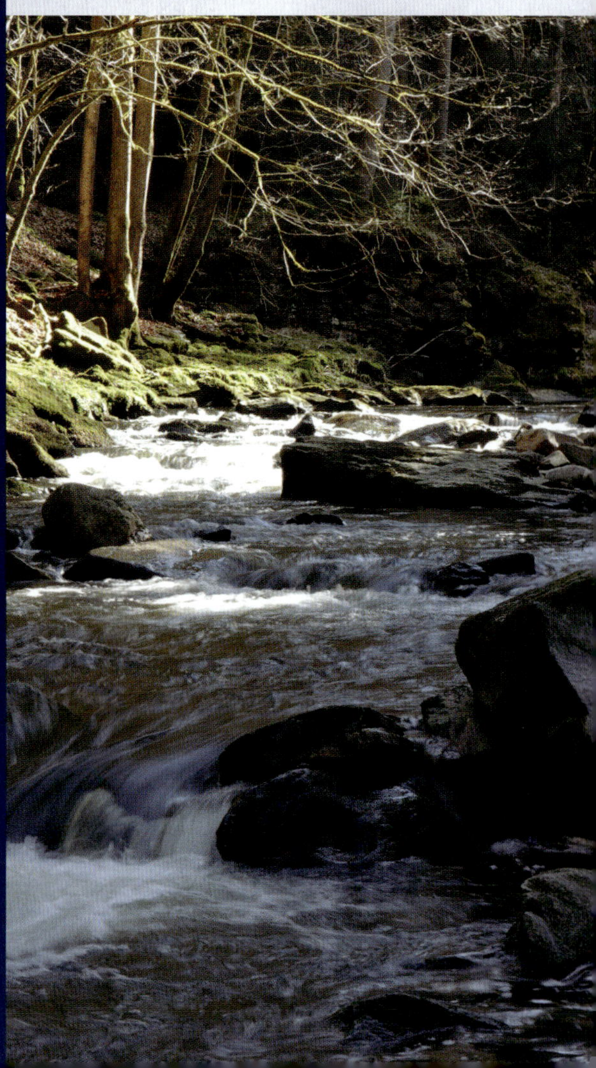

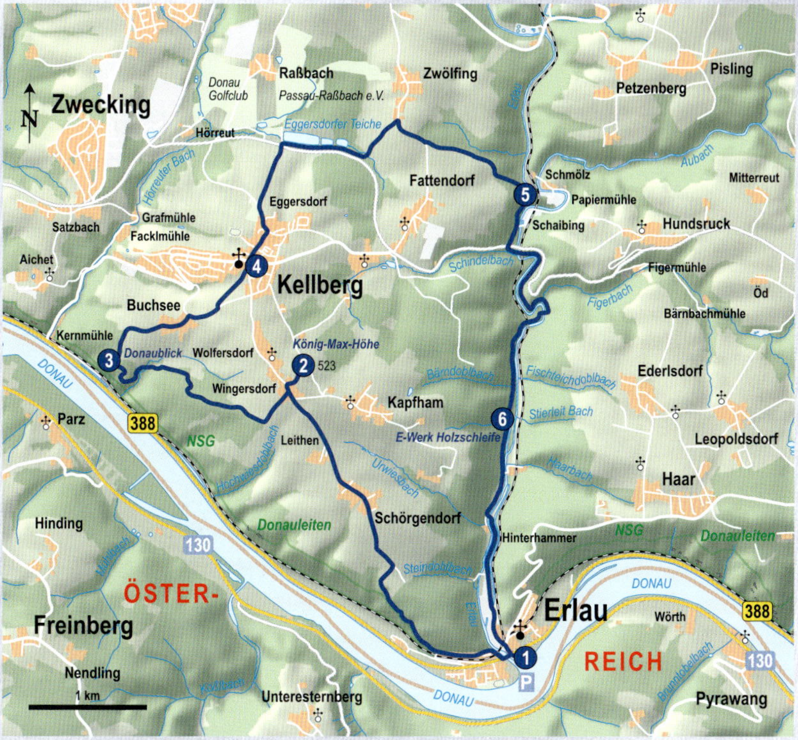

❶ Erlau – Start/Ziel

❷ König-Max-Höhe

❸ Donaublick

❹ Kellberg

❺ Schmölz

❻ E-Werk Holzschleife

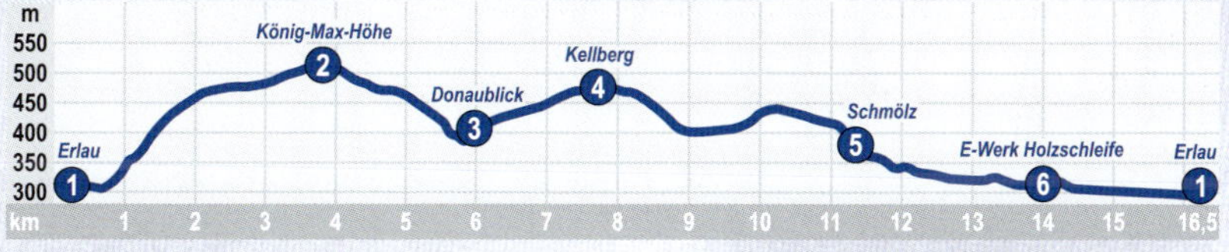

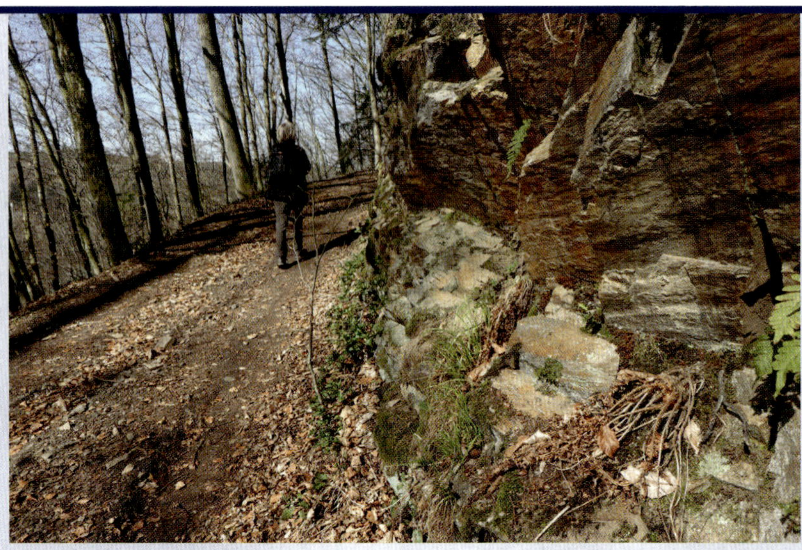

Donausteig am Fürstberg

Vom Parkplatz ❶ zwischen dem Donauufer und der B 388 queren wir zunächst die Bundesstraße und dann nach links die Erlau. Unmittelbar nach der Brücke biegen wir vor dem Café „5 Sinne“ nach rechts. Der ansteigende Fußweg kreuzt bald ein stillgelegtes Bahngleis. Weiter einer Linkskurve folgend gehen wir am Hang des Fürstbergs entlang, an den sich schmucke Häuser schmiegen.

Nach dem Ortsende von Erlau stoßen wir auf den Donausteig, der uns nach rechts bergan und vom Asphalt herunterführt. Bis zum Weiler Buchsee folgen wir nun dem Symbol der geschlängelten, weißen Donau auf blaugrünem Grund. Bis nach Wingersdorf hilft auch die Wegweisung zur König-Max-Höhe bei der Orientierung. Zunächst wandern wir durch jungen Mischwald, der die steilen Auleiten befestigt. Zwischen den Stämmen erha-

Kellberg (ca. 900 EW)
Schon die Kelten sollen hier am Arzberg Eisenerz abgebaut und verhüttet haben. Urkundlich wird Kellberg, heute Teil der Gemeinde Thyrnau, erstmalig 1076 erwähnt. Überregionale Bedeutung erlangte der Ort durch seine eisenhaltigen Quellen. 1839 wurde, etwa einen Kilometer östlich des Dorfes, ein medizinischer Badebetrieb eröffnet und achtzig Jahre später als Heilquelle staatlich anerkannt. Aus dem ehemaligen Stahlbad gründete das Passauer Ärzte-Ehepaar Schedel 1960 eine neue Kurklinik, die heute zu den renommiertesten onkologischen Rehabilitationseinrichtungen Bayerns zählt. In Kellberg ist die spätgotische Pfarrkirche St. Blasius, erbaut 1450, sehenswert. Unter dem mittelalterlichen Kreuzgewölbe strahlt ein prächtiger Hochaltar von 1879 mit geschnitzten Heiligenfiguren. Zuoberst natürlich der Kirchenpatron, einer der 14 Nothelfer der katholischen Kirche. Gleich gegenüber der Kirche sollte man das kleine Schmiedemuseum nicht übersehen. Die Gemeinde hat die alte Dorfschmiede von Josef Höber saniert und präsentiert darin 717 Einzelteile des Schmiedehandwerks.

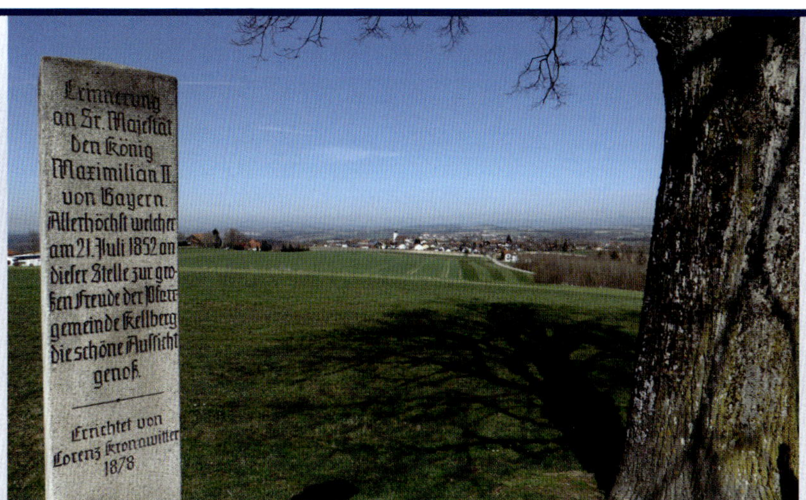

Gedenkstein auf der König-Max-Höhe

schen wir immer wieder Blicke auf den breit und ruhig dahinfließenden Strom.

So erreichen wir am Rande des Naturschutzgebietes Donauleiten (hauptsächlich geschützt wegen der für Deutschland einzigartigen Reptilienfauna, darunter die Smaragdeidechse und die Äskulapnatter) wieder offenes Land. Sanft gewellte Wiesen und Äcker, dazwischen eingebettet beschauliche Bauernweiler. Schörgendorf ist einer davon, den wir nach einigen hundert Metern auf einem schmalen Teersträßchen passieren, das uns einen knappen Kilometer weiter nach Wingersdorf bringt. Hier lohnt sich ein kurzer Abstecher zur König-Max-Höhe ❷. Sie ist leicht zu finden, da gut beschildert. Und wahrlich bietet sich ein majestätischer Rundumblick über die Passauer Hügelwelten. Beschriftete Panoramafotos am Rastplatz verschaffen Orientierung. Im Juli 1852 verweilte hier König Max II. von Bayern, „... zur großen Freude der Pfarrgemeinde Kellberg ...“, wie es auf dem Gedenkstein heißt. Das Wirtshaus „Am König-Max-Stein“ mit schattigem Biergarten lockt zu gutbürgerlicher Stärkung und kühler Erfrischung.

Mit Postkarten-Motiven im Kopf und auf der Speicherkarte kehren wir zum Ortseingang von Wingersdorf zurück. Dort folgen wir dem Donausteig bergab nach rechts. An der Wegeinmündung vor dem bunten Mischwäldchen wieder rechts. Gemütlich spazieren wir west-

Auf dem Weg zum Donaublick

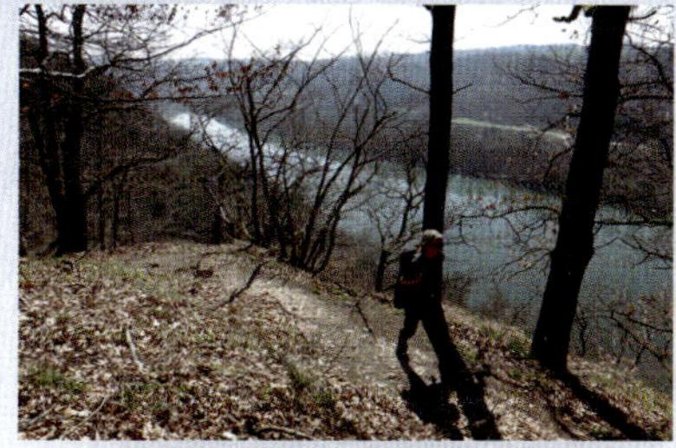

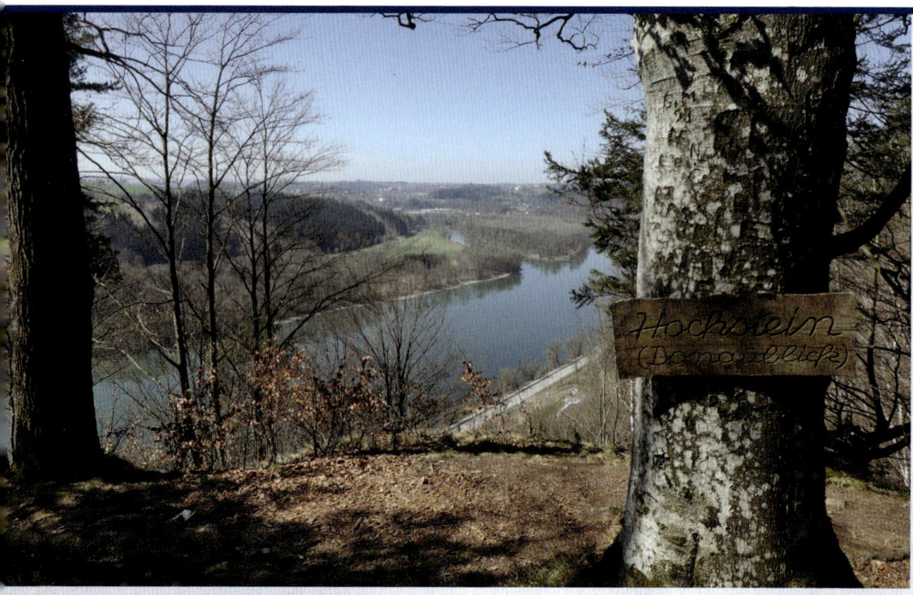

Donaublick Richtung Westen

wärts, inhalieren den ätherischen Duft der Bäume. Nach gut einem Kilometer zieht ein Gedenkstein unsere Aufmerksamkeit auf sich. An Heiligabend 1941 verunglückten hier vier Soldaten bei dichtem Nebel auf einem Überführungsflug mit einer Junkers 88. Von dieser Lichtung ist es nicht mehr weit zum Donaublick. Schon auf dem Weg dorthin ist der mächtige Fluss, gut hundert Meter tiefer im Tal, nicht zu übersehen. Am Hochstein weitet sich der Blick dann zu seiner ganzen Schönheit. Ein außergewöhnlicher Panorama-Rastplatz mit Bänken und Tischen ❸. Über die Auwälder der Soldatenau - eine im Donauknick umspülte Insel - ragt im Dunst der Ferne die Veste Oberhaus. Die zu ihren Füßen liegende Stadt Passau ist nur zu erahnen.

Beeindruckt ziehen wir auf dem Donausteig (Beschilderung Kellberg über Buchsee) weiter. Alsbald schreiten wir aus dem Wald und an dessen Rand entlang. Der Zwiebelturm der Kellberger Pfarrkirche reckt sich über die hügeligen Felder. Wir folgen dem Schotterweg in seiner Rechtskurve und kommen zum Ortseingang von Buchsee. An dem Verkehrskreiselchen um die putzige Kapelle, mit dem frei stehenden Glockenturm, gehen wir geradeaus in den Ort hinein. Hier verlassen wir

Kapelle in Buchsee

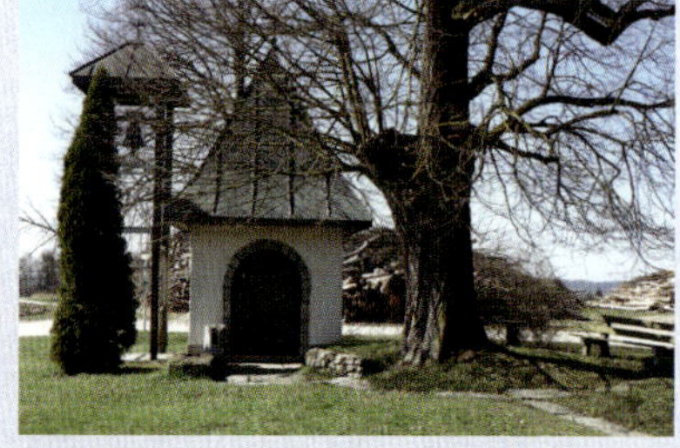

auch den Donausteig und wandern auf dem lokalen Wanderweg Nr. 44 Richtung Kellberg. Nachdem wir die paar Häuser und Höfe von Buchsee hinter uns gelassen haben, halten wir uns an der T-Kreuzung rechts. Wir gehen auf der schmalen Straße 250 Meter leicht bergan. Kurz vor der Kuppe biegen wir links auf einen Feldweg, der uns über eine ansteigende Wiese nach Kellberg bringt. An der Einmündung auf die kleine Dorfstraße, mit dem etwas euphemistischen Namen König-Max-Promenade, halten wir uns links und erreichen so die Kreuzung mit der Kurpromenade ❹. Kulturell Interessierte können hier das kleine, aber feine Schmiedemuseum und die spätgotische St.-Blasius-Kirche besuchen. Für leibliches Wohl wird bei einer Einkehr im empfehlenswerten Kirchenwirt gesorgt.

Für die Fortsetzung unserer Wanderung queren wir die Kreuzung und laufen auf der Eggersdorfer Straße aus dem Luftkurort hinaus. Am Ortsende schwenken wir gegenüber dem Friedhof nach rechts auf einen Feldweg ein und befinden uns somit auf dem Premium-Wanderweg Goldsteig. Wir schlendern mit den Eggersdorfer Teichen vor Augen den Wiesenhang abwärts. Nachdem wir die schmale Straße überquert haben, geht es zwischen dieser und den Teichen nach rechts weiter. In den Sommermonaten bietet sich im Naturfreibad die Gelegenheit zu einer wohltuenden Erfrischung.

Wir orientieren uns weiter an der Goldsteig-Markierung, die uns kurz nach den Fischweihern nach links von der Straße wegführt. Nach einem Stück des Feldweges stoßen wir bei dem Örtchen Zwölfling auf eine schmale Teerstraße, auf die wir rechts einschwenken. In der nächsten scharfen Rechtskurve gehen wir auf dem unbefestigten Weg geradeaus

Erlautal-Wanderweg beim Schlossberg

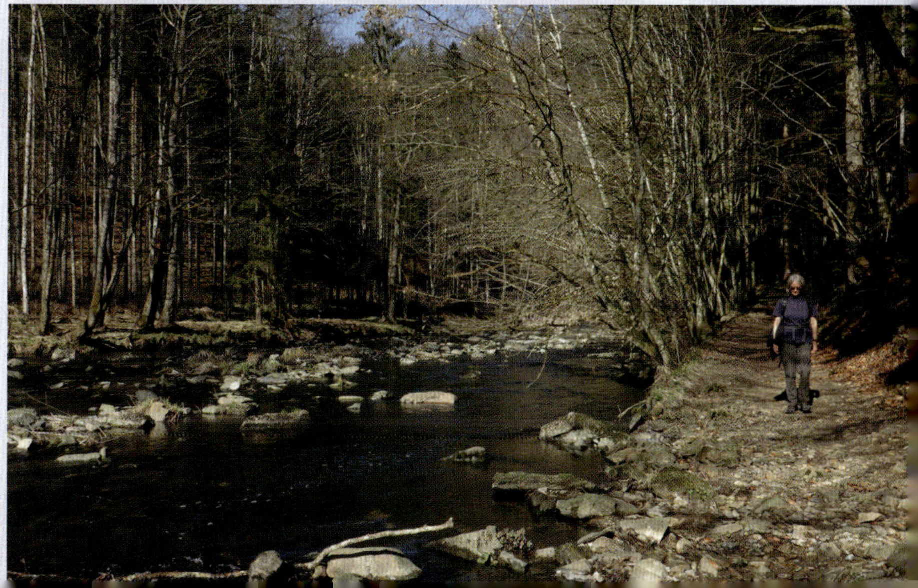

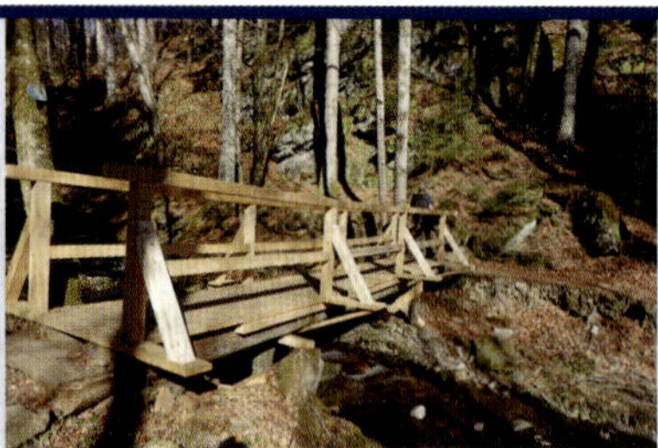

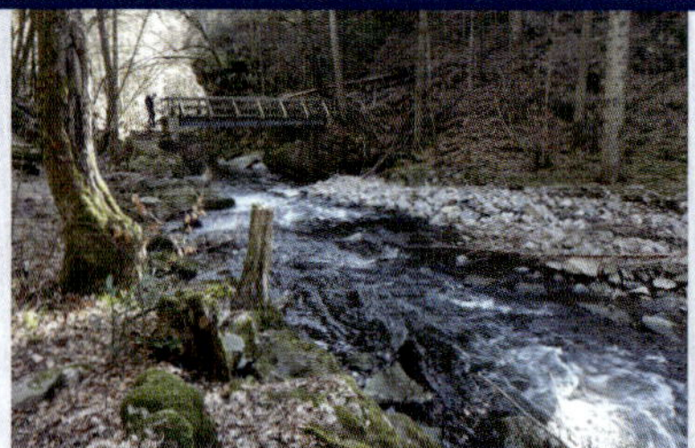

Holzbrücken über den Figerbach und über die Erlau

weiter. Der Goldsteig verläuft zunächst am Waldrand entlang. Ein steiler Schotterweg, dem wir immer abwärts folgen, bringt uns dann durch das schattige Erlauholz ins Tal des Wildbaches.

Kurz vor der Papiermühle Schmölz biegen wir vor der stillgelegten Eisenbahnbrücke ❺ vom Goldsteig nach rechts, auf den Erlautal-Wanderweg (Nr. 45), ab. Wer etwas innehalten möchte, quert die alte Bahnbrücke und findet nach fünfzig Metern bei der Kapelle ein lauschiges Plätzchen mit Aussicht auf Schmölz. Uns zieht es weiter, stromabwärts, entlang des rauschenden Wassers. Der holprige Forstweg mündet bald in ein Sträßchen, auf das wir rechts einschwenken. Wir queren dann vorsichtig die Staatsstraße und wandern auf dem schmalen Pfad zunächst geradeaus und dann links weiter. Über ein Brückchen gelangen wir über die Erlau, kurz darauf kreuzen wir die Bahn durch eine schummrige Unterführung. Nahe am Wasser begleiten wir die Erlau flussabwärts. Wie ihre größere und bekanntere

Stillgelegter Bahnviadukt

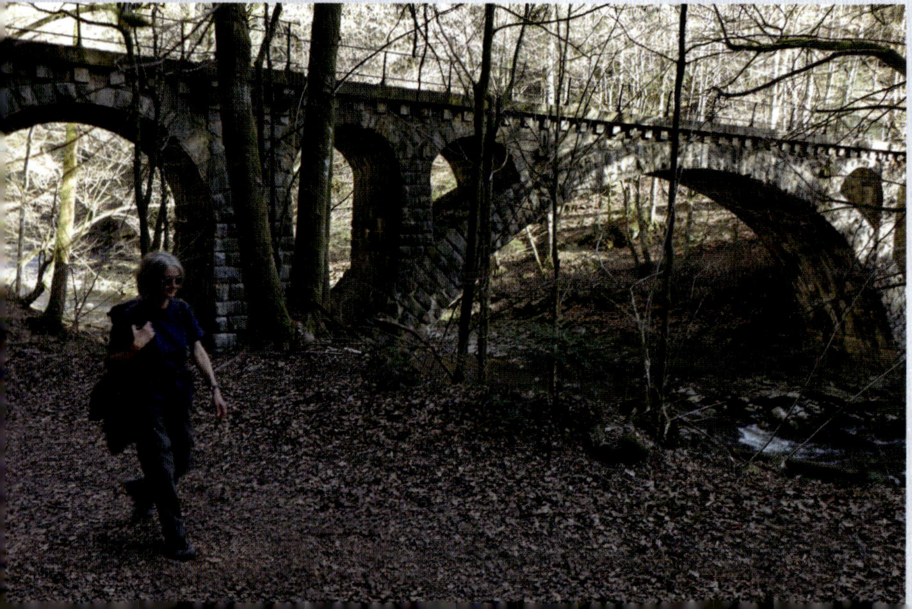

Schwester, die Ilz, mäandert sie in Nord-Süd-Richtung, entwässert den Bayerischen Wald – vor allem im Frühjahr zur Schneeschmelze. Die wurde früher auch zur Holztrift genutzt. Die unbändige Kraft des Wassers hat sich über die Jahrmillionen tief in das Granitgebirge eingegraben. Munter und harmlos plätschert der Bach heute in seinem steinigen Bett.

Ebenso steinig ist auch unser Weg direkt am Ufer entlang. Wildromantisch ist wohl die treffende Beschreibung. Auf der gegenüberliegenden Seite des Flusses begleitet uns ganz unscheinbar die alte eingleisige Bahnlinie von Passau nach Hauzenberg. Der Personenverkehr wurde auf dieser Strecke bereits 1970 eingestellt, der Güterverkehr 1997. Die Schienen verschwinden in dem kleinen Schlossbergtunnel, wir schlagen mit dem Wasserlauf einen Haken um das Felsmassiv.

Über den Figerbach bringt uns ein kleines Holzbrückchen und ein etwas größeres danach über die Erlau. Wir halten uns links, kreuzen dann die Bahntrasse unter einem beeindruckenden Viadukt. Acht größere und kleinere Bögen, aus massiven Granitquadern gemauert, spannen sich über das Tal. Der Weg weitet sich, bevor er bei dem kleinen E-Werk Holzschleife nach rechts in ein geteertes Sträßchen ❻ übergeht. Gemütlich schlendern wir an der Erlau entlang weiter. Ein großflächiges Betriebsgelände kündigt das baldige Ende unserer Tour an. Nach dem Firmenkomplex gehen wir an der Kreuzung am Dr.-Hans-Vogt-Platz nach rechts und steuern auch schon direkt auf unseren Ausgangspunkt zu. Exponiert, hoch über dem österreichischen Donauufer, grüßt die trutzige Burg Krempelstein aus dem 12. Jahrhundert – heute in Privatbesitz.

Essen/Einkehren:

Café 5 Sinne
Hauptstr. 26
94130 Obernzell/Erlau
Tel. 08591 9396956

Hotel zur Post
Hauptstr. 22
94130 Obernzell/Erlau
Tel. 08591 91490
www.hotel-zur-post-erlau.de

Gasthof und Pension „Am König-Max-Stein“
Wingersdorf 15
94136 Thyrnau
Tel. 08501 486

Zum Kirchenwirt
St.-Blasius-Str. 1
94136 Thyrnau
Tel. 08501 8116
www.landgasthof-zum-kirchenwirt.chayns.net

Pizzeria „Bel Paese“
St.-Blasius-Str. 7
94136 Thyrnau
Tel. 08501 915544

Obernzell: Zeller Donaurunde

Leicht

9,9 km

↓↑ 300 m

3 Std.

Obernzell – Hammermühle – Untergriesbach – Bachhäusl – Obernzell

Diese gemütliche Wanderung, mit nur wenigen kurzen Steigungen, führt durch drei verschiedene Bachtäler. Mal wildromantisch, mal geordnete Kulturlandschaft. Wir bewegen uns ebenerdig mit dem Wasser wie auch entlang der steilen Talhänge.

Markierung:
Donaurunde, gelbes Schild mit grünem Pfeil (darin das Logo des Donausteigs)

Parken:
Parkplatz beim Schloss (Navi: Ledererplatz 4, 94130 Obernzell)

ÖPNV:
Hauptbahnhof Passau und weiter mit Bus 6101

Tourist-Information:
Tourist-Information Obernzell, Marktplatz 42, 94130 Obernzell, Tel. 08591 9116119, www.obernzell.de

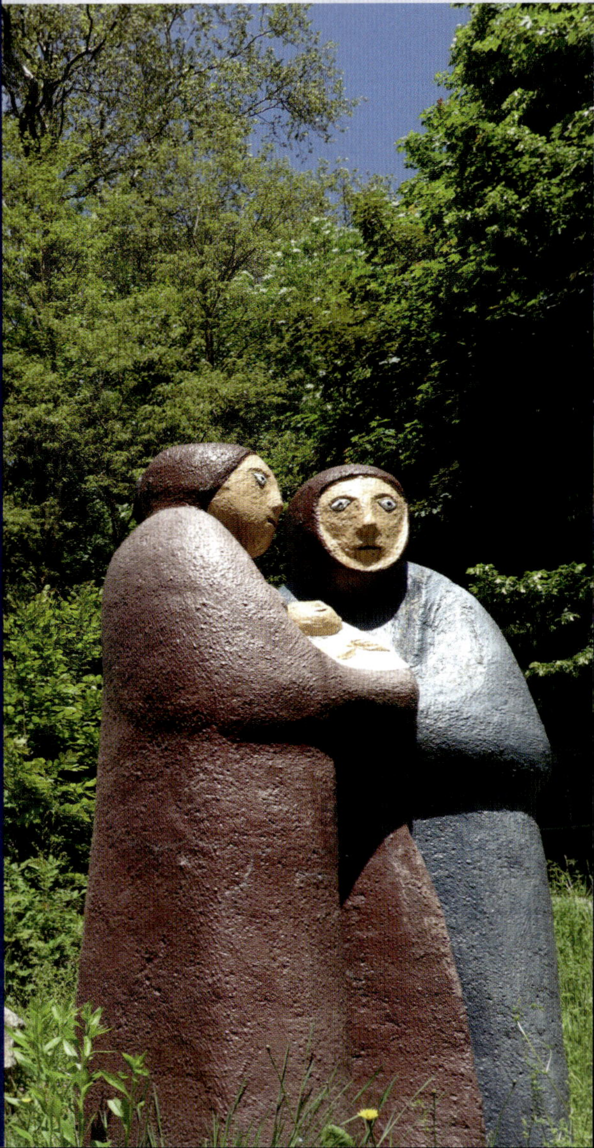

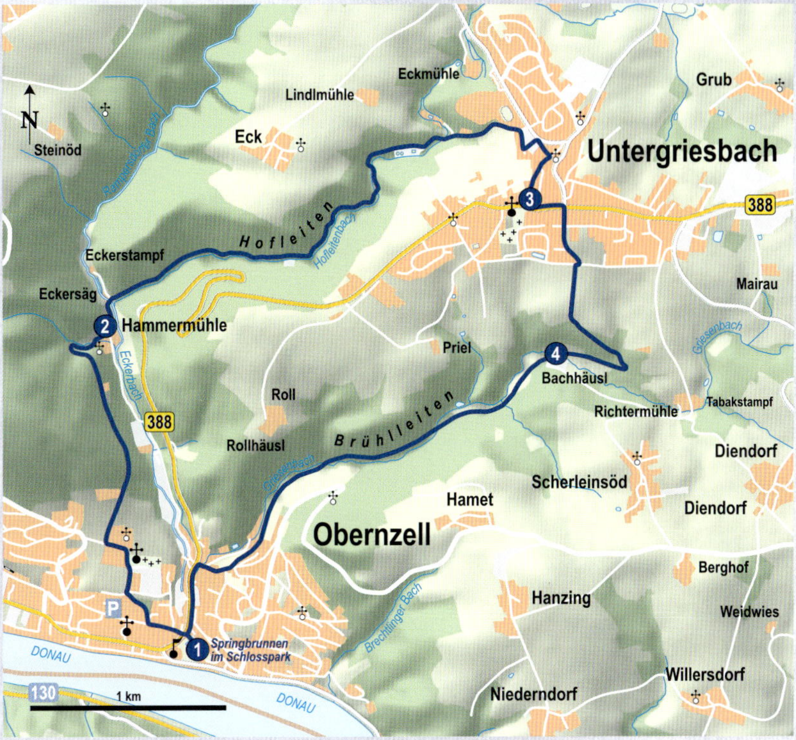

❶ Springbrunnen im Schlosspark – Start/Ziel

❷ Hammermühle

❸ Untergriesbach

❹ Bachhäusl

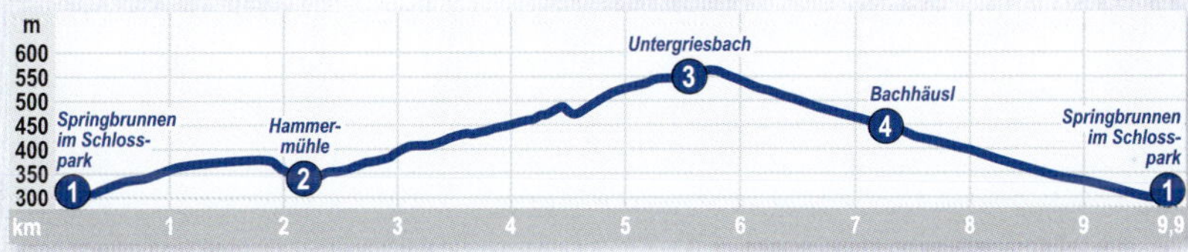

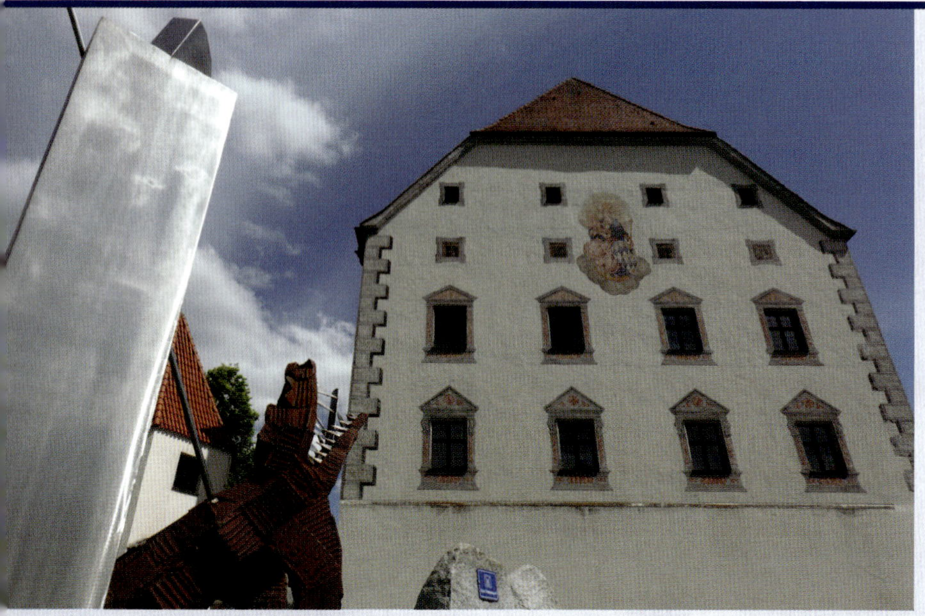

Schloss Obernzell, repräsentativer Renaissancebau

Ausgangspunkt dieser Wanderung ist der Springbrunnen im Schlosspark ❶. Wir folgen dem Weg vom Brückchen geradeaus, zwischen zwei Gebäuden, zur B 388. Vorsichtig überqueren wir sie, biegen links ab und gleich darauf rechts in die Krankenhausstraße. Nach knapp 200 Metern halten wir uns bei der Verzweigung der Krankenhausstraße vor der Grundschule wieder rechts.

Bei dem auffallenden achteckigen Pavillon, unter dem sich ein putziges Mariengröttchen wölbt, nehmen wir den linken Abzweig auf den gepflegten Kiesweg, der in ein

Schloss Obernzell

Die von den Passauer Bischöfen im 15. Jahrhundert errichtete Burg wurde im folgenden Säkulum im Renaissance-Stil ausgebaut. Sie diente als prunkvolle Sommerresidenz und beherbergt heute eine Zweigstelle des Bayerischen Nationalmuseums. 1.200 Exponate geben einen umfassenden Einblick in die niederbayerische Geschichte der Keramik. In Obernzell spielte die, mit Graphit hergestellte, irdene Ware eine wichtige Rolle. Die Neueinrichtung der Dauerausstellung „Donauland Bayern" war bei Drucklegung des Buches noch nicht erfolgt. Jederzeit möglich ist jedoch ein entspannter Bummel durch den gepflegten Schlosspark. Ebenso empfehlenswert ist ein Spaziergang entlang der Donaupromenade. Gleich gegenüber vom Schloss stößt man auf ein interessantes Wasserspiel. Weiter des Weges begegnen einem immer wieder fantasievolle Skulpturen. Eine prächtige Rokoko-Ausstattung findet sich in der Pfarrkirche St.-Maria-Himmelfahrt. Zurück geht es über den beschaulichen Marktplatz mit seinen pastellfarbenen Bürgerhäusern. Von Passau kann man stilvoll mit dem Kristallschiff auf der Donau anreisen. www.donauschifffahrt.eu

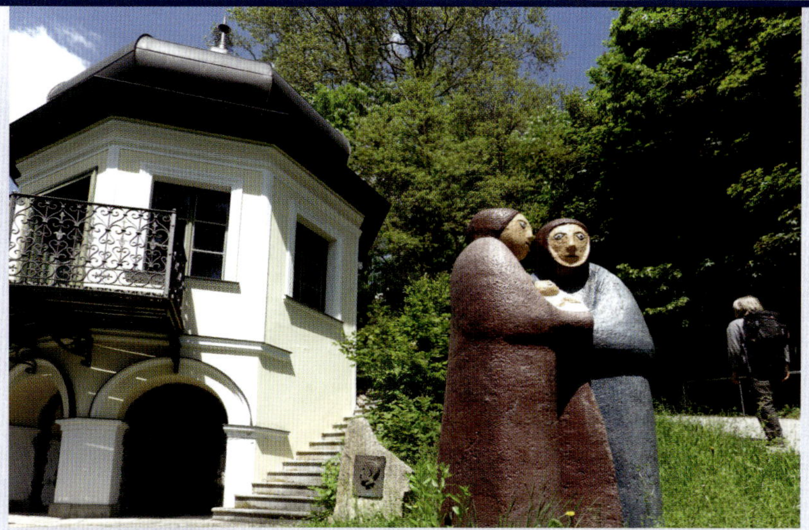

Pavillon mit Mariengrotte

schattiges Wäldchen führt. Verschiedene Bibelzitate am Wegesrand laden zum Innehalten ein. Nach 150 Metern erreichen wir so gemütlich das obere Ende einer langen Treppe, die links hinab zur Obernzeller Pfarrkirche führt. Eine Skulptur, Mensch mit Schaf, wendet sich ihr andächtig zu.

Wir marschieren ein kurzes Stück geradeaus weiter, bevor wir nach rechts die alten Bahngleise queren und so auf den Klosterweg gelangen. Als Kreuzweg führt er zu den klösterlichen Anlagen der Schwestern vom Göttlichen Erlöser. Nach dem Seniorenheim St. Josef biegen wir rechts in den Oppermann-

Blick ins Donautal beim Friedenskreuz

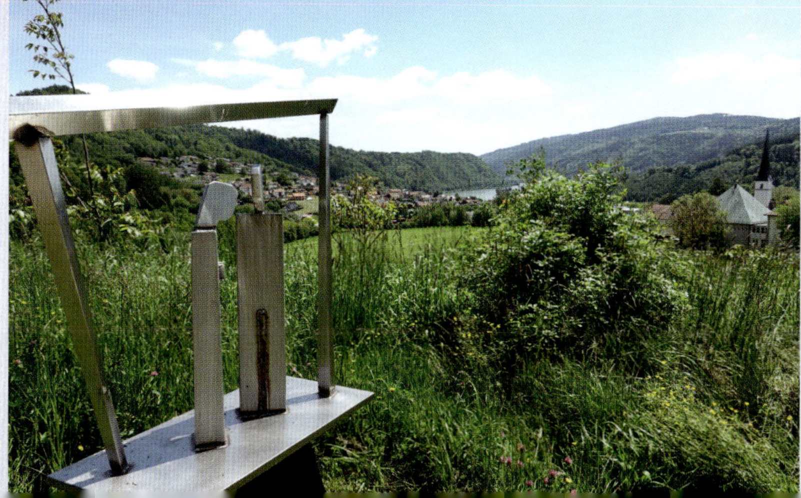

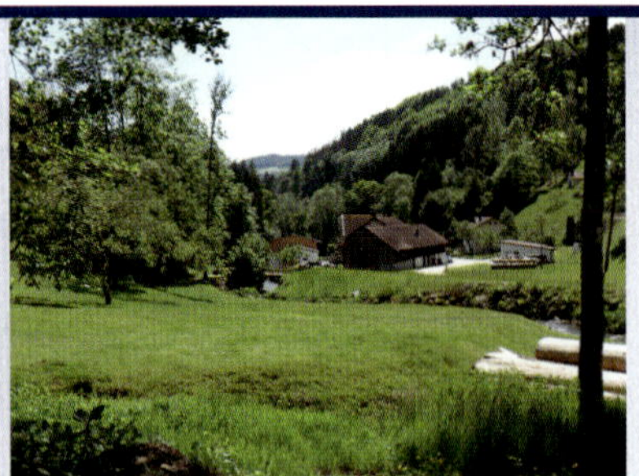

Idyllisch gelegen: Hammermühle am Eckerbach

weg. Vorbei an einem Parkplatz kommen wir nach dem hoch aufragenden Friedenskreuz in den Wald. Zuvor lohnt sich ein Blick zurück, der weit über das pittoreske Donautal schweifen kann.

Im Wald halten wir uns an der ersten Weggabelung links. Der leicht ansteigende Weg wird schmäler, läuft entlang der steilen Hangleite des Eckerbachs, gut 100 Meter über dem Talgrund. Den erreichen wir auf dem nun abwärts führenden Pfad bei der Hammermühle ❷. Wir schwenken nach links auf den geteerten Weg ein. Ein wenig weiter queren wir nach rechts auf einem Brückchen den Eckerbach, in den hier der Hofleitenbach mündet. Dessen munteres Plätschern und Gurgeln begleitet uns von nun an. In einem schmalen steinigen Bett fließt munter das klare Wasser. Immer in seiner Nähe schlendern wir durch üppigen Wald.

Beim Klärwerk trennen sich dann unsere Wege. Wir halten uns an der nächsten T-Kreuzung rechts und nach dem Brückchen bei einem Anwesen wieder rechts. Dem Teersträßchen folgen wir links und sehen bald, in zartem Gelb, die Pfarrkirche von Untergriesbach mit ihrem markanten spitzen Turm über den Ort ragen. Wir biegen nach rechts in den Kreuzwiesenweg. Nach dem Supermarkt nehmen wir den Gehweg nach links. Kurz vor der Hauptstraße führt der Fußweg weiter nach rechts bergan. Vor der kleinen Kapelle biegen wir rechts in die Badgasse, die uns direkt zur Pfarrkirche St. Michael ❸ führt. Vor dem barocken Sakralbau gehen wir nach links über den geschäftigen Marktplatz. Nummer 16 beherbergt ein Kleinod bayerischer Wirtshauskultur. Wer das Gasthaus Lanz betritt, fühlt sich in eine längst vergangene Epoche versetzt. Ein uriger Ort, um sich die leckeren traditionellen Gerichte schmecken zu lassen. Da passt es gut, dass die weitere Strecke hauptsächlich bergab verläuft.

Doch zuerst geht es nach der Schlemmerei ein kurzes Stück auf dem Marktplatz bergan. Wir biegen rechts in die Pilslgasse, die uns abschüssig aus dem Dorf hinausführt. Bei den letzten Häusern kreuzen wir die ruhige Südumgehung, gehen auf dem etwas nach rechts versetzt einmündenden Feldweg geradeaus weiter. Zuerst über offene Land-

Waldwildnis am Griesenbach

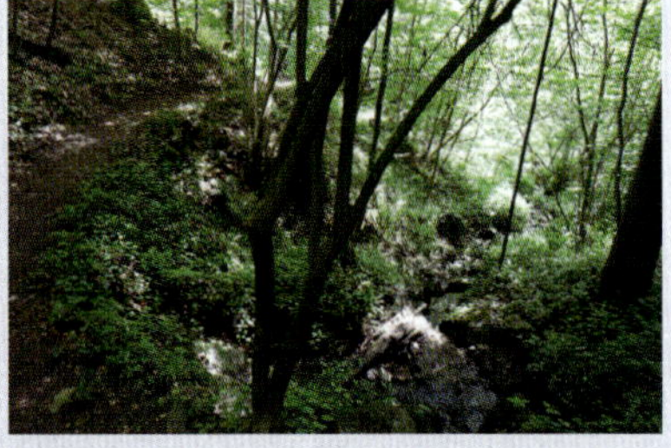

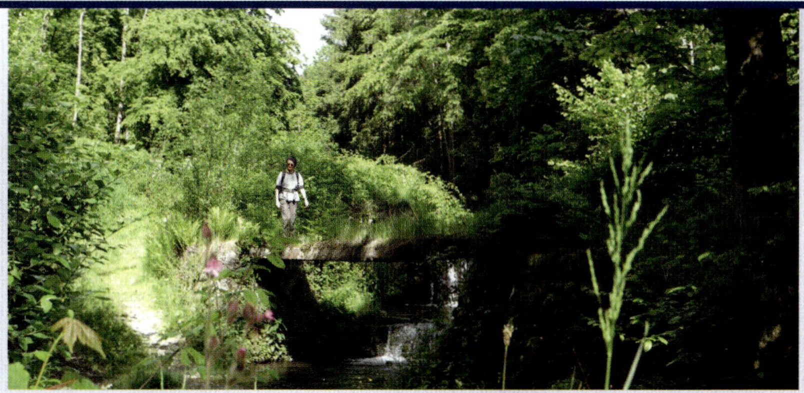

Trockenen Fußes übers Wasser

schaft, dann im schattigen Wald. Nach einer Lichtung nehmen wir an der Gabelung den rechten, schmalen Pfad ❹. Stetig abwärts laufen wir entlang des Griesenbachs. Bei den mit blauer Farbe markierten Bäumen gehen wir rechts auf den gekiesten Wander- und Radweg. Wir passieren ein einsam gelegenes Anwesen und kommen über ein Brückchen. Das zuerst unscheinbare Waldbächlein wird nun in ein aus Naturstein gemauertes Bett gezwängt. Über zahlreiche Kaskaden strömt er als ansehnlicher Kanal zum Eckerbach in Obernzell. Unser gemütlicher Wanderweg an seiner Seite verläuft auf einer ehemaligen Bahntrasse. Infos dazu finden sich am Wegesrand.

Ein kleiner Schreck ereilt uns, als unser Weg plötzlich durch eine knöcheltiefe Furt gekreuzt wird. Doch auf der linken Seite erspähen wir einen schmalen Betonsteg, der uns trockenen Fußes über das kühle Nass bringt. An der nächsten T-Kreuzung gehen wir rechts. Ab den ersten Häusern von Obernzell ist unser Weg geteert und mündet in den Hochhäuslweg. Auf ihn biegen wir rechts ein, an der nächsten großen Kreuzung nach links in die Bachstraße. Auf ihr kommen wir schnurstracks über den Ledererplatz zurück zum Ausgangspunkt im Schlosspark.

Essen/Einkehren:

MY Vietnamese Restaurant
Schlossplatz 4
94130 Obernzell
Tel. 08591 9396638
Öffnungszeiten: Dienstag bis Sonntag 11–14 und 17–22 Uhr,
sehr gute Küche und idyllischer kleiner Biergarten im Schlosspark

Gasthaus Lanz
Marktplatz 16
94107 Untergriesbach
Tel. 08593 235
Öffnungszeiten: Montag, Donnerstag, Freitag und Samstag 10–24 Uhr,
Mittwoch und Sonntag 9–24 Uhr,
uriges Wirtshaus-Original mit bayerischen Schmankerln

Eidenberg: Bärnlochrunde am Eidenberger Lusen

Leicht

5,8 km

↓↑ 200 m

2½ Std.

Eidenberg – Eidenberger Lusen – Monigottsöd – Altes E-Werk – Eidenberg

Herrliche Ausblicke vom Gipfel des Eidenberger Lusen (733 m) und wildromantische Eindrücke im Tal des Osterbachs erwarten uns auf der sogenannten Bärnlochrunde. Gut beschildert ist die Orientierung auf den fast durchgängig unbefestigten Wegen und Pfaden sehr einfach. Festes Schuhwerk empfehlenswert.

Markierung:
Durchgehend Nr. 1 – Bärnlochrundweg

Parken:
Wanderparkplatz Eidenberg (Navi: Eidenberg 11, 94110 Wegscheid)

ÖPNV:
Hauptbahnhof Passau und weiter mit Bus 6101

Tourist-Information:
Tourismusbüro Wegscheid, Marktstr. 1, 94110 Wegscheid, Tel. 08592 8880, www.wegscheid.de

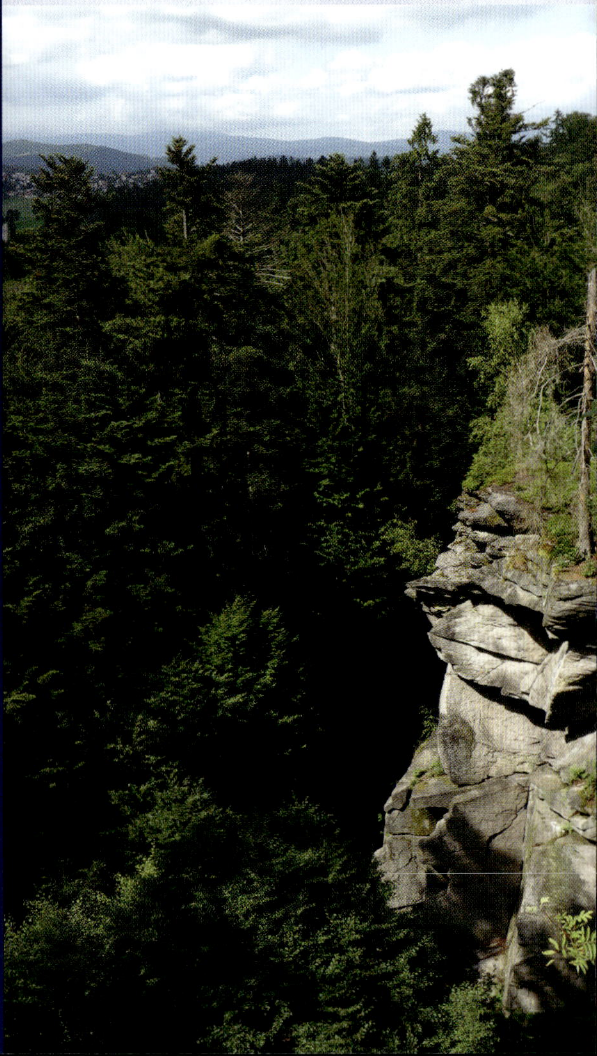

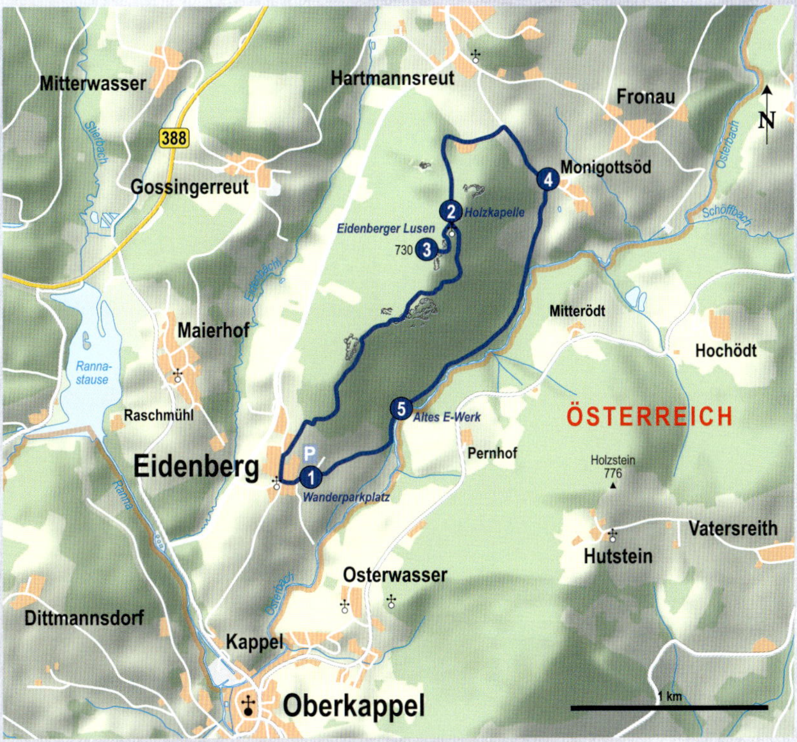

1. Wanderparkplatz Eidenberg – Start/Ziel
2. Holzkapelle
3. Eidenberger Lusen
4. Monigottsöd
5. Altes E-Werk

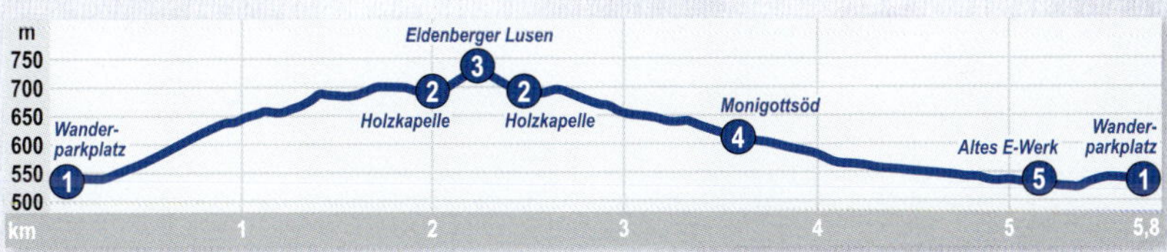

Wir starten unsere Tour vom Wanderparkplatz am Ortsrand von Eidenberg ❶. Wir gehen zurück in den verschlafenen Weiler und wenden uns an der Kreuzung bei der Kapelle nach rechts. Wir passieren eine „Schrott-zu-Kunst-Schmiede“ mit phantasievollen Objekten im Garten und biegen vor der Hausnummer 4 rechts auf den ansteigenden, schmalen Teerweg ein. Am Wegesrand zeigt ein witziger Wegweiser die Richtung zu verschiedenen Orten unserer Erde – wie ins 8.871 Kilometer entfernte Akita in Japan.

Wir wollen nicht ganz so weit, bleiben auf unserem Sträßchen, das eher Richtung Budweis (69 Kilometer) läuft. Am Waldrand verliert unser Weg seine Teerdecke, er wird steinig und wurzlig. Nach der Ruhebank tauchen wir nach links in den lichten Mischwald ein. Darin steigen wir weiter bergauf, bestaunen die Artenvielfalt der Baumgesellschaft. Dazwischen ragen verwitterte Granitformationen skurril aus dem Bergbuckel des Eiden-

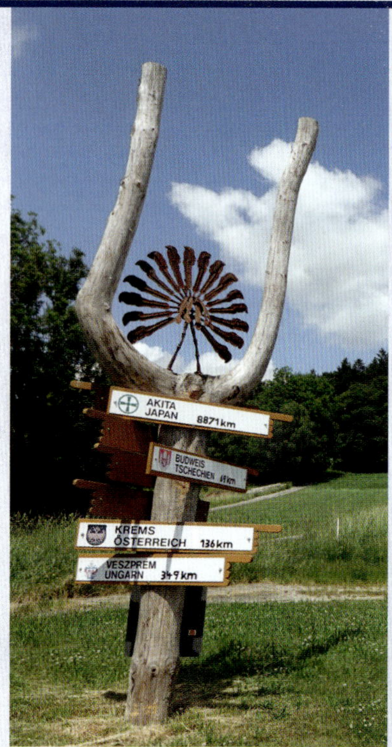

Weltwegweiser ↑

↓ Thron am Wegesrand

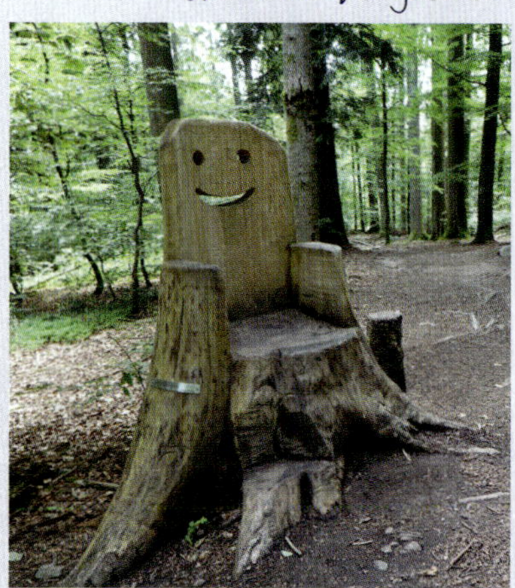

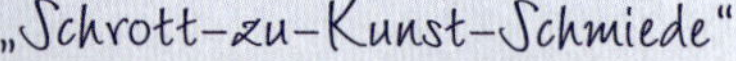
„Schrott-zu-Kunst-Schmiede“

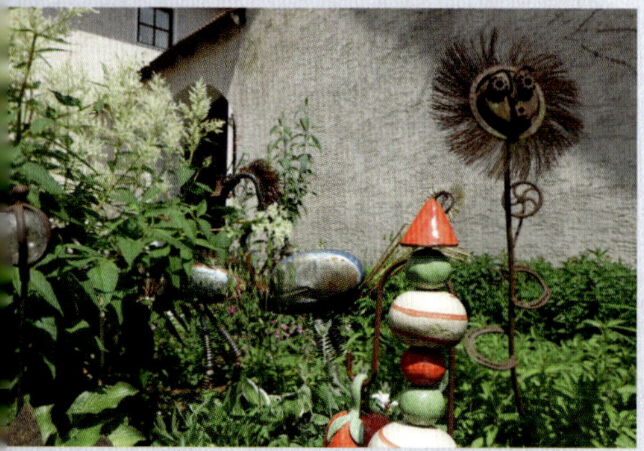

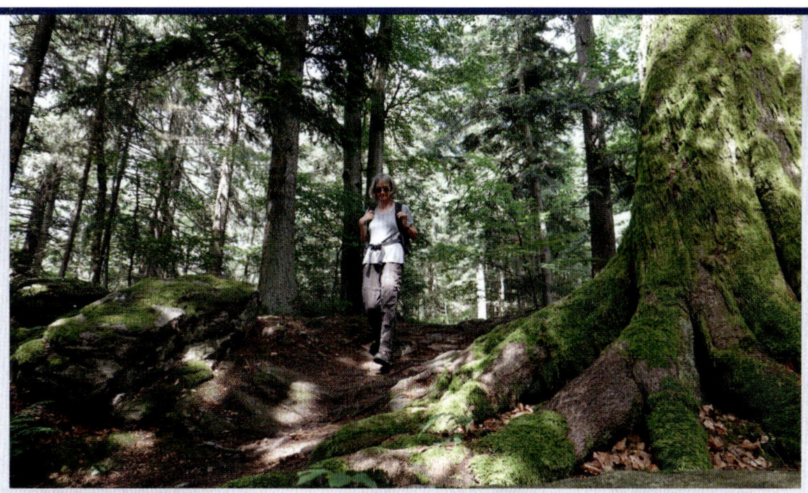

Wurzlige Pfade

berger Lusen. Vorsicht! Vor lauter „Wald Schauen" nicht den stolprigen Pfad aus dem Blick verlieren. Die langen Sitzbänke vor der Holzkapelle **2** bieten ein willkommenes wie besinnliches Plätzchen, um uns ein wenig vom Anstieg zu erholen, bevor wir zum Gipfelsturm ansetzen. Erbaut wurde das kleine Gotteshaus 1971 von der Freiwilligen Feuerwehr Eidenberg. Rechts an ihm vorbei führt der 200 Meter lange Abstecher zur

Gipfelblick vom Eidenberger Lusen

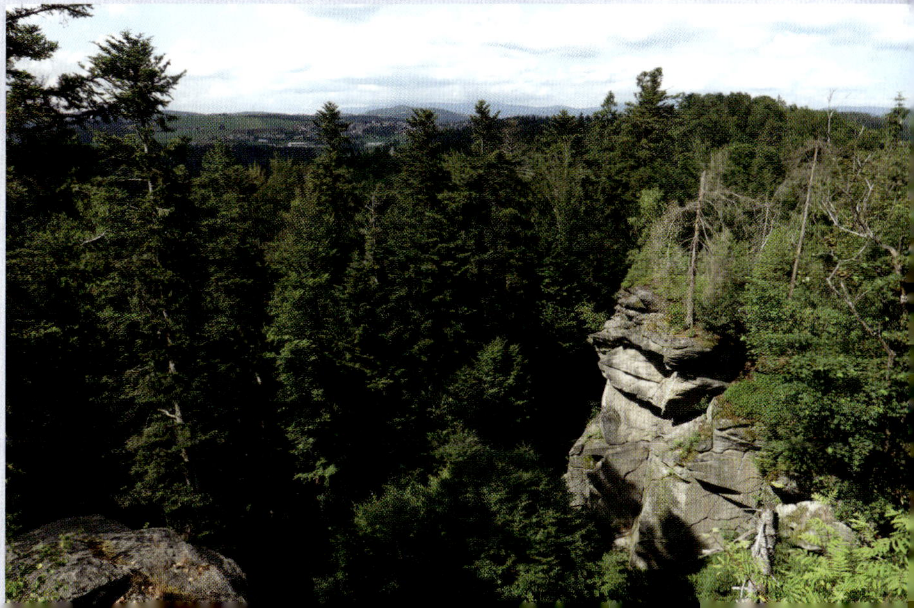

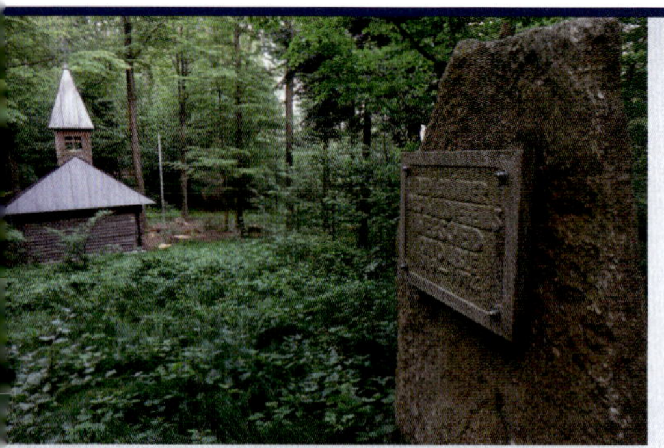

Gedenkstein an Otto Able

Spitze des Eidenberger Lusen (733 m) ❸. Von dort schweift unser Auge über zerklüftete Felsvorsprünge, von Wegscheid bis hin zum Dreisesselberg, Plöckenstein und Hochficht. Sattgesehen nehmen wir denselben Weg zurück zur Kapelle, halten kurz davor, beim Denkmal für Otto Able, inne. Dem ehemaligen Bürgermeister von Eidenberg ist es zu verdanken, dass das Osterbachtal als Landschaftsschutzgebiet ausgewiesen wurde und somit ein geplantes Wasserkraftwerk mit massivem Eingriff in das Wildwassertal verhindert werden konnte. In diese wildromantische Landschaft führt unsere weitere Route. Zunächst schwenken wir nach der Kapelle nach links auf den Rundweg ein. Eine „Eins im Kreis", weiß auf Bäume gemalt, erleichtert immer wieder die Orientierung. Die ist ohnedies leicht zu halten. Hangabwärts verlassen wir den Wald. An dessen Rand liegt in einsamer Lage das Ferienhaus „Grillnhäusl". Wir spazieren entlang des weitläufigen Grundstücks und biegen dann rechts auf das asphaltierte Sträßchen ein. Hier befindet sich ein weiterer Wanderparkplatz für die Bärnlochrunde. Wir laufen weiter bis zum grünen Ortsschild von Monigottsöd ❹. Hier nehmen wir das Wegelchen nach rechts und halten uns an der Gabelung links auf dem Schotterweg. 300 Meter tal-

Reste eines E-Werks

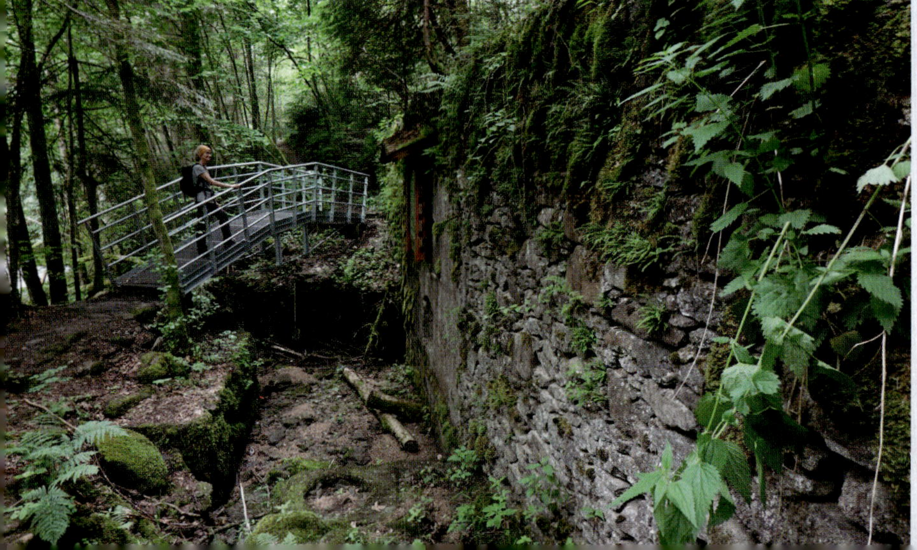

wärts kommen wir wieder in schattigen Wald. Das Rauschen der Baumwipfel verschmilzt mit dem Rauschen des Osterbachs, der auch die Landesgrenze zu Österreich markiert. Unser Weg verläuft zunächst etwas oberhalb des Wildwassers. Ein schmaler nach links abzweigender Trampelpfad führt dann an sein Ufer. Obacht! Dieser Abzweig kann leicht übersehen werden, vor allem wenn der Wegweiser zugewuchert ist. Wir wandern immer nah am Wasser, eine kurze Steigung bringt uns zu einer kleinen Schutzhütte. Der schmale Pfad führt nach links dann wieder zum Osterbach hinunter. Eingewachsene Reste einer Granitmauer lassen das ehemalige Sägewerk, das hier einst vom Wasser angetrieben wurde, nur schwerlich erahnen. Auf weitere Zeugen der betriebsamen Vergangenheit am Osterbach stoßen wir nur ein kurzes Stück bachabwärts. Wir biegen nach links auf eine schmale eiserne Brücke und passieren auf einer zweiten die bemoosten Grundmauern eines alten E-Werkes ❺, das der österreichische Bauer Perr einst an dieser Stelle betrieb. Das Bärnloch leitet seine Bezeichnung vom Flurnamen seines Pernhofes ab – nicht, wie man annehmen könnte, von hier hausenden Bären. Das

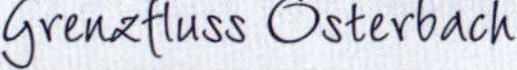
Grenzfluss Osterbach

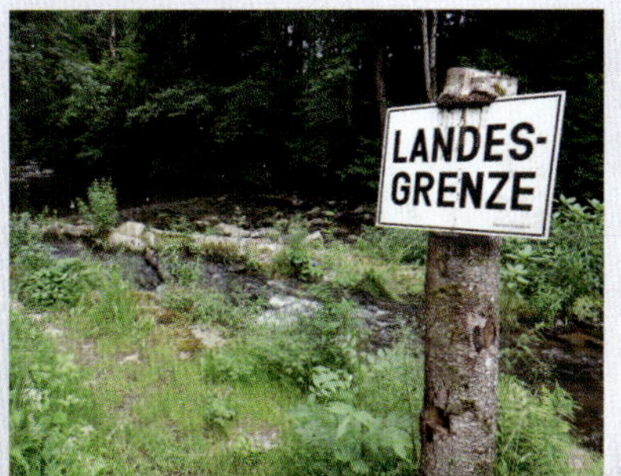

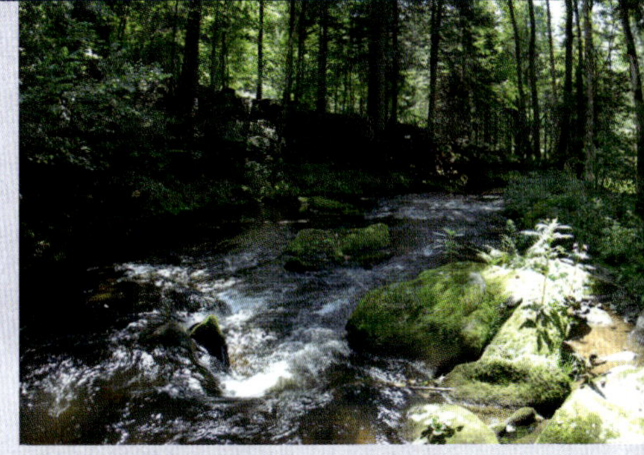
Rauschendes Wildwasser

E-Werk, wie auch die Säge, wurden 1944 durch große Schneemassen zerstört. Wir folgen weiter dem Bachlauf. Bei der Abzweigung des Weges nach Kappel gehen wir gerade weiter. Eine kurze, steile Steigung führt uns aus dem Wald heraus und gerade zum Ausgangspunkt zurück.

Essen/Einkehren:

Direkt an der Tour keine Einkehrmöglichkeit.

Unweit am Rannasee:
Gasthaus zur Wasserrutsche
Maierhof 30
94110 Wegscheid
Tel. 08592 938102

In Kappel bei der Brathendlstation
„Zum Hammerwirt“
Kappel 4
94110 Wegscheid
Tel. 08592 1054
www.hammerwirt.net

Wallfahrtsrunde Sammarei

Leicht

9,6 km

↓↑ 135 m

2½ Std.

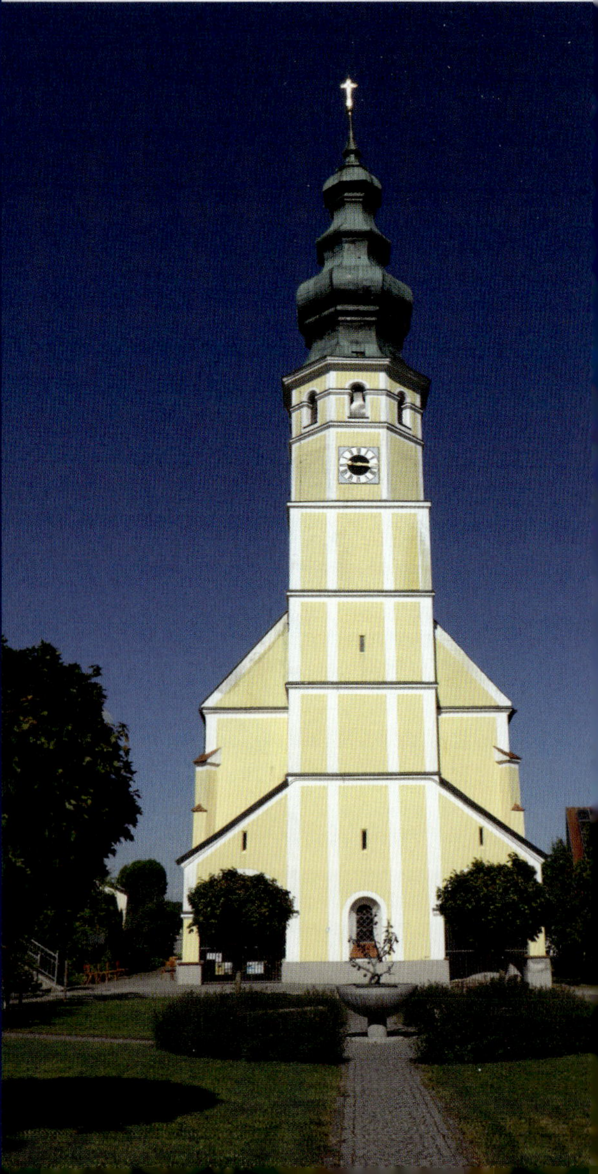

Wallfahrtskirche Sammarei – Wienertsham – Anleng – Grillenöd – Dobl – Wallfahrtskirche Sammarei

Ganz unspektakulär, durch uralte Kulturlandschaft, läuft diese kleine Wallfahrtsrunde im sogenannten Klosterwinkel.

Markierung:
Via-Nova-Pilgerweg bis Kreuzbach, von dort auf „Rot 2" bis Bergham und zurück auf „Rot 3"

Parken:
Parkplatz vor der Wallfahrtskirche (Navi: Sammarei 47, 94496 Ortenburg)

ÖPNV:
Bahnhof Vilshofen, weiter mit Bus 6111 bis Aidenbach und dann mit Bus 6132 bis Sammarei oder über Ortenburg mit Bus 6108 und Bus 7575

Tourist-Information:
Tourist-Information Ortenburg, Marktplatz 11, 94496 Ortenburg, Tel. 08542 16421, www.gemeinde-ortenburg.de

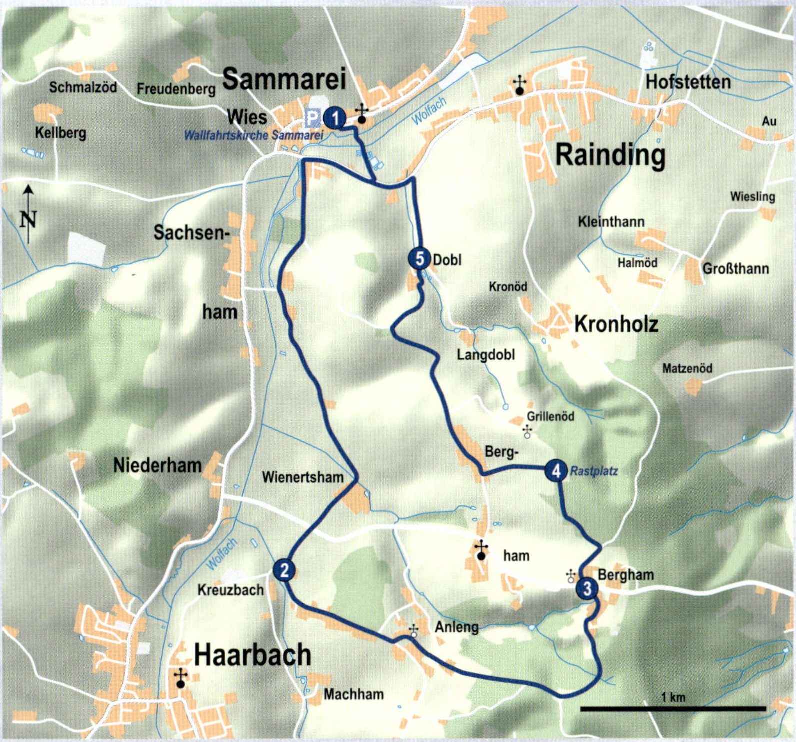

❶ Wallfahrtskirche Sammarei – Start/Ziel

❷ Kreuzbach

❸ Bergham

❹ Rastplatz

❺ Dobl

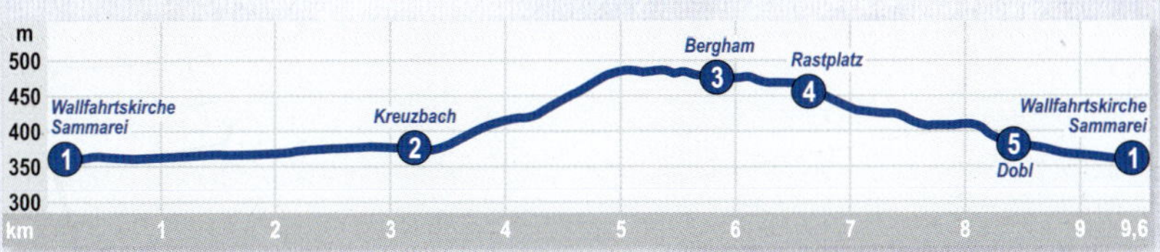

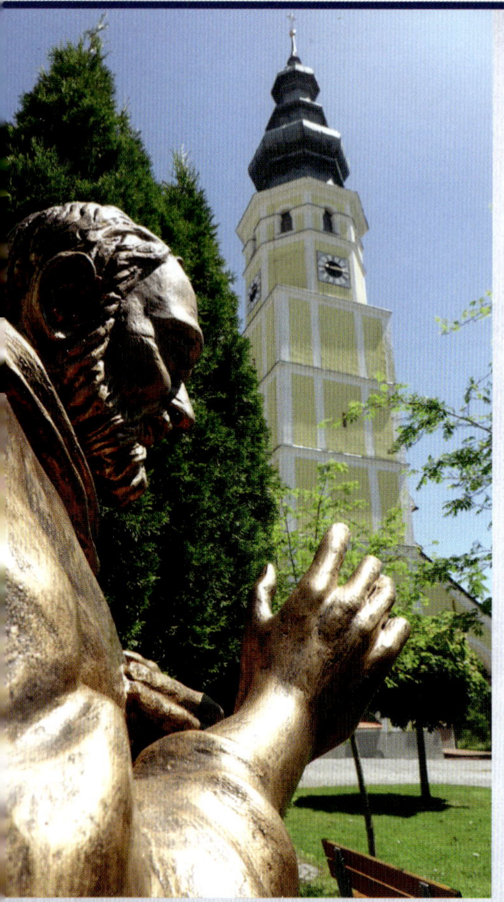

Statue des Pater Pio

Die Tour startet vor der Wallfahrtskirche in Sammarei. Wir nehmen den Feldweg, der von der Einfahrt des Parkplatzes leicht abschüssig abzweigt ❶. Der führt dann in südlicher Richtung zum Flüsschen Wolfach, das wir auf einer Brücke überqueren. Vorbei an einigen Fischteichen, biegen wir an der Straße rechts ab und nach dem Gehöft links. Aus dem Sträßchen wird bald ein Schotterweg. Weit blicken wir über sich im Winde wiegende Felder und Wiesen, die in verschiedensten Grüntönen die leicht gewellte Landschaft sprenkeln.

An der Weggabelung halten wir uns rechts und nach 300 Metern, an der Wegeinmündung, links. Vor dem Reiterhof Wienertsham gehen wir nach rechts über ein Brückchen. An der Straßenkreuzung gehen wir geradeaus weiter nach Kreuzbach ❷. Hier verlassen wir den Via-Nova-Pilgerweg, der nach rechts abzweigt. Wir bleiben auf dem Hauptsträßchen, folgen einem roten Pfeil. Leicht ansteigend passieren wir alsbald die ersten Häuser von Anleng.

Wir nehmen den Weg nach links zu den Hausnummern 16 bis 25. Vorbei an einem

Wallfahrtskirche Sammarei

Sie zählt zu den bedeutendsten Wallfahrtsstätten in Niederbayern. Das ihr zugrunde liegende Wunder ereignete sich vor vierhundert Jahren. Ein Bauernhof fiel einem verheerenden Feuer zum Opfer. Die nahestehende, fast hundertjährige Holzkapelle blieb, ohne die geringsten Brandspuren, gänzlich unversehrt. Der Apfelquittenbaum neben ihr war vollkommen versengt, doch der zur Kapelle nächste Ast fing wieder zu blühen an und trug köstliche Früchte. Diese wurden der Kurfürstin Elisabeth zum Geschenk gemacht. So setzte sie sich bei ihrem Gemahl Maximilian für den Bau einer Wallfahrtskirche ein. Im Jahr 1631 vollendet, hüllt sie die alte Holzkapelle komplett ein. Abgetrennt, hinter dem prächtigen Hochaltar, kann man heute einen Blick auf sie werfen. Über 1.300 Votivbilder schmücken das Innere und Äußere der Kapelle. Von der rechten Seite des barocken Hochaltars zeigt ein frecher Engel dem Betrachter den Vogel. Mit dem sogenannten „gschlamperten Engel" hat der Bildhauer Jakob Bendel wohl ein augenzwinkerndes Späßchen verewigt.

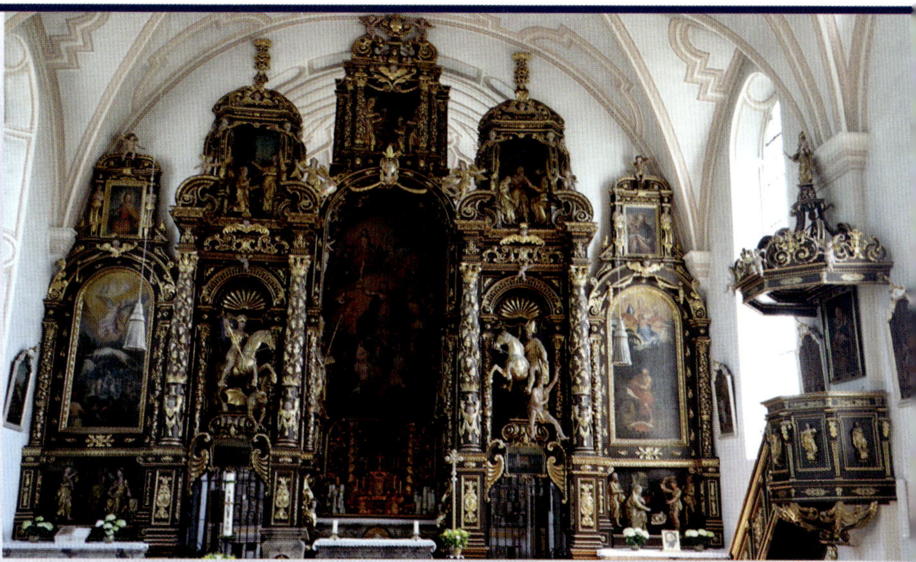

Barocker Hochaltar

Kapellchen biegen wir in den nächsten Weg nach rechts und haben dann wieder Schotter unter den Sohlen. Bei einem Wäldchen mündet unsere Route in einen von rechts kommenden Feldweg. Wir beachten die Vorfahrt am entsprechenden Verkehrsschild. An der nächsten T-Kreuzung wandern wir links weiter, folgen dem grünen Pfeil. So erreichen wir nach gut 600 Metern den Weiler Bergham ❸. Die kreuzende Straße queren wir und schwenken auf den leicht nach links versetzten Feldweg ein. Zwischen zwei Häusern hindurch ergibt sich wieder ein weiter Blick über die bäuerliche Landschaft.

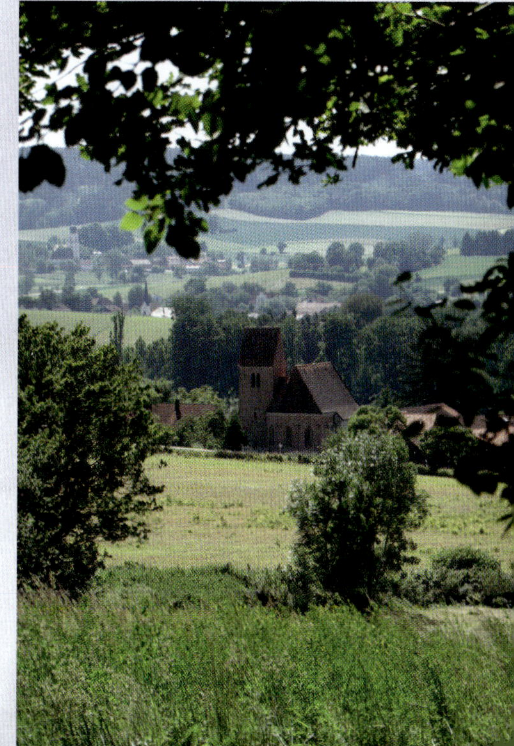

Blick auf die Kirchen von Bergham, Haarbach und Grongörgen

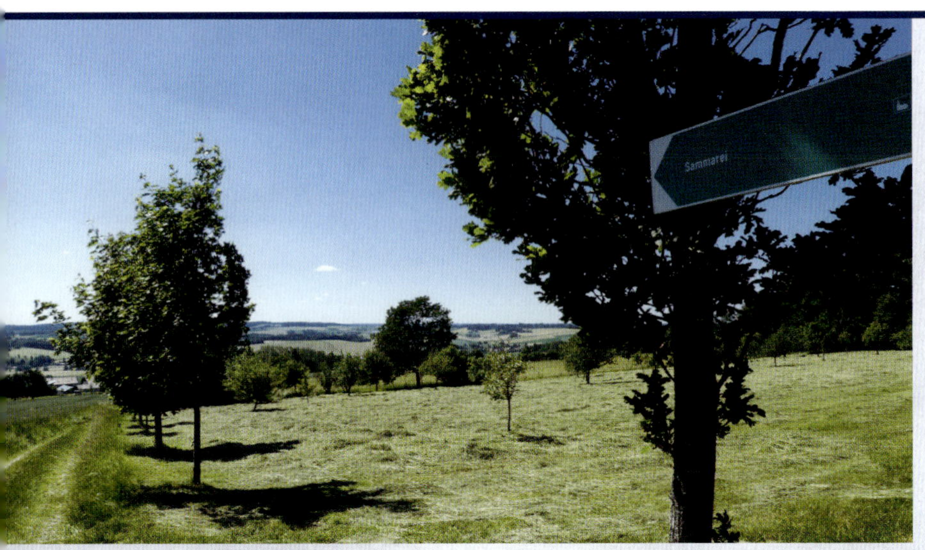

Blick in den Klosterwinkel

Vor dem Wald biegen wir links ab, wandern ein Stück an seinem Rand entlang und schließlich in ihn hinein. An einer kleinen Rodungsinsel sehen wir linker Hand die gedrungene Kirche von Bergham. Wir laufen geradeaus weiter, bis wir den Wald verlassen. Nach der Wiese, am Rastplatz ❹ mit Bänken und Tisch, biegen wir links ab, folgen dem grünen Wegweiser nach Sammarei drei Kilometer. Der malerische, von Eichen, Ahorn

Weitblick bis in den Bayerwald

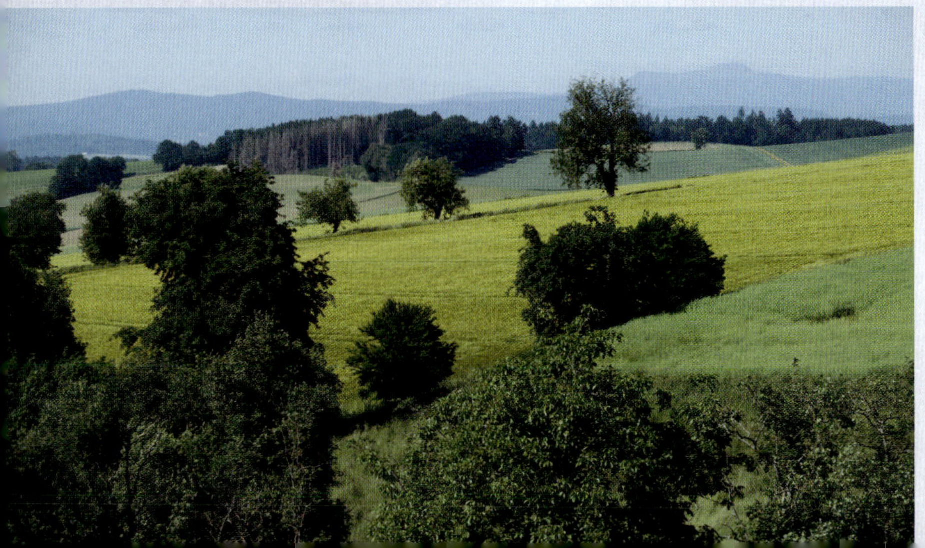

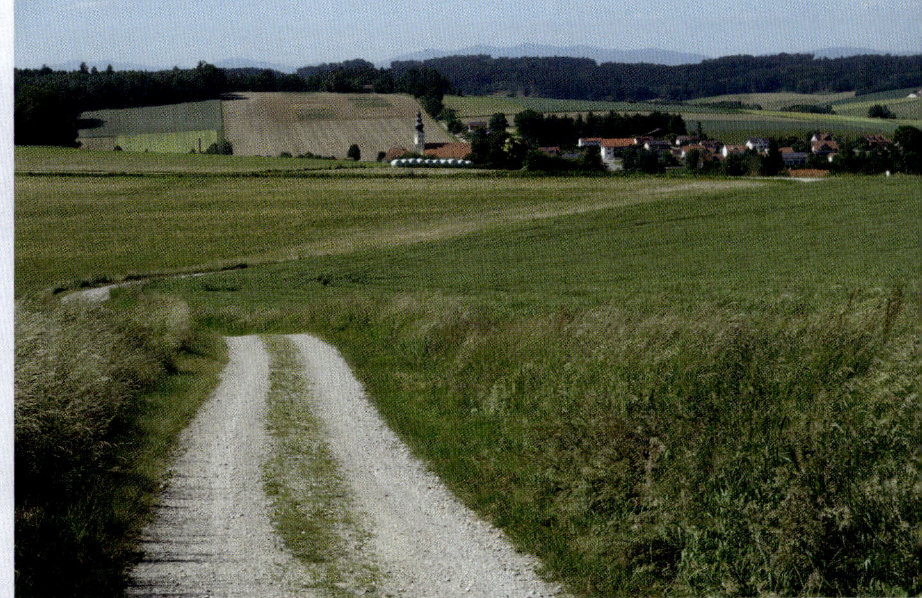

Das Ziel vor Augen

und anderen Laubbäumen gesäumte Weg führt bergab.

Auf die Teerstraße biegen wir rechts ein, schlendern an einigen neueren Häusern vorbei. Nach dem letzten wandern wir wieder auf einem Schotterweg, der auf die von Weitem grüßende, barocke Wallfahrtskirche Sammarei zuschlängelt. Dahinter erheben sich im blauen Dunst die welligen Buckel des Bayerwaldes.

Nach der breiten Holzliege und der Ruhebank nehmen wir den Traktorweg nach rechts. Nicht dem grünen Pfeil folgen! Vor dem Bauernhof in Dobl halten wir uns rechts und an der Einmündung auf das Teersträßchen wieder ❺.

An der etwas skurrilen T-Kreuzung mit einem Bushäuschen in der Mitte gehen wir links. Die erste Möglichkeit biegen wir rechts ab und befinden uns somit wieder auf dem uns vertrauten Weg zu Beginn unserer Runde. Nun noch an den Fischweihern vorbei, über die Wolfach hinüber, und wir sind zurück am Ausgangspunkt.

Essen/Einkehren:

Kirchenwirt Sammarei
Sammarei 30
94496 Ortenburg
Tel. 08542 9194838
www.kirchenwirt-sammarei.de

Kelberg: Durch den Neuburger Wald an den Inn

Leicht

6,1 km

↓↑ 100 m

2 Std.

Wanderparkplatz an der Ruder- und Kanuanlage – Soldatenbrunnbächlein – Arboretum – Motorikpark – Wanderparkplatz an der Ruder- und Kanuanlage

Gemütliche und kinderwagenfreundliche Wanderung mit exotischem Exkurs durch eine Anpflanzung von Bäumen und Sträuchern aus aller Welt.

Markierung:
Wanderweg Nr. 4 – Neuburger Wald

Parken:
Wanderparkplatz bei der Ruder- und Kanuanlage der Uni Passau (Navi: Innstr. 125, 94036 Passau)

ÖPNV:
Von Passau ZOB mit Stadtbus K3 bis Haltestelle Ingling

Tourist-Information:
Tourismus Passauer Land, Domplatz 11, 94032 Passau, Tel. 0851 397600, www.passauer-land.de

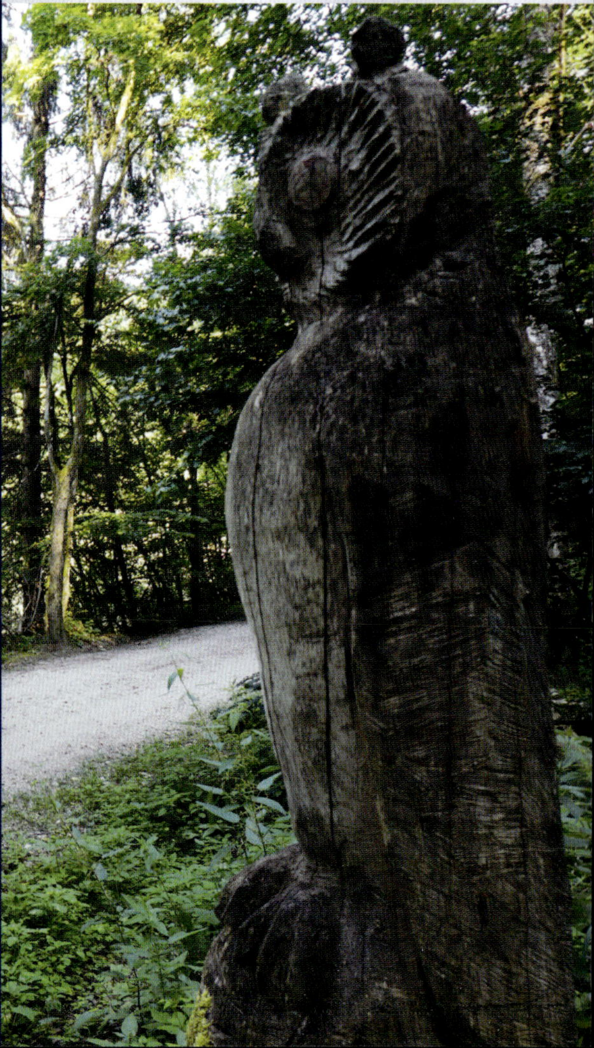

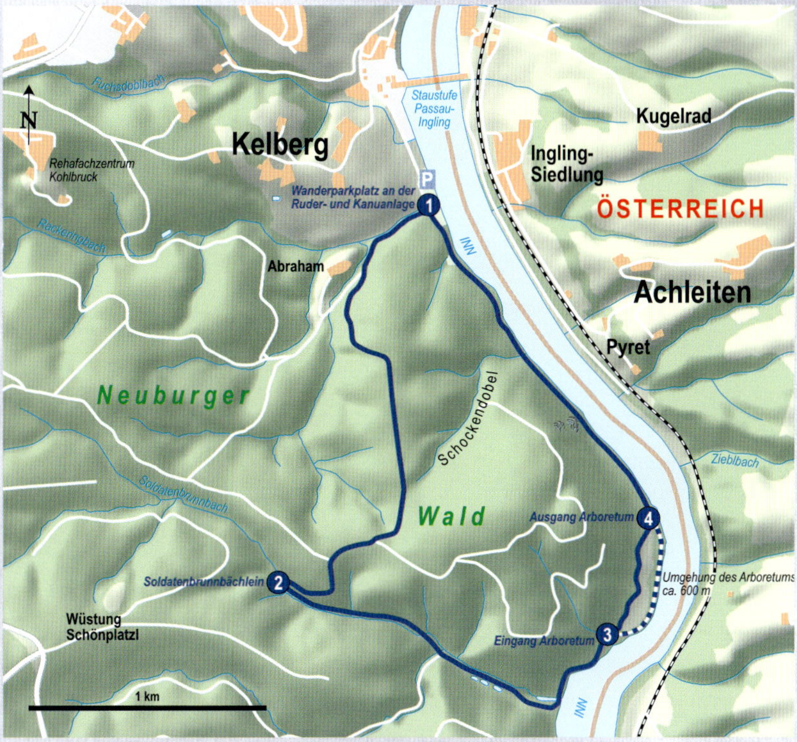

❶ Wanderparkplatz an der Ruder- und Kanuanlage – Start/Ziel

❷ Soldatenbrunnbächlein

❸ Eingang Arboretum

❹ Ausgang Arboretum

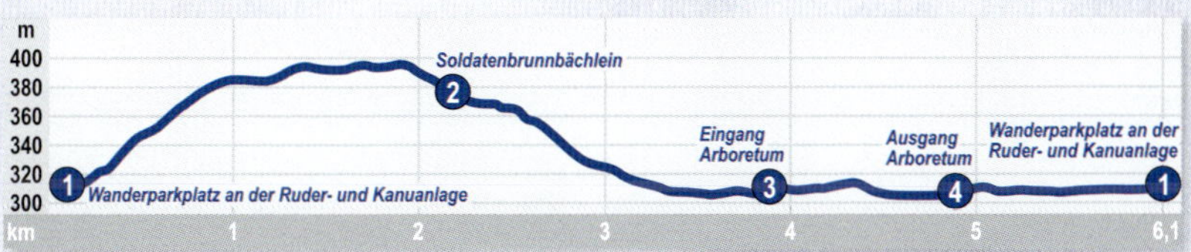

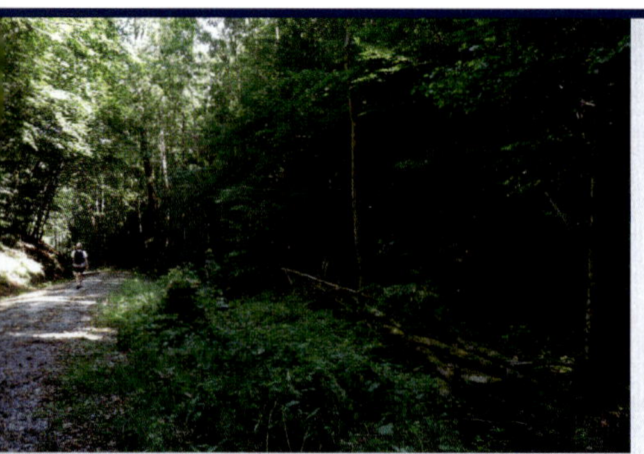

Bequeme Wege durch den Neuburger Wald

Wir starten diese gemütliche und kinderwagenfreundliche Tour durch den Neuburger Wald vom Wanderparkplatz am Inn, bei der Ruder- und Kanuanlage der Universität Passau ❶. Wir gehen in die zum Fluss entgegengesetzte Richtung und schwenken am Ende des Parkplatzes nach links auf den geteerten Wanderweg Nr. 4 ein. Leicht ansteigend spazieren wir durch dichten Mischwald.

An der Kreuzung wandern wir geradeaus weiter, wechseln allerdings auf einen fest gewalzten Schotterbelag. Wir bleiben auf dem weiterhin ansteigenden Hauptweg. In einer 90-Grad-Kurve biegen wir links ab. Bald danach wird die Strecke sachte abschüssig. Nach einer Serpentine durchschreiten wir einen tiefen Hohlweg, das Gefälle nimmt zu. Wir folgen dem Lauf des unscheinbaren Soldatenbrunnbächleins, halten uns an der T-Kreuzung links. Nach gut einem halben Kilometer erreichen wir den Inn. Die Sedimenteinträge des Baches verfärben an der Mündung zum Inn das Wasser schlammig braun. In seiner berühmten grünen Farbe schimmert der mächtige Donauzufluss erst einige Meter zur Strommitte hin, die die Landesgrenze zu Österreich markiert.

Wir setzen unsere Wanderung nach links über die Brücke des Soldatenbrunnbächleins fort ❷, schlendern bequem am von Büschen besäumten Ufer des Inns stromabwärts. Nach wenigen hundert Metern gelangen wir an einen Abzweig. Es bietet sich zum einen die Möglichkeit, weiter den breiten Uferweg zu nehmen. Zum anderen kann man nach links gehen, den schmalen Pfad durch das exotische Arboretum ❸, einer Anpflanzung von Bäumen und Sträuchern aus aller Welt.

Arboretum

In diesem Teil der Inn-Aue wurden, in den Jahren 1978/79 auf vier Hektar, über 100 verschiedene Baum- und Straucharten aus verschiedenen Erdteilen angepflanzt. Japanischer Lebensbaum, Urwelt-Mammutbaum aus China, Tigerschwanzfichte, Trompeten- und Tulpenbaum bilden eine bunte Waldgesellschaft, auf der zuvor größtenteils landwirtschaftlich genutzten Fläche. Neben dem Erholungszweck dient das Areal der Forschung mit Blick auf den Klimawandel. Es wird untersucht, welche fremdländischen Gehölze unter den sich ändernden Bedingungen, wie Temperatur oder Niederschlagsmenge, am besten gedeihen.

An der Mündung des Soldatenbrunnbächleins

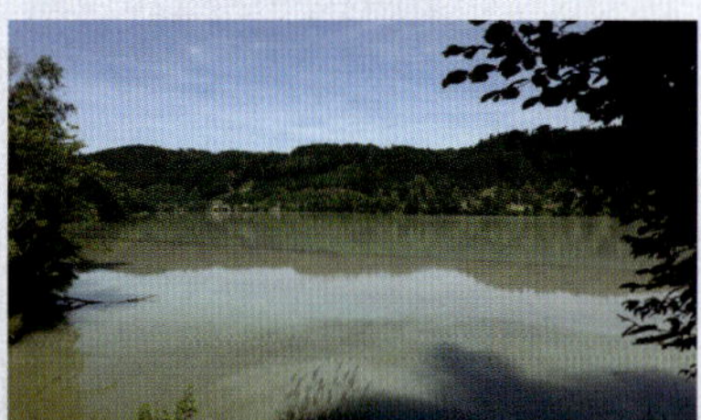

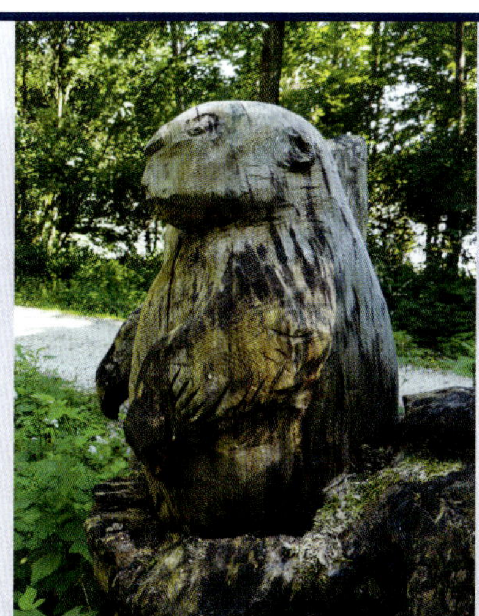

Hölzerner Biber am Wegesrand

Essen/Einkehren:

Auf der Tour keine Einkehrmöglichkeit.

Nach etwa einem Kilometer stoßen beide Wege wieder aufeinander ❹. Von jetzt bis zum Ziel bleiben wir immer nahe am Inn. Vor allem an schönen Wochenenden kann es auf dem Uferweg zu verstärktem Fahrradverkehr kommen. Die Strecke ist nicht nur bei Touristen beliebt, sondern auch ein geschätztes Naherholungsgebiet der Passauer. Wer sich kurz vor dem Ziel noch ein wenig sportlich/spielerisch betätigen will, findet im Motorikpark verschiedene Möglichkeiten, noch nicht beanspruchte Muskeln zu trainieren. Ein wenig weiter kommen wir nach links zum Ausgangspunkt am Wanderparkplatz zurück. An dessen Rand erinnert eine senkrecht aufgestellte Metallplatte an 107 sowjetische Kriegsgefangene, die hier – kurz vor Kriegsende – ermordet wurden.

Exotische Bäume im Arboretum

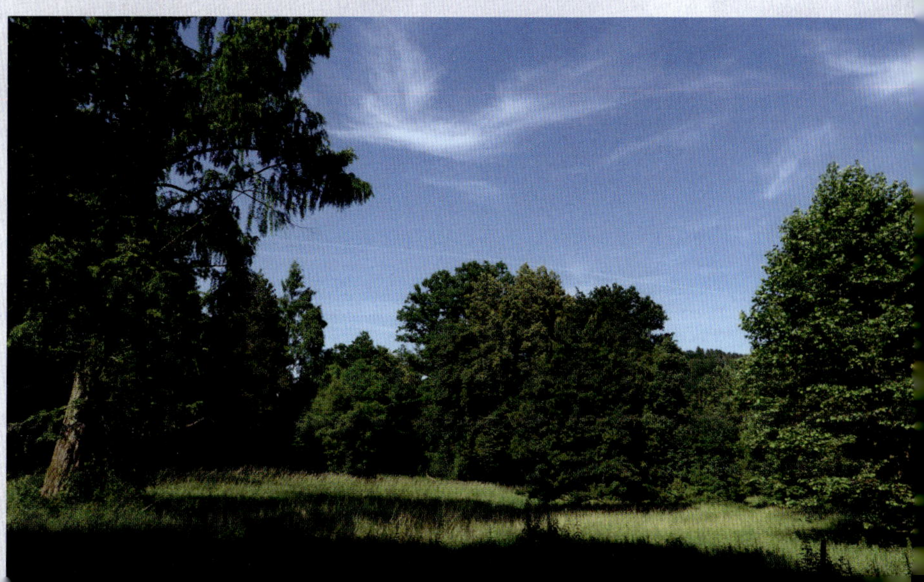

Neuburg: Kul-tour im Innviertel

Mittel

16,8 km

↓↑ 400 m

5 Std.

Neuburg am Inn – Wernstein – Zwickledt – Fatimakapelle – Fraunhof – Kohlbauer – Wernstein – Neuburg am Inn

Gleich mehrere große und kleine Sehenswürdigkeiten erwarten uns auf dieser Runde durch das oberösterreichische Innviertel.

Markierung:
Alfred-Kubin-Wanderweg bis nach Zwickledt

Parken:
Parkplatz beim Schloss in Neuburg am Inn (Navi: Am Burgberg 2, 94127 Neuburg am Inn)

ÖPNV:
Passau Hauptbahnhof, weiter mit Bus 6106

Tourist-Information:
Tourist-Information Neuburg a. Inn, Raiffeisenstr. 6, 94127 Neuburg a. Inn, Tel. 08502 90080, www.neuburg-am-inn.de

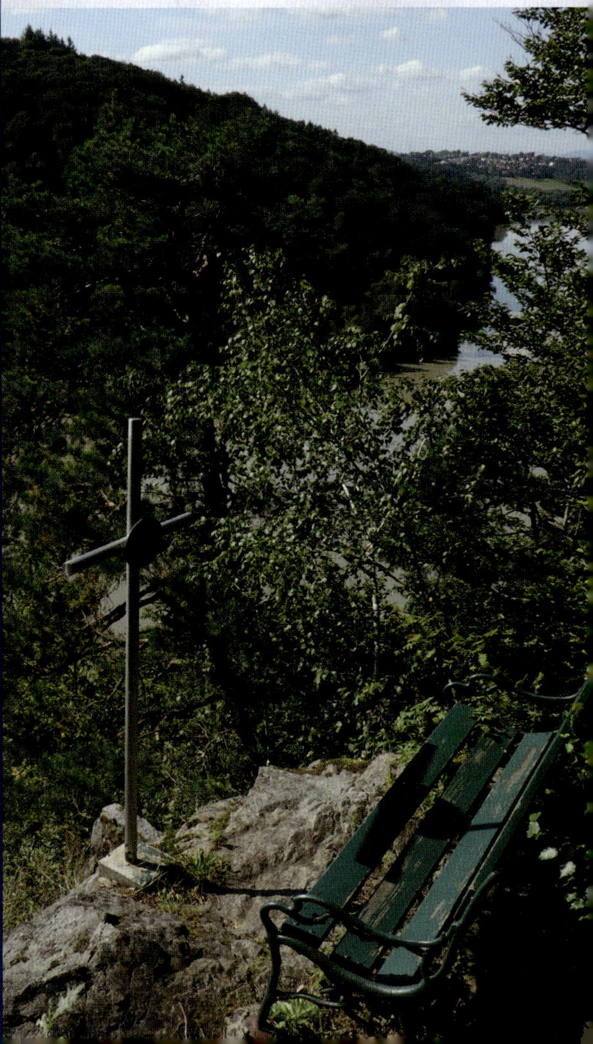

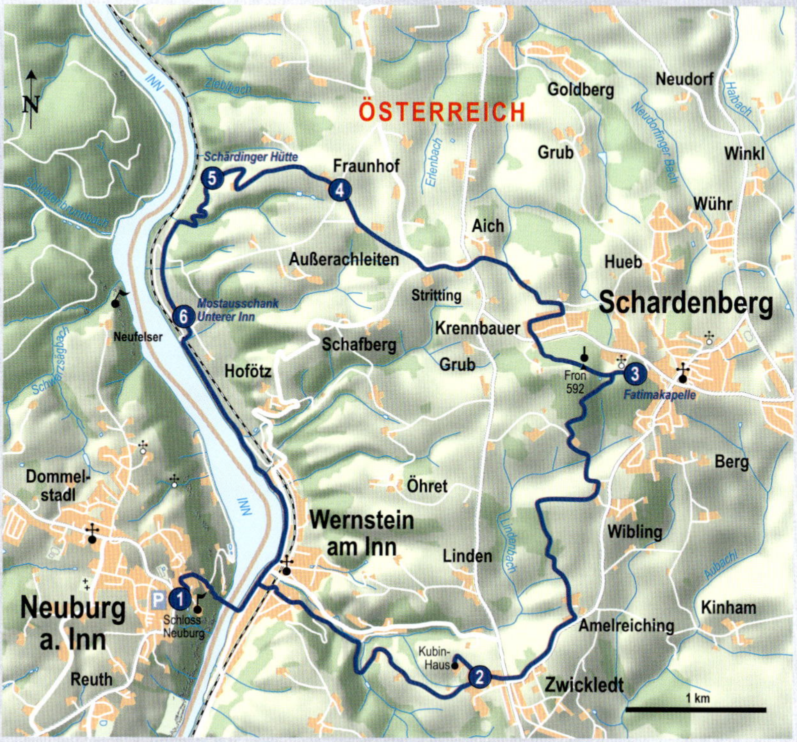

❶ Neuburg am Inn – Start/Ziel
❷ Zwickledt
❸ Fatimakapelle
❹ Fraunhof
❺ Schärdinger Hütte
❻ Mostausschank Unterer Inn

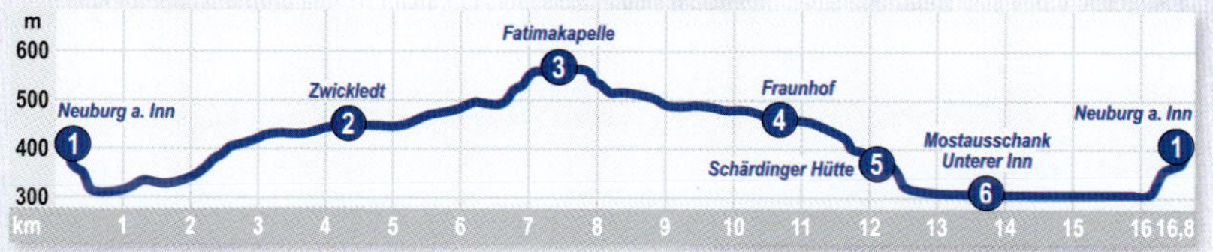

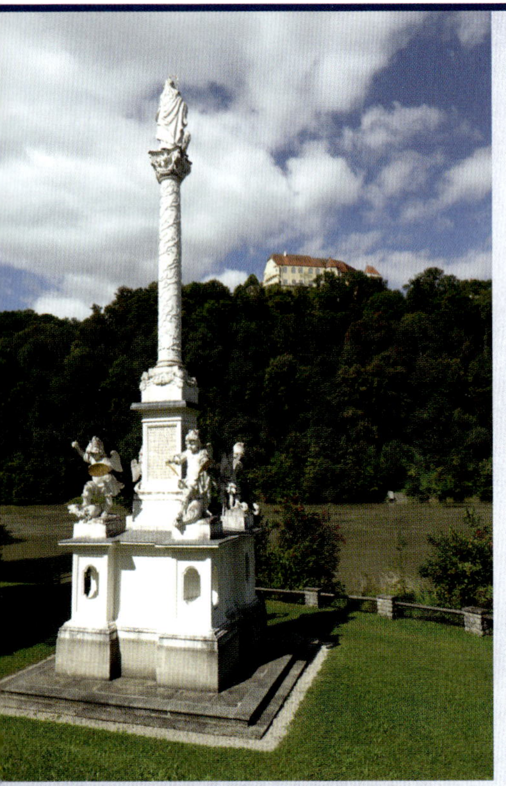

Mariensäule in Wernstein

Der Parkplatz beim Schloss in Neuburg am Inn ist unser Ausgangs- und Zielpunkt ❶. Wir gehen das Sträßchen Am Burgberg, vor der Hoftaferne, nach rechts. Pittoreske alte Villen und Anwesen scharen sich um das Schloss. Nach einer Garage führt ein schmaler Pfad rechts ab. Steil und über eine Anzahl von Stufen bringt uns der Walter-Labmayer-Steig direkt an den Mariensteg, die Brücke für Fußgänger und Radfahrer über den Inn.

Von der gegenüberliegenden Seite grüßt in strahlendem Weiß die Mariensäule vor dem Schloss Wernstein. Einst gehörte es zu der ausgedehnten Burganlage von Neuburg, heute ist es in Privatbesitz und kann daher nicht besichtigt werden. Wir wechseln trotzdem die Flussseite und befinden uns somit in Österreich. Wir folgen dem Inn ein Stück weit flussabwärts, biegen dann rechts in die Bahnhofstraße. Immer geradeaus gelangen wir durch eine Unterführung auf die andere

Schloss Neuburg

Hoch über dem Inn thront die weitläufige Burganlage von Schloss Neuburg mit prächtigem Paradiesgarten samt Muschelgrotte und einer exzellenten Hoftaferne. Die mächtigen Gemäuer werden heute als internationale Tagungs- und Begegnungsstätte der Universität Passau genutzt. Daneben beherbergen sie das Institut für Markt- und Wirtschaftsforschung der Universität, die Landkreisgalerie, in der Künstler der Region ausstellen, den Sitzungssaal des Kreistages sowie 24 stilvolle Gästezimmer. Bevor der Landkreis Passau 1998 die Festung übernahm, hatte sie eine lange und wechselvolle Geschichte durchlebt. Erbaut wurde die Burg im 11. Jahrhundert vom großadeligen Grafengeschlecht der Vornbacher und diente ihnen als Regierungssitz. 1310 fiel sie im bayerisch-österreichischen Konflikt der Zerstörung anheim und wurde anschließend von den siegreichen Habsburgern wieder aufgebaut. Es folgten zahlreiche Besitzerwechsel und Umbauten, bevor das Hochstift Passau neuer Eigentümer wurde. Nach der Säkularisation fiel die Anlage 1803 an das Herzogtum Bayern. Drei Jahre später wurde sie veräußert und 1810 bei einem Brand schwer beschädigt. In den nächsten Jahren verfiel die Burg zunehmend und ein gänzlicher Abriss stand zur Diskussion. Dank einer Initiative des Passauer Kunstvereins und des Landesvereins für Heimatschutz wurde die Neuburg restauriert und darin ein Künstlererholungsheim eingerichtet. Seit 1982 stand die Burg leer und drohte wieder zu verfallen. Der Bezirk Niederbayern führte verschiedene Erhaltungsmaßnahmen durch, bevor der neue Schlossherr dem mittelalterlichen Areal neues Leben einhauchte.

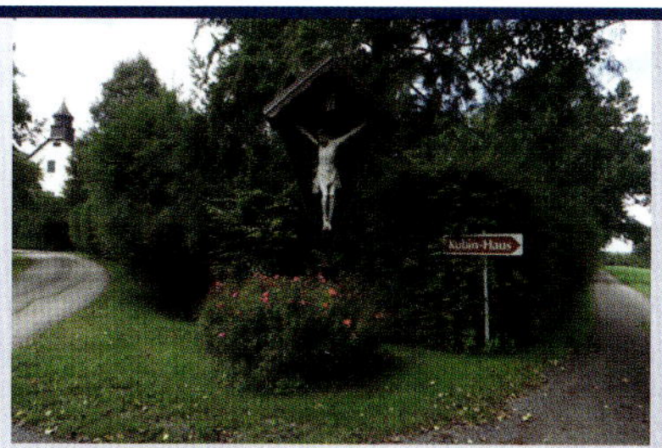

Abzweigung zum Alfred-Kubin-Haus in Zwickledt

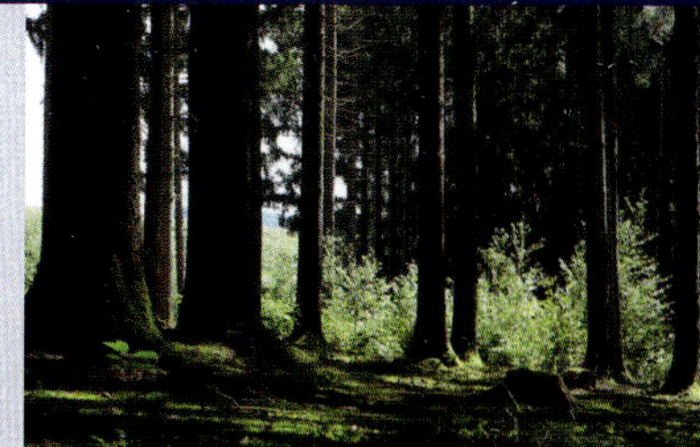
Waldstück bei Wibling

Seite der Gleise. Dort laufen wir die Schulstraße aufwärts, die uns aus Wernstein trägt. An der Weggabelung halten wir uns links. Kurz vor der kreuzenden Landstraße gehen wir rechts, folgen der Wegweisung des Alfred-Kubin-Wanderweges sowie einem plätschernden Bächlein. Nach dem Betriebsgelände biegen wir rechts auf einen Kiesweg. Bergan, entlang des Bächleins, durch junges Gehölz kommen wir bald wieder auf offenes Gelände. Weit darf der Blick über die bäuerlich geprägte Landschaft schweifen.

In Zwickledt ❷, dem nächsten Weiler auf unserem Weg, unternehmen wir einen kurzen kulturellen Abstecher in das Alfred-Kubin-Haus. Dazu gehen wir an der T-Kreuzung

Bogen-Parcours nahe der Fatimakapelle

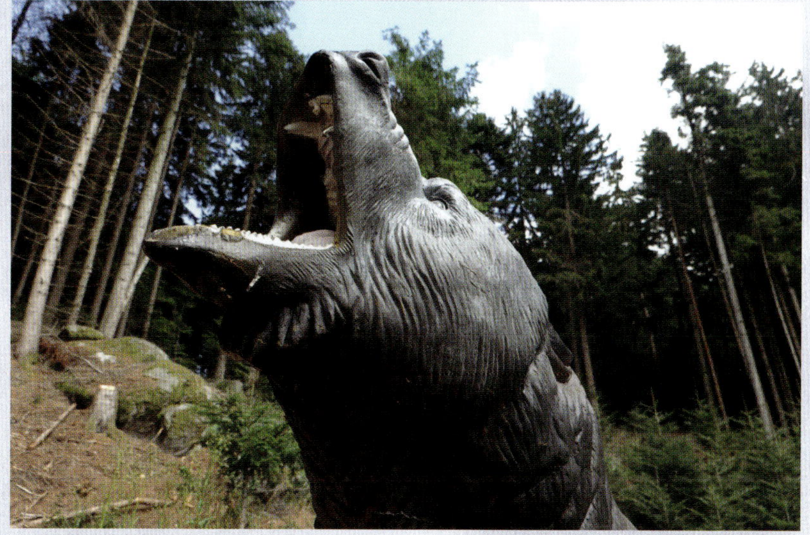

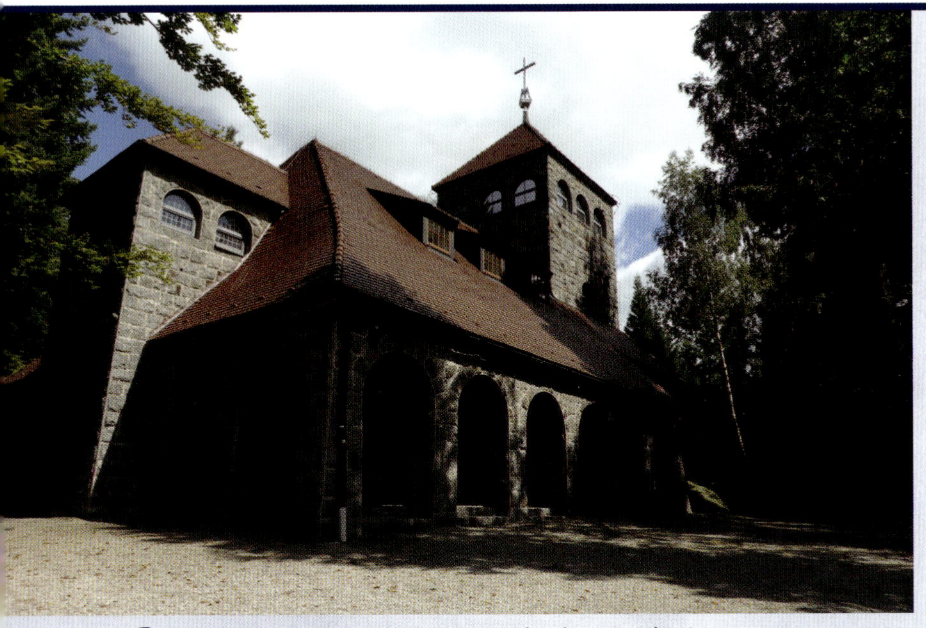

Fatimakapelle, erbaut zwischen 1949 und 1951

nach links. Die Wegweisung führt uns um den Garten herum, vorbei an einer uralten Eiche, zum Eingang des Landhauses aus dem 16. Jahrhundert. In ihm wirkte der hypersensible Künstler von 1906 bis zu seinem Tod 1959. Berühmt wurde er durch zahlreiche Buchillustrationen und seinen phantastischen Roman „Die andere Seite". Die Wohnung blieb in allen Details so erhalten wie zu Lebzeiten Alfred Kubins und kann im Rahmen einer Führung besichtigt werden. Ein spannender Ausflug in eine andere Welt und eine gute Gelegenheit, den „Meister des Schreckens" ein wenig kennenzulernen.

Wieder zurück auf unserer Route spazieren wir an der T-Kreuzung gerade weiter durch Zwickledt. Die Vorfahrtstraße queren wir vorsichtig und nehmen, leicht nach rechts versetzt, die Straße Richtung Schardenberg. Vor der Bushaltestelle biegen wir links nach Amelreiching ab. Nach den Bauernhöfen bewegen wir uns wieder auf Schotter und halten uns an der Weggabelung links.

An dem Wald gehen wir erst ein Stück am Rand entlang und dann den ersten Abzweig nach rechts in ihn hinein. Bei einer Rechtskurve kommen wir wieder auf offenes Land und wandern hinauf zum Weiler Wibling. Nach den Häusern laufen wir links auf den Güterweg Entholz. Direkt hinter dem nächsten Anwesen biegen wir rechts auf die Wiese, stapfen in einer Linkskurve 150 Meter am Waldrand entlang. Steil aufwärts führt dann ein Weg nach rechts durch den Wald.

An der Wegeinmündung gehen wir rechts, gelangen in einen Bogen-Parcour, in dem einige lebensgroße Tierfiguren aus Kunststoff in der Landschaft stehen. Wir bleiben auf dem Hauptweg und machen auf der kreuzenden Turmstraße einen Abstecher von 50 Metern nach rechts zur Fatimakapelle ❸. Ein eigenartiges Mysterium zur Zeit der NS-Diktatur rankt sich um die Wallfahrtsstätte, die in den 1950er Jahren im historistischen Stil neu erbaut wurde.

Wir spazieren die Turmstraße wieder zurück, und geradeaus führt sie uns zu dem 1930 erbauten Aussichtsturm, der heute leider für die Öffentlichkeit nicht mehr zugänglich ist. Das an seinem Fuße liegende Wirtshaus hat wohl auch schon seit Längerem den Betrieb eingestellt. Wir genießen die ruhige Einsamkeit, folgen dem Schotterweg am Ende des Parkplatzes. Durch lichten Fichtenwald laufen wir abwärts, vorbei an einem Sendemast, queren ein

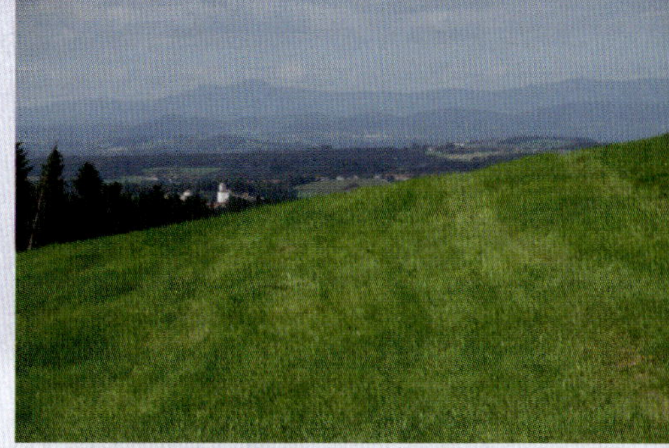

Panorama bei Aich

Stück weiter die Fronwaldstraße und kommen dann leicht nach links versetzt in die Römerstraße. An der T-Kreuzung folgen wir ihr nach links und weiter ihrem Verlauf durch eine schicke Neubausiedlung mit schöner Aussicht. An der Einmündung in die Aichstraße geht es nach links weiter. Wir bleiben auf der ruhigen Aichstraße, die uns nach einer Linkskurve an einem Kapellchen vorbeiführt.

Aussicht bei der Schärdinger Hütte

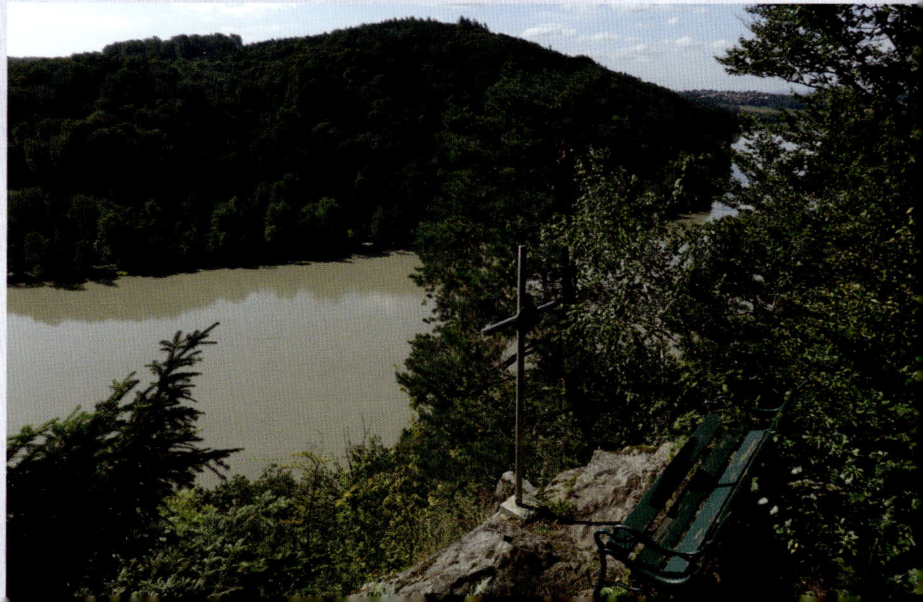

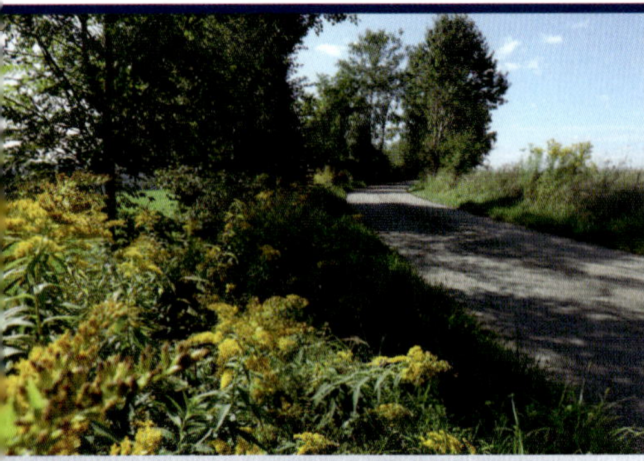

Weg bei Fraunhof

Nach dem Bauernhof Aichgrub lassen wir den Weiler Aich rechter Hand liegen. Die Vorfahrtstraße queren wir und marschieren geradeaus auf die Hambergstraße. Auf der bleiben wir so lange, bis nach einem Transformatorenhäuschen der Güterweg Fraunhof links abzweigt. An der Weggabelung halten wir uns rechts und kommen in den Weiler Fraunhof ❹. Hier überqueren wir die Vorfahrtstraße, wandern etwas nach rechts versetzt geradeaus weiter. An der Weggabelung nehmen wir den Schotterweg nach links. Am nördlichen Horizont erscheinen im bläulichen Dunst die Wogen des Bayerischen Waldes.

Barockgarten mit Muschelgrotte vor Schloss Neuburg

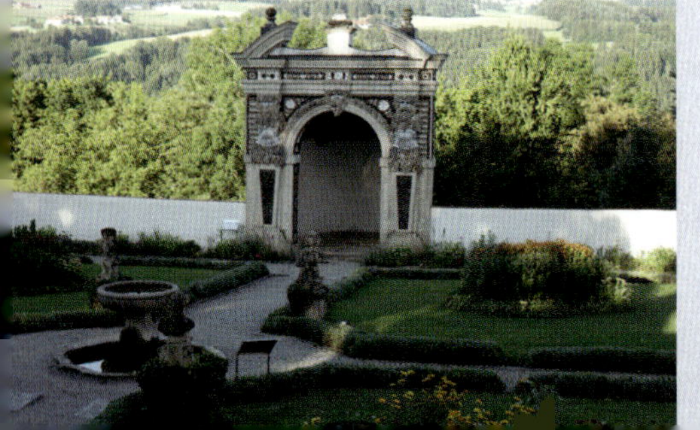

Vor einem alten Bauernhof gehen wir rechts. Nach 200 Metern folgen wir dem Wiesenweg nach links geradeaus den Hang hinunter. Am Waldstück halten wir uns links und biegen nach einigen Metern nach rechts auf einen abwärts laufenden Waldpfad. Bald finden wir die an einer leicht exponierten Stelle hoch über dem Inn liegende Schärdinger Hütte ❺. Sie wird zwar nur jeden zweiten Sonntag im Monat bewirtschaftet, bietet aber immer einen herrlichen Blick über das Inntal.

Von der urigen Hütte steigen wir, vor dem hölzernen Schuppen nach rechts, die steile Hangleite ein paar Meter hinunter. Vorsicht, nicht weiter dem zwischen Metallstäben gespannten Seil folgen. Wir halten uns links bergan, hüpfen über ein Bächlein. Ein Stück weit ist kein eindeutiger Weg zu erkennen. Wir stapfen schräg, uns rechts haltend, weiter bergauf. Als Orientierung dienen weiß-rote Metallpfosten, auf die wir zusteuern.

So stoßen wir auf einen schmalen Trampelpfad, dem wir nach rechts entlang des Talhanges folgen. Nach ungefähr 350 Metern gelangen wir an eine Lichtung, an deren Anfang wir den kleinen Abzweig im spitzen Winkel nach rechts bergab nehmen. Ein Hohlweg führt uns durch dichten Wald weiter talwärts. Auf den Schotterweg biegen wir dann links ein, bleiben in der Serpentine auf dem abschüssigen Hauptweg. Am Ende des Waldes gehen wir vor dem Bahndamm nach links. An ihm entlang erreichen wir nach 700 Metern den urigen Mostbauern, etwas links des Weges, nicht zu übersehen ❻. In der beliebten Jausenstation gibt es zu dem er-

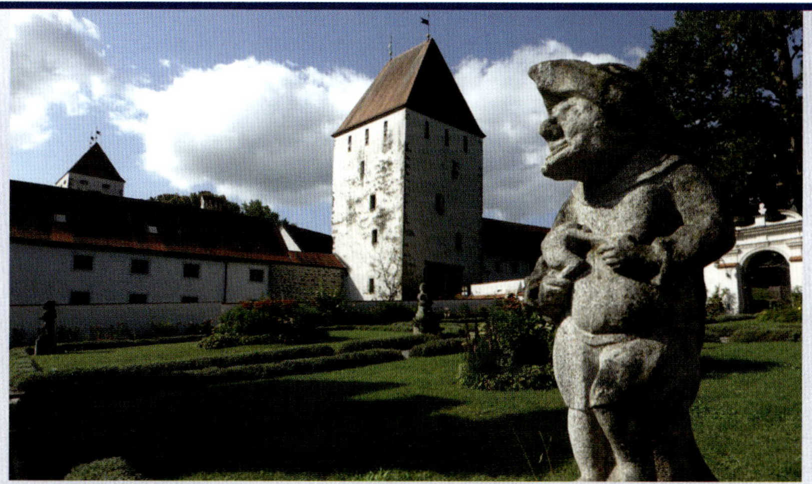

Schloss Neuburg

frischend gärigen Apfelgetränk stärkende Brotzeiten und hausgemachten Kuchen.

Ein wenig weiter des Weges kreuzen wir nach rechts, durch eine Unterführung, die Bahnlinie. Wir gehen geradewegs bis zum Ufer des Inn und folgen dem an ihm entlangführenden Wander- und Radweg nach links, stromaufwärts. Vor allem an schönen Wochenenden muss man sich den beliebten Weg mit so manchen Fahrradfahrern teilen. Immer direkt entlang des ruhig dahinfließenden Wassers erhaschen wir in den Lücken der Uferböschung schöne Blicke über die breite Flusslandschaft sowie auf die Festungen Neuburg und Wernstein. Vorbei an einem vielgestaltigen Motorikpark kommen wir auf der Herbert-Fladerer-Straße zur Innstraße. An ihr entlang sind wir dann alsbald am Mariensteg. In toller Lage mit Aussicht auf das Burgensemble reihen sich hier verschiedene Einkehrmöglichkeiten am Ufer des Inn. Zum Ausgangspunkt der Tour, hinauf nach Schloss Neuburg, gelangen wir auf dem uns bekannten Walter-Labmayer-Steig.

Essen/Einkehren:

Hoftaferne Schloss Neuburg
Am Burgberg 5
94127 Neuburg a. Inn
Tel. 08507 923120
www.hoftaferne-neuburg.de
Gehobene Küche, Reservierung empfohlen.

Mehrere Einkehrmöglichkeiten in Wernstein am Mariensteg.

Mostausschank Unterer Inn
Kohlbauer
Familie Doppermann
Hofötz 7
A-4783 Wernstein
Tel. +43 7713 6855

Esternberg: Durch das wildromantische Kößlbachtal

Mittel

15,8 km

↓↑ 340 m

5 Std.

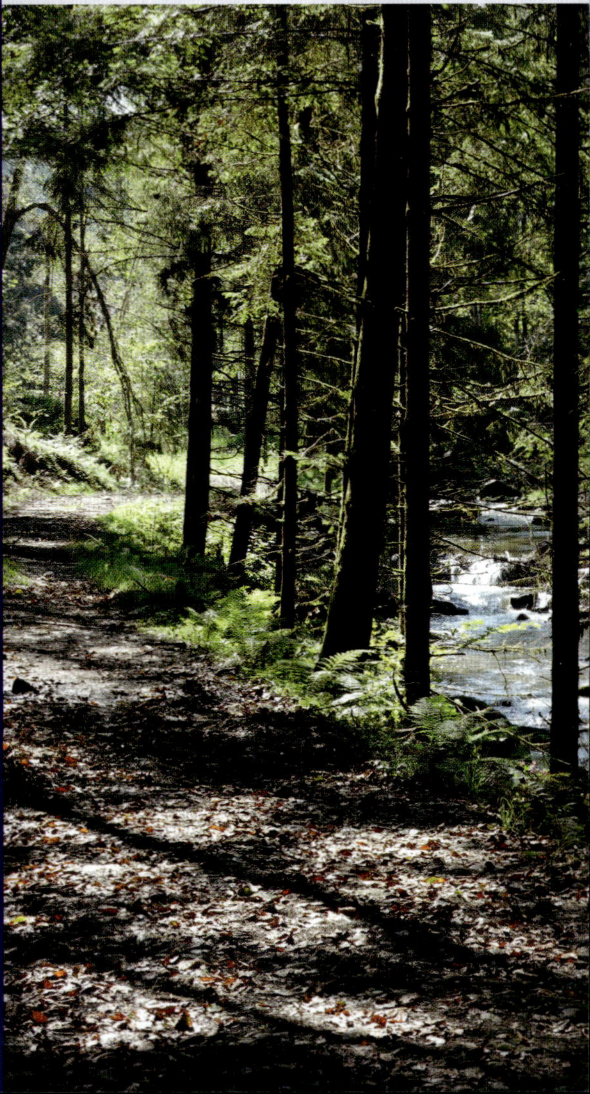

Esternberg – Wanklmoar Såg – Teufelskirche – Kneiding – Ringlholz – Unterkiesling – Esternberg

Ein bequemer Forstweg führt uns entlang des Riedlbachs ins wahrlich wildromantische Kößlbachtal. Auf naturbelassenen Wegen wandern wir immer nahe am rauschenden Wildbach.

Markierung:
Der Rundweg ist durchgehend als Kößlbachrunde (Donausteig-Symbol auf grünem Pfeil) beschildert.

Parken:
Parkplatz an der Hauptstraße vor der Kirche in Esternberg (Navi: Hauptstr. 38, A-4092 Esternberg)

ÖPNV:
Schärding Bahnhof, weiter mit Bus 810 oder 812

Tourist-Information:
Gemeindeamt Esternberg, Hauptstraße 33, A-4092 Esternberg, Tel. +43 7714 6655, www.esternberg.at

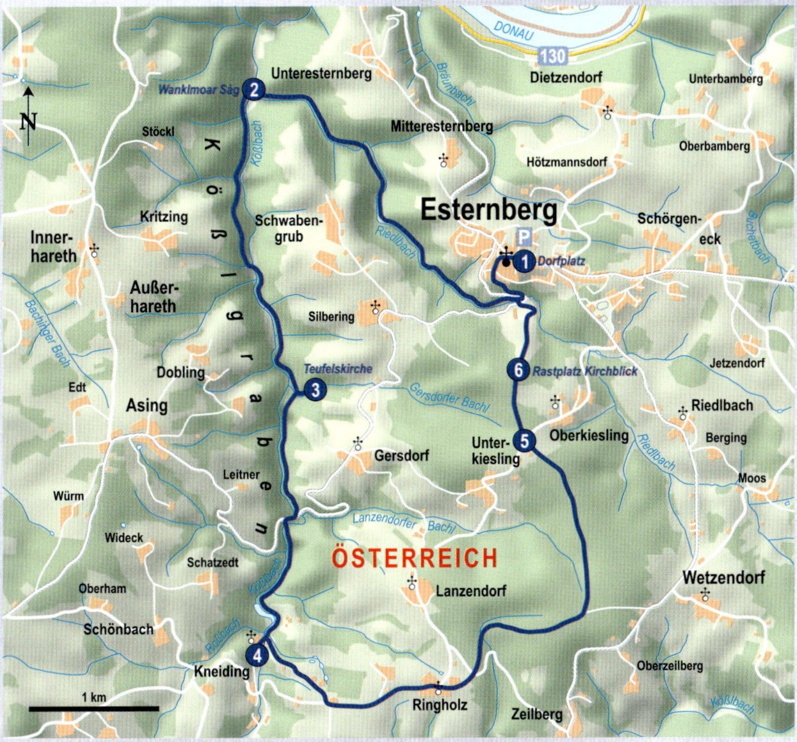

❶ Dorfplatz in Esternberg – Start/Ziel

❷ Wanklmoar Såg

❸ Teufelskirche

❹ Kneiding

❺ Unterkiesling

❻ Rastplatz Kirchblick

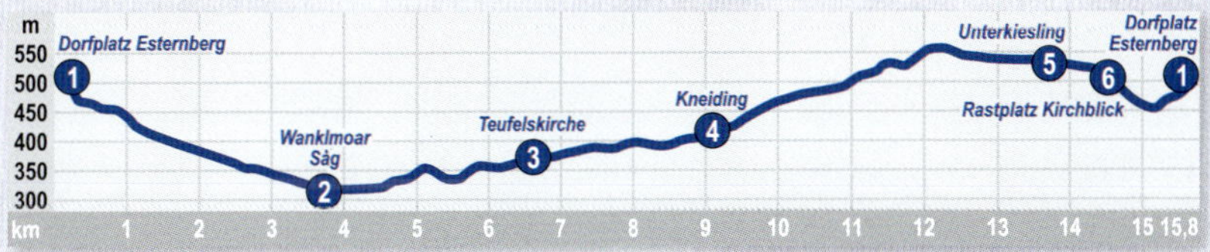

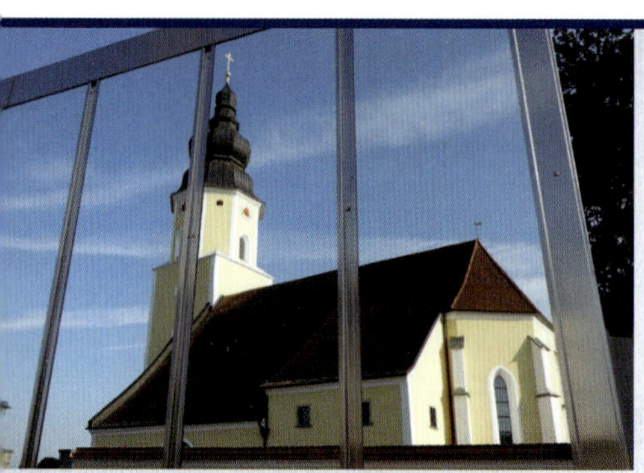

Pfarrkirche Esternberg

Ausgangs- und Zielpunkt dieser reizvollen Rundtour ist der Dorfplatz vor der Pfarrkirche in Esternberg ❶. Hier finden sich auch Infotafeln und Wegweiser, wir folgen dem der Kößlbachrunde. Mit Blick auf das Gotteshaus wenden wir uns nach rechts und biegen gleich danach links in das Sträßchen Am Weinberg.

Nach dem Bezirks-Alten- und -Pflegeheim mit einladendem Café gehen wir an der T-Kreuzung nach links. Am Ende des Altenheimgeländes wandern wir auf einem Fußgängerweg geradeaus weiter, die Asphaltdecke weicht bald einer Wiese. Vor dem Wäldchen halten wir uns links. Wir folgen dem Weg ein kurzes Stück durch den Wald, queren eine Schneise vor einem Haus und bleiben dann weiter auf dem abschüssigen Waldweg.

An der Einmündung auf das Teersträßchen folgen wir ihm nach links und biegen vor dem Brückchen über den Riedlbach nach rechts ab. Vorbei an der Kläranlage geht es wieder in den Wald. Auf gute drei Kilometer begleitet uns auf dem sanft abwärts laufenden Schotterweg das Rauschen des Riedlbachs, dem man eine meditative Wirkung zusprechen kann. Eingehüllt vom satten Grün des Hangwaldes verfallen wir in einen gemütlichen, selbstvergessenen Trott – dem Flow des Wandernden. Der Kopf wird frei, die Seele leicht. Die Orientierung erfordert zudem wenig Aufmerksamkeit: immer geradeaus auf dem Hauptweg bergab.

Am Talgrund halten wir uns an der Weggabelung rechts. Wir passieren ein altes, verlassenes Anwesen, die Wanklmoar Såg ❷. Hier mündet der Riedlbach in den Kößlbach, den

Einsam und verlassen, die Wanklmoar Såg

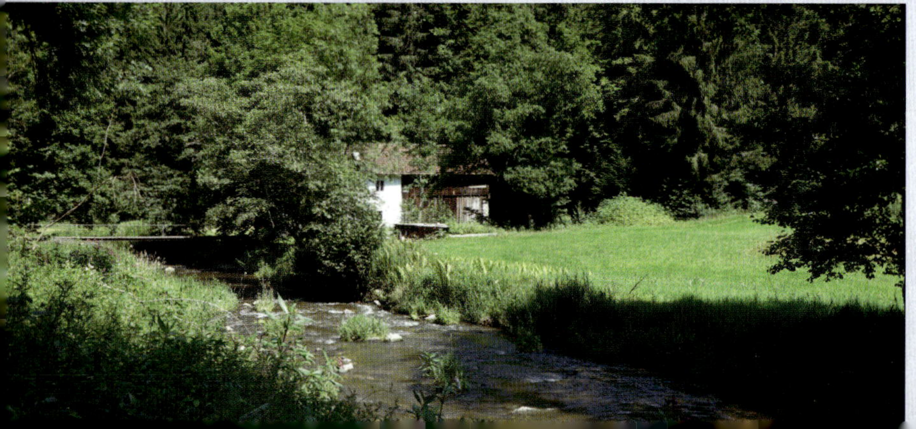

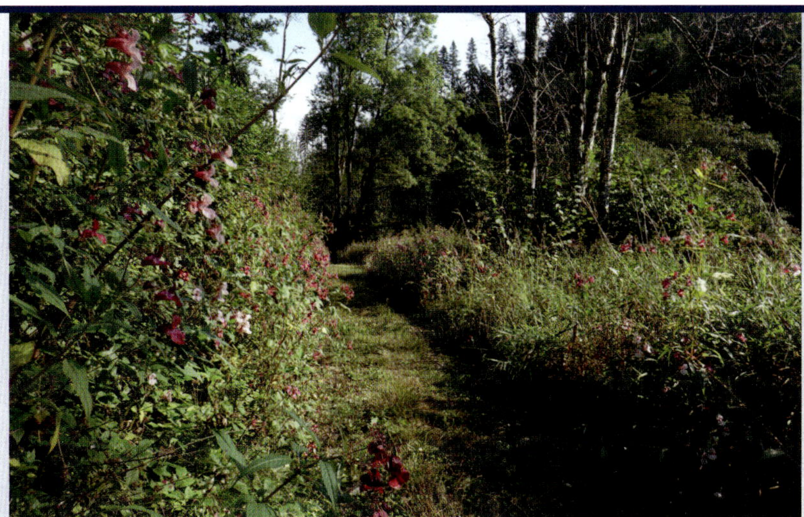

Weg im Kößlbachtal

wir über eine Holzbrücke queren. Auf der gegenüberliegenden Seite folgen wir dem Bachlauf nach links, entgegen der Strömung. Auf einem schmalen Pfad schreiten wir durch üppige Ufervegetation. Immer wieder stellen sich Pfützen in den Weg, die es zu überwinden gilt - ob drumherum oder auf wackligen Stöcken und Steinen. Wasserdichte Wanderstiefel verzeihen einen Fehltritt.

Ganz überraschend stoßen wir in dieser abgeschiedenen Gegend auf einen hölzernen Brunnentrog, der von einem Rinnsal aus dem Hangwald genährt wird. Das Besondere: der gut sortierte und gefüllte Getränkekasten. Daneben eine Blechdose für den selbstverständlichen Obolus. An dieser Stelle den Betreibern der Erfrischungsstation unseren besten Dank.

Der Weg führt dann etwas steil aufwärts, weg vom Wasser, um uns an der Wegeinmündung nach links sogleich wieder abwärts zu bringen. Nahe am Kößlbach gehen wir an der Kritzinger Mühle links herum und dann wieder links auf das Brückchen über den Bach. Wir folgen dem schmalen Pfad und gehen an der Einmündung nach rechts.

Gut 200 Meter weiter finden wir auf einer saftigen Auwiese einen idyllischen Rastplatz mit hölzerner Liege und Infotafel. Eine witzige Legende darauf macht uns auf die Teufelskirche neugierig. So folgen wir dem schmalen Pfad entlang des uns entgegen-

Abgelegene Erfrischungsstation

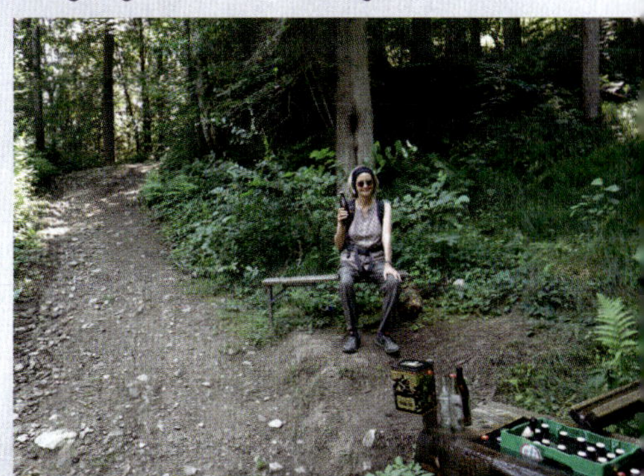

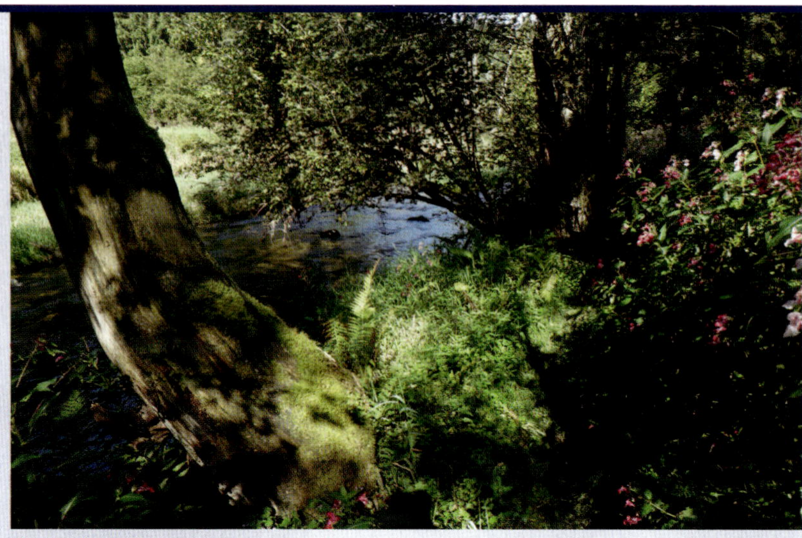

Schmale Pfade neben dem Wasser

plätschernden Wassers. Immer wieder hüpfen wir über Pfützen und kleinere Rinnsale, die sich ihren Weg vom Talhang zum Kößlbach suchen. Der teils feuchte Pfad bahnt sich durch hohe Springkrautfelder seinen Weg.

Am Abzweig halten wir uns rechts, weiter am Fluss entlang. Gut 800 Meter nach dem Rastplatz zeigt ein Wegweiser zur Teufelskirche ❸ nach links, ein Abstecher von gut 100 Metern. Wurzelig, über Felsbrocken, führt der Trampelpfad neben einem Bächlein steil bergauf. Plötzlich ragt ein mächtiger Felsvorsprung über uns. Wir lassen ein wenig unsere Fantasie mit seiner bizarren Erscheinungsform spielen und kehren auf dem gleichen Weg wieder zum Hauptweg zurück.

Auf ihm gehen wir links, folgen weiter dem Lauf des Kößlbachs. Größtenteils bewegen wir uns in dichtem Auwald, der hin und wieder von lichteren Passagen unterbrochen wird, immer nahe am Wasser. Nach zwei kleineren Furten folgen wir dem Schotterweg nach links bergan. An der Weggabelung gehen wir nach rechts wieder bergab. Ein Stück bachaufwärts passieren wir die Gerstmühle,

Bizarres Felsmassiv „Teufelskirche"

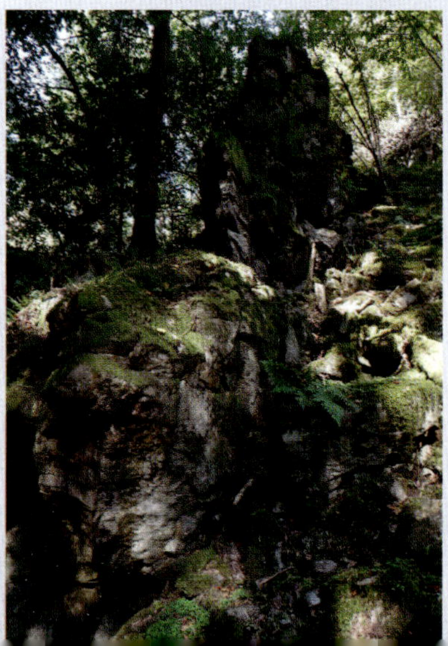

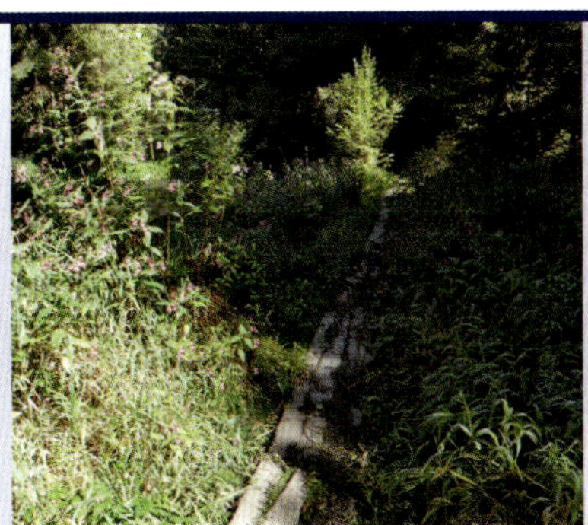

Bohlenweg durch sumpfiges Gelände

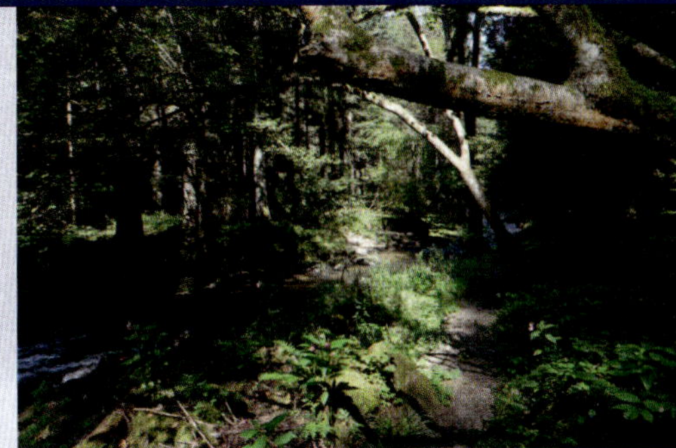

Dichte Schluchtwälder entlang des Kößlbachs

heute ein stillgelegtes Sägewerk. Maschinen rosten vor sich hin, Gebäude sind am Verfallen.

Auf das kreuzende Teersträßchen biegen wir rechts ein, queren den Kößlbach auf einer Brücke. Nach 50 Metern verlassen wir die Straße nach links. Ein schmaler Pfad führt uns zu einer Holzbrücke, über die wir wieder die Bachseite wechseln. Wir marschieren weiter am Ufer entlang, ein Stück weit über Holzbohlen. Bei einer Ruhebank findet sich etwas versteckt hinter Bäumen das kleine E-Werk Kneiding, das den Kößlbach zu einem schmalen See aufstaut. Wir kratzen eine 90-Grad-Linkskurve und schlendern am Ufer der spiegelglatten Wasseroberfläche entlang in den Weiler Kneiding ❹. Bei der Einmündung auf das Sträßchen wandern wir rechts und

Gestauter Kößlbach bei Kneiding

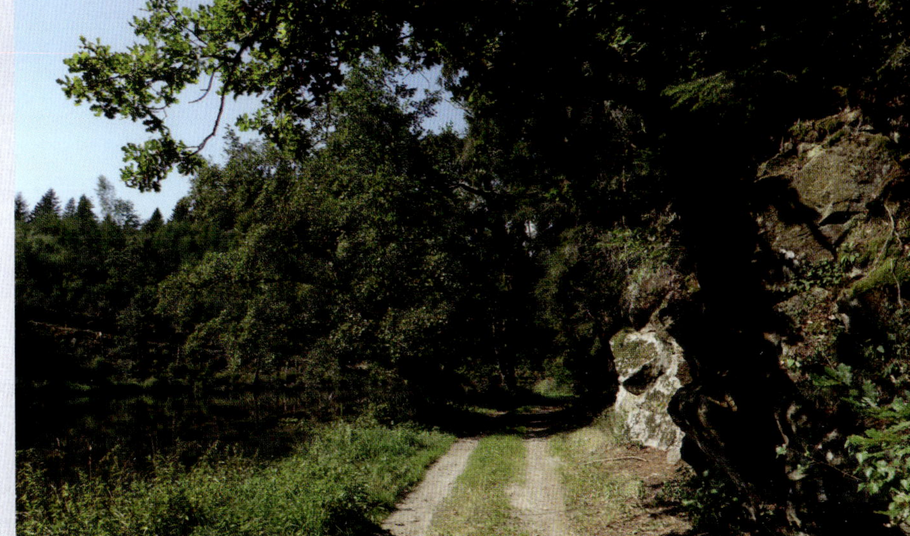

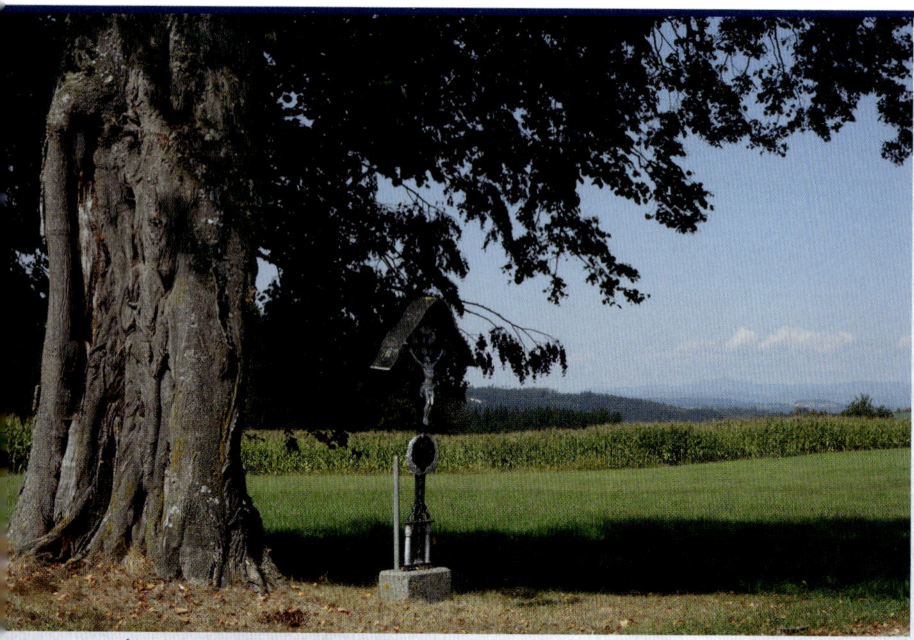

Wegkreuz unter der Rosa-Linde

weiter gerade bis zum idyllischen, an den Fels gelehnten Dorfkirchlein, bei dem sich auch der urige wie empfehlenswerte Wirt z'Kneiding befindet.

Kapelle von Kneiding

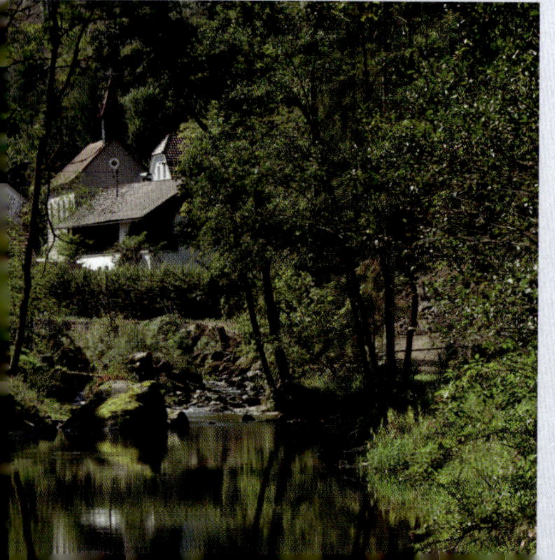

Nach stärkender Einkehr mit erfrischenden Getränken aus dem Felsenkeller müssen wir ein kleines Stück zurück zu unserer Route gehen. Einige Meter nach dem Brückchen über den Kößlbach folgen wir der Wegweisung nach rechts. Der Schotterweg führt uns am Waldrand steil aus dem Tal hinaus. Nachdem wir wieder offenes Gelände erreicht haben, halten wir uns an der Wegeinmündung links. Der Schotterweg führt uns über Äcker und Wiesen mit schönem Blick über die hügelige Landschaft.

Bei der Kreuzung an dem Bushäuschen biegen wir links ab. Zunächst zieht sich das ruhige Sträßchen sanft bergan bis zum Weiler Ringlholz. An der Kreuzung nach dem letzten Haus gehen wir geradeaus in den Wald hinein. Jede Menge Heidelbeersträucher wach-

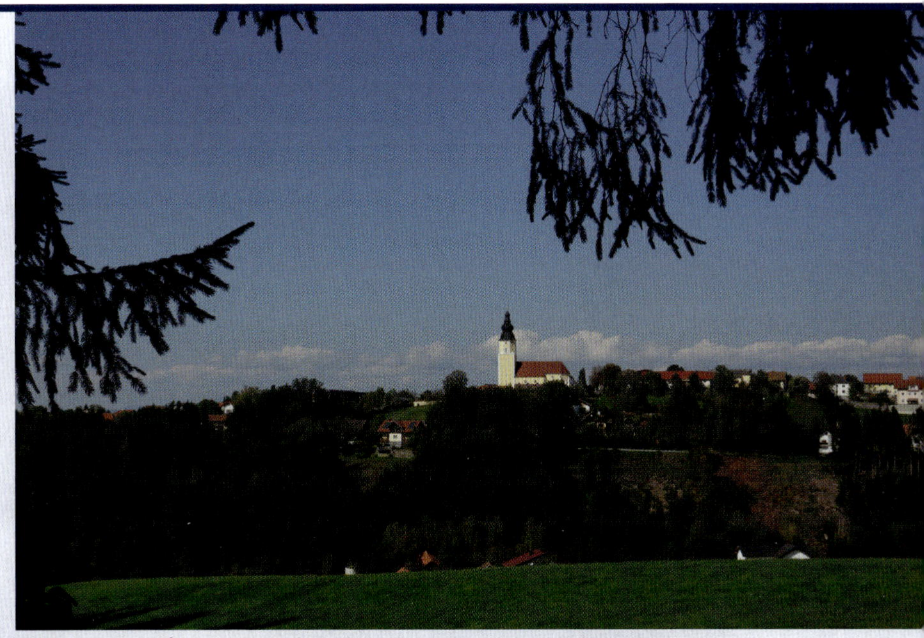

Rastplatz Kirchenblick

sen zwischen Kiefern und Fichten. An der Wegekreuzung bei der Infotafel folgen wir der Wegweisung nach links. Wir bleiben nun immer geradeaus auf dem eher abwärts laufenden, gut markierten Hauptweg. Nach gut eineinhalb Kilometern kommen wir bei einem Anwesen kurz aus dem Wald ❺. Ein weiter Blick bis hin zum Böhmerwald tut sich auf. Wir queren dann ein Teersträßchen, bevor wir wieder in lichten Mischwald eintauchen. 700 Meter weiter empfängt uns der Rastplatz Kirchblick ❻. Der Name ist Programm. Erhaben thront die Pfarrkirche Esternberg auf einem Hügel über der Ortschaft. Wir laufen auf dem Schotterweg weiter bergab und auf dem kreuzenden Sträßchen nach rechts. An der Vorfahrtstraße treffen wir auf unseren Herweg. Wir biegen rechts auf ihn ein und folgen ihm in umgekehrter Richtung zurück zum Ausgangspunkt.

Essen/Einkehren:

Café am Weinberg
Am Weinberg 3
A-4092 Esternberg
Tel. +43 7714 50980
www.altenheim-esternberg.at

Wirt z'Kneiding
Schönbach 9
A-4784 Schardenberg (Kneiding)
Tel. +43 7713 6858
www.kneiding.at

Gottsdorf: Bayerisch-österreichischer Schmugglerweg

Mittel

15,1 km

↓↑ 450 m

5 Std.

Gottsdorf – Forstedt – Penzenstein – Jochenstein – Haus am Strom – Riedl – Ebenstein – Gottsdorf

Das Naturschutzgebiet der Donauleiten, die wir runter und rauf kraxeln, ist der wunderbare Höhepunkt dieser abwechslungsreichen Rundtour. Festes Schuhwerk ist von Vorteil.

Markierung:
Schmugglerweg, Donausteig, Ebensteinrunde

Parken:
Wanderparkplatz am östlichen Ortseingang (Navi: Bergweg 1, 94107 Untergriesbach)

ÖPNV:
Passau Hauptbahnhof, weiter mit Bus 6101 über Untergriesbach

Tourist-Information:
Tourist-Information Untergriesbach, Marktplatz 24, 94107 Untergriesbach, Tel. 08593 900921, www.untergriesbach.de

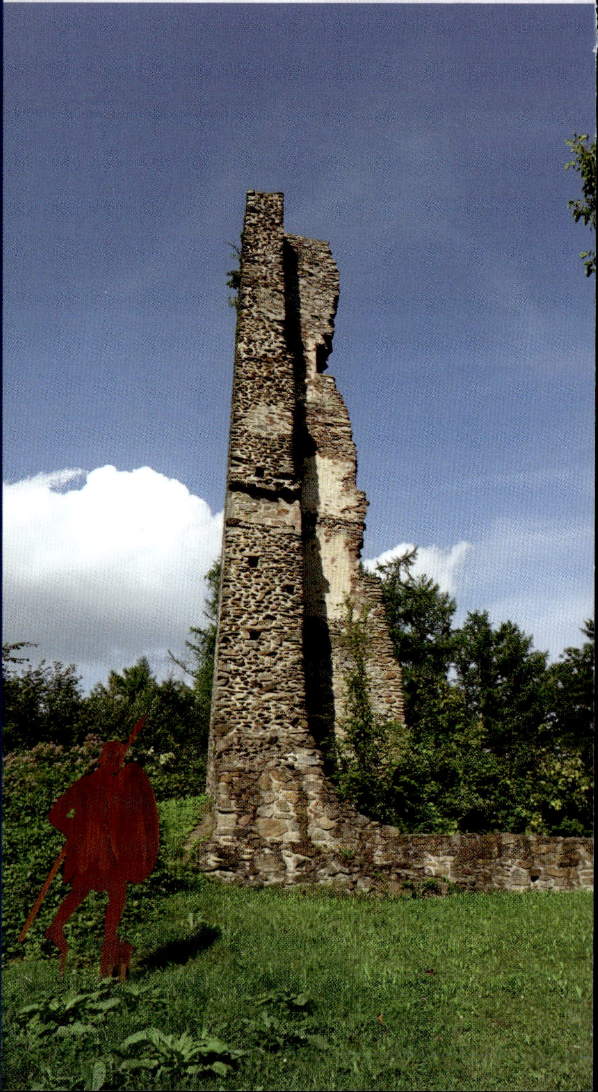

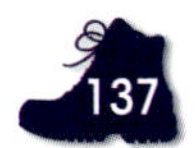

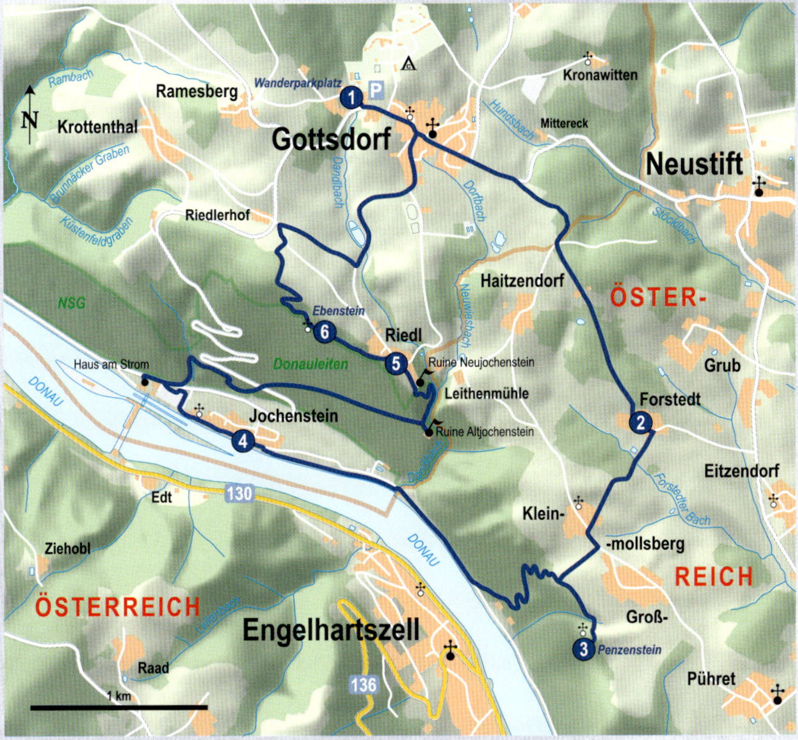

❶ Gottsdorf/Wanderparkplatz – Start/Ziel

❷ Forstedt

❸ Penzenstein

❹ Jochenstein

❺ Riedl

❻ Ebenstein

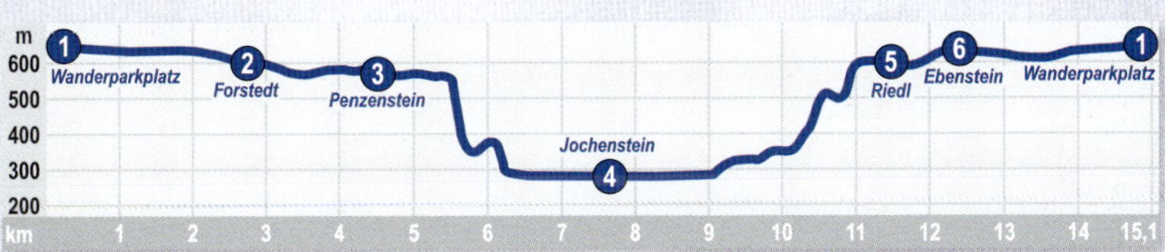

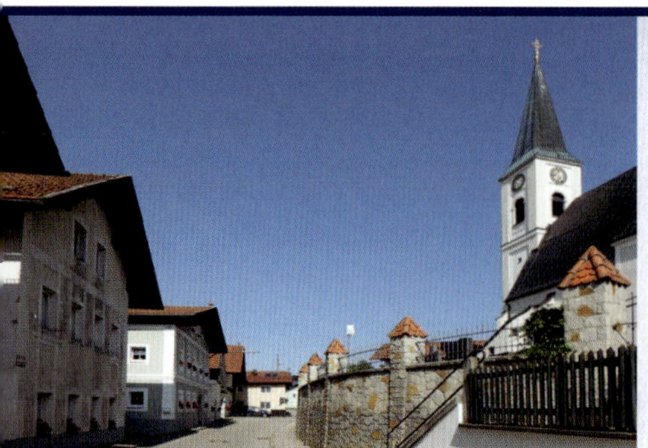

Pfarrkirche St. Jakob in Gottsdorf

Vom Wanderparkplatz ❶ am östlichen Ortseingang von Gottsdorf gehen wir nach links in den Ort, durchqueren den beschaulichen Weiler auf der Alten Dorfstraße – vorbei am sehr empfehlenswerten Gasthaus Zum Lang und der gotischen Pfarrkirche St. Jakob.

Wir bleiben weiter auf der Straße und biegen 300 Meter nach den letzten Häusern, vor dem Wald, nach rechts auf einen Feldweg. Erst über offenes Land, dann am Waldrand entlang führt uns der Schmugglerweg schließlich in diesen hinein. An der Weggabelung direkt am Anfang halten wir uns rechts. Weicher, wurzeliger Waldboden dämpft unsere Schritte. Den Fichtenforst plagt der Borkenkäfer, zwingt die Eigentümer, die befallenen Bäume zu fällen. An der Wegeinmündung wandern wir rechts weiter, bewegen uns entlang der unsichtbaren Grenze zu Österreich.

Am Teersträßchen spazieren wir wieder nach rechts und kommen sogleich an einen Rastplatz beim Denkmal für die Grenzsteine. Hinter hohem Gras verbirgt sich eine der 54 Abmarkungen, die hier, 1765 zur Zeit von Maria-Theresia, gesetzt wurden. Sie regelten den neuen Verlauf der Grenzlinie zwischen Österreich und dem Fürstbistum Passau.

Wir wandern tiefer ins Nachbarland, folgen dem Waldpfad gegenüber dem Rastplatz. An der Weggabelung halten wir uns rechts. Die Strecke führt uns im Wald leicht abschüssig

Am Denkmal der Grenzsteine

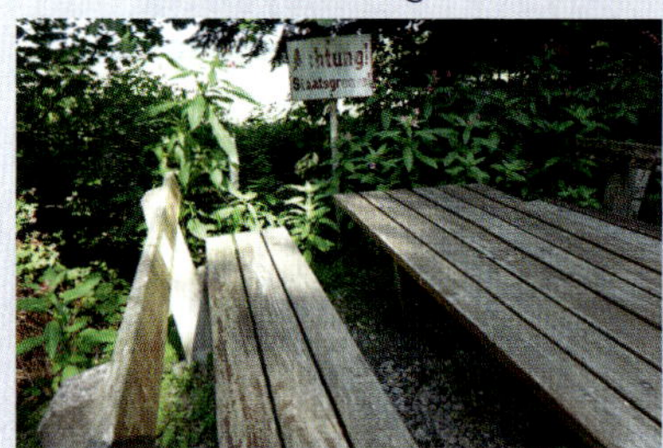

Jochenstein

Die kleine, von Legenden umrankte Felseninsel in der Donau – bei Flusskilometer 2.202 – ist namensgebend für die kleine beschauliche Ortschaft am Ufer und das größte Fließwasserkraftwerk Deutschlands. Letzteres wurde 1956 als deutsch-österreichisches Unternehmen in Betrieb genommen. Bei einem Spaziergang auf dem 400 Meter langen Damm wird einem die gewaltige Größe erst richtig bewusst. Es gibt Führungen durch das Kraftwerk, die den Eintrittspreis für das Naturerlebniszentrum Haus am Strom beinhalten. Die interaktive und multimediale Ausstellung vermittelt dem Besucher die Themen zum Passauer Donau-Engtal und ist nicht nur für Kinder spannend und informativ. Im anschließenden Donau-Garten erfährt man viel über die Flora der Region und ökologisches Gärtnern. Adresse siehe „Essen und Einkehren“.

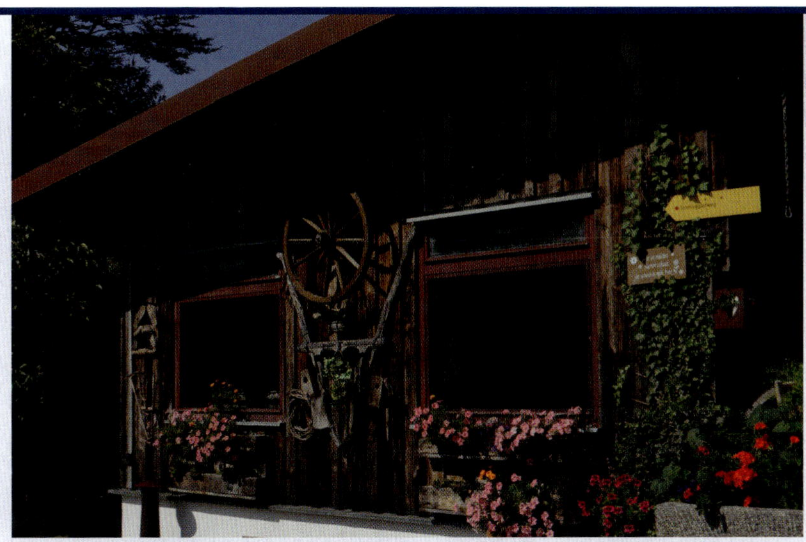

Antike Hausdekoration bei Haitzendorf

an dessen Rand entlang. Vor einem Gehöft gehen wir erst rechts und an dem kreuzenden Teersträßchen links. Nach 30 Metern biegen wir rechts auf den abschüssigen Feldweg, der uns wieder in ein lichtes Fichtenwäldchen führt. Wir bleiben auf dem Hauptweg, der uns in den verschlafenen Weiler Forstedt bringt ❷. Der kreuzenden Straße folgen wir nach links und nach dem leider schon seit Längerem geschlossenen Gasthaus Schürz nehmen wir das von rechts einmündende Sträßchen. Aussichtsreich

Panorama bei Kleinmollsberg

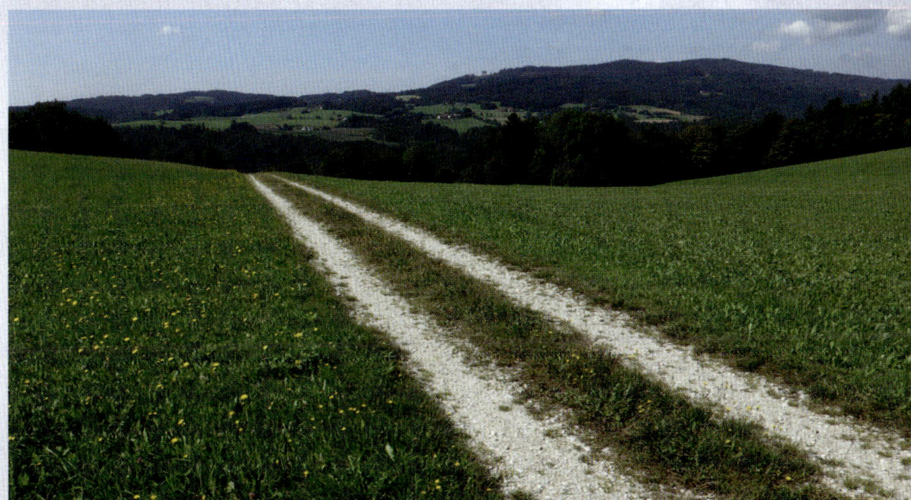

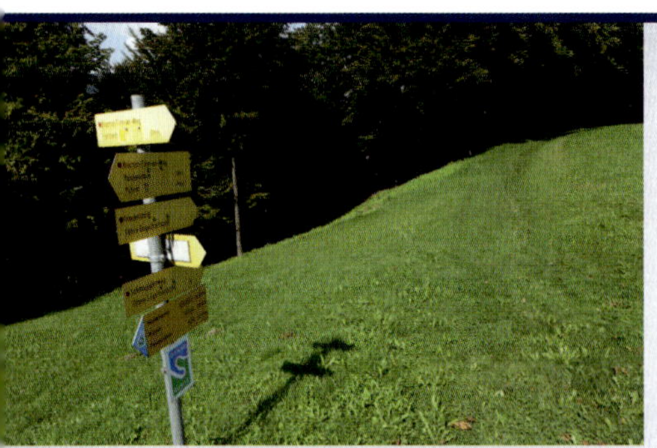

Wegweisung zum Penzenstein

kommen wir in den Weiler Kleinmollsberg. An der Vorfahrtstraße gehen wir links und nach 100 Metern rechts auf den abschüssigen Feldweg. An einem Holzstapelplatz, kurz bevor die Donauleiten steil abfallen, teilt sich der Weg. Unsere Hauptroute läuft nach rechts weiter, wir unternehmen jedoch einen Abstecher zum 500 Meter entfernten Penzenstein.

Also nach links, immer am Waldrand entlang, einer 90-Grad-Rechtskurve folgend, bergan. Vorbei am Sendemast empfängt uns eine schmucke Kapelle, neben der sich, auf einem Felsvorsprung, eine grandiose Aussicht über das Donautal bietet ❸. Am gegenüberliegenden Ufer, am Fuße der Leiten, liegt das pittoreske Stift Engelszell. Weiter stromaufwärts spannt sich das Kraftwerk Jochenstein, das größte Wasserkraftwerk Deutschlands, durch die Donau.
Wieder auf demselben Weg zurück zur Hauptroute, geht es dort steil hinab ins Tal. Der steinige Pfad windet sich über Serpentinen durch dichten Buchenwald. In ihm glänzen granitene Blockschutthalden, wie schroffe, felsige Inseln aus dem wogenden Waldmeer. Eidechsen huschen flink vorüber. Die bemoosten Gesteinsmäuerchen, die

Vom Penzenstein aus zu sehen: Kraftwerk Jochenstein

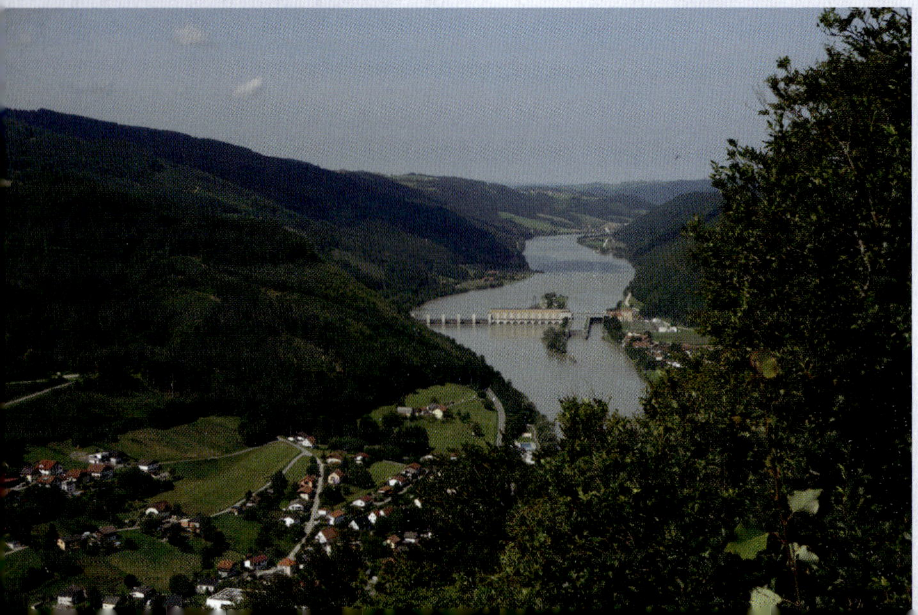

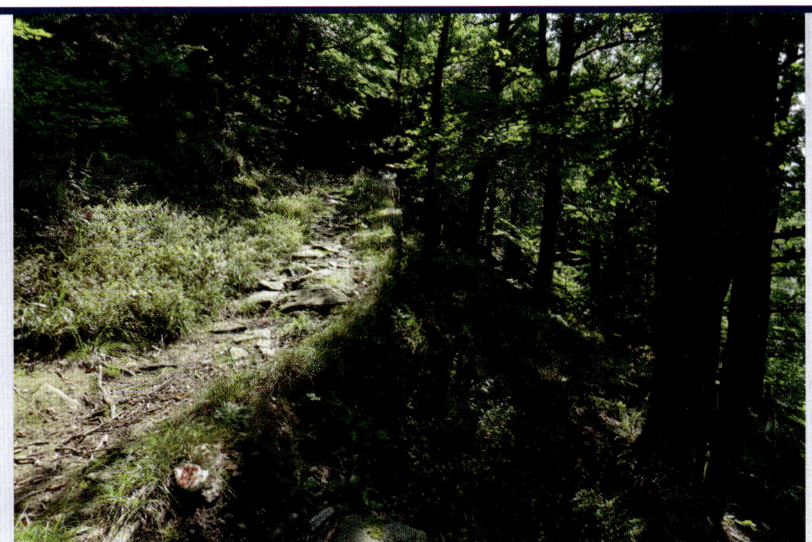

Steiniger Weg in den Donauleiten

streckenweise unseren Weg befestigen, zeugen von dessen langer Existenz. Wie viele Schmuggler darauf wohl unterwegs waren? Wir brauchen auf dem steinigen, stolprigen Pfad nur auf unseren Tritt zu achten. Festes Schuhwerk ist nicht nur bei rutschiger Nässe von Vorteil. Mit abnehmender Höhe wird unser Untergrund wieder erdiger, der Wald jünger.

Steile Blockschutthalden an den Hängen

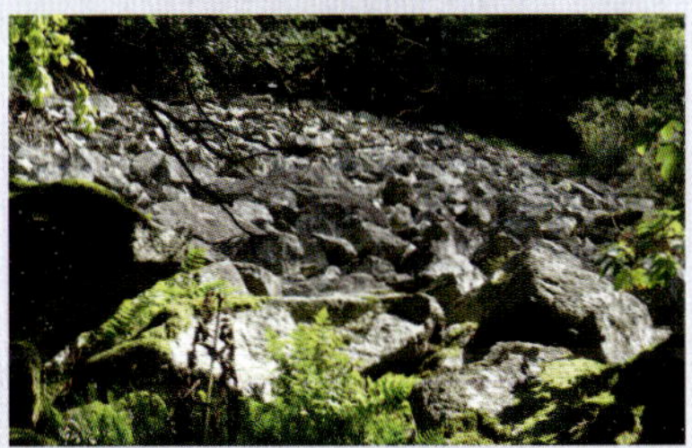

Nahe der Anlegestelle der Fahrradfähre stoßen wir auf den asphaltierten Donau-Rad- und -Wanderweg. Ihm folgen wir nahe am Wasser, stromaufwärts, nach rechts. Nach gut 700 Metern überschreiten wir am Dandlbach die Grenze zum Freistaat Bayern. Danach biegen wir gleich links auf den Wiesenweg, der uns nach einigen Metern rechts herum, direkt an der Donau entlangführt. Verschiedene anschauliche Infostationen, wie der Weidenzaun, das Windrad oder „Vom Acker zum Mehl" - direkt unter zwei herrlichen Weiden - säumen den gemütlichen Weg.

Bei der hybriden Skulptur (Granit und Holz) der Nixe Isa folgen wir nach links dem geteerten Radweg in die Ortschaft Jochenstein ❹. Direkt am Flussufer lockt das hervorragende Gasthaus Kornexl, mit seinen weithin bekannten Donaufisch-Spezialitäten. Unmittelbar nach dem Örtchen führt unser Weg

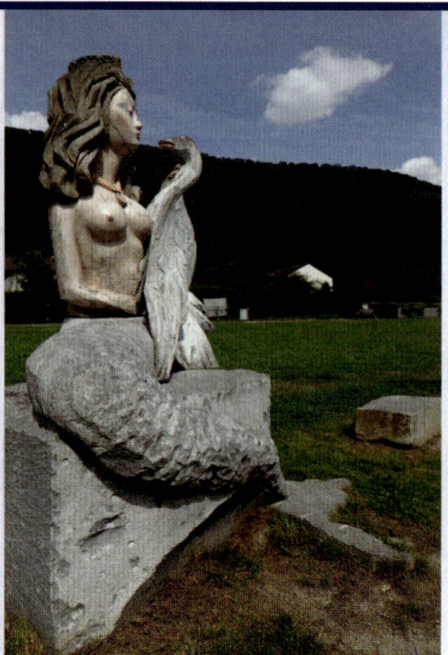

Legendenumrankte Nixa Isa vor Jochenstein

rechts um die Anlage des imposanten Wasserkraftwerks, begleitet von einem leisen Surren und Knistern der Hochspannungsleitungen. Gleich dahinter, in avantgardistischer Architektur verpackt, liegt das besuchenswerte Naturerlebniszentrum Haus am Strom. Von hier gehen wir die Kreisstraße PA 51 ein Stück nach rechts und biegen hinter dem Hochspannungsmasten, zwischen zwei rot-weißen Metallpfosten, links auf einen Feldweg. Er führt uns in ein Waldstück, vorbei an der Infostation „Wasser – Quell des Lebens", tiefer in das Naturschutzgebiet Donauleiten.

In einer engen Schlucht steigen wir steil bergauf, ein wenig unter uns plätschert munter ein Bächlein bergab. An der Einmündung in den breiteren Waldweg halten wir uns rechts. Beim hölzernen Hirschkäfer wandern wir nach links eben entlang der Leiten weiter. Wir bleiben auf dem Hauptweg, der uns in einigen Serpentinen wieder talwärts bringt. Von verschiedenen Infotafeln erfahren wir immer wieder Interessantes über die hiesige Flora und Fauna. Am Waldrand nehmen wir dann den schmalen Pfad nach links.

Wieder erwarten uns die Mühen des Anstiegs. Wir queren vorsichtig eine Straße, folgen dem Waldweg durch einen rauschenden Blätter-Tunnel empor. Bei dem Rastplatz mit Bank und Tisch gehen wir rechts. In einer langgezogenen Serpentine weist ein Schild nach rechts zur Burgruine Altjochenstein. Am Ende des 100 Meter langen Abstechers wartet, auf einem Hügel mitten im Wald, ein skurril anmutender Mauerrest aus dem 13. Jahrhundert.

Wieder zurück auf der Hauptroute erklimmen wir weiter die Donauleite entlang der Grenze zu Österreich. Bei den Hinweisschildern zur Leithenmühle und zum Life-Naturwaldweg schlagen wir uns auf den schmalen, nach links abzweigenden Pfad. Nur noch ein kurzes Stück des Anstieges und wir kommen bei der Burgruine Neujochenstein auf offenes Land. Wie bei ihrer älteren Schwester zeugen nur klägliche Überreste von einstigem ritterlichen Stolz.

Im anschließenden Weiler Riedl ❺ biegen wir vor der Pension Ebenstein links ab. Nach dem schweißtreibenden Anstieg ein willkommener Einkehrschwung. Mit frischen Kräften geht es nun auf der Ebensteinrunde weiter, durch den liebevoll gepflegten Garten des

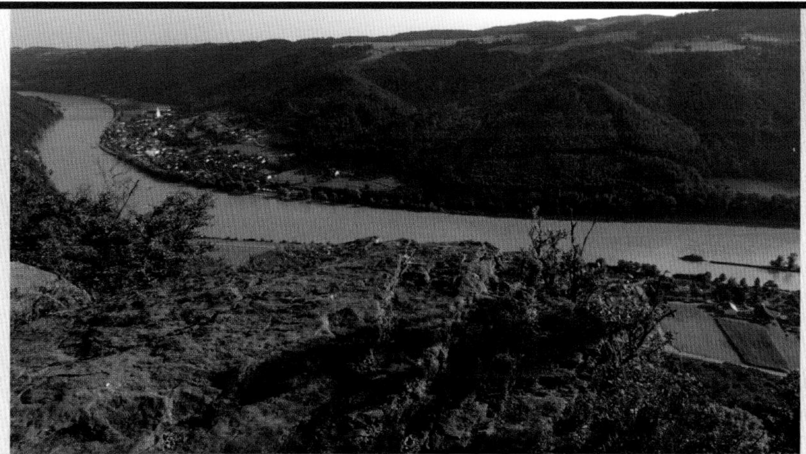

Blick vom Ebenstein

Hauses in den schattigen Hangwald. Mehr oder weniger eben laufen wir entlang der Leiten bis zu einer kleinen Kapelle. Dahinter verbirgt sich der Felsvorsprung des Ebensteins, und es bietet sich eine grandiose Aussicht über das tief eingeschnittene Donautal ❻.

Wir folgen der Ebensteinrunde weiter, bei der Wegeinmündung dann nach rechts, steil bergan. Bald erreichen wir offenes Land, marschieren links am Waldrand entlang, einer 90-Grad-Rechtskurve folgend. Danach nehmen wir die erste Abzweigung nach rechts und kommen so bald an ein Teersträßchen. Auf diesem gehen wir einhundert Meter nach links und biegen dann rechts in den Feldweg ein. Der mündet wieder in ein Sträßchen, auf dem wir links gehen. Vorbei an idyllischen Fischweihern kommen wir leicht ansteigend zurück nach Gottsdorf. Geradeaus bringt uns die Riedlerstraße zur Alten Dorfstraße, auf der wir nach links zurück zum Ausgangspunkt gelangen.

Essen/Einkehren:

Zum Lang
Alte Dorfstr. 29
94107 Untergriesbach/Gottsdorf
Tel. 08593 93300
www.landgasthof-lang.de

Gasthaus Kornexl
Am Jochenstein 10
94107 Untergriesbach/Jochenstein
Tel. 08591 1802
www.gasthaus-kornexl.de

Pension Zum Ebenstein
Riedl 7, 94107 Untergriesbach
Tel. 08593 381
www.ebenstein.de
Nur Getränke und Kuchen

Bistro im Haus am Strom
Am Kraftwerk 4, 94107 Untergriesbach
Tel. 08591 912890
www.hausamstrom.de

Impressum

Kartographie:
Kartographie Muggenthaler, Heinz Muggenthaler, Stadtplatz 19, 94209 Regen

Texte:
Manfred Probst

Abbildungen:
Alle Fotos von Manfred Probst
Hintergrund: Bastetamon, fotolia.com; Wanderschuh: VRD, fotolia.com

Bibliografische Information der Deutschen Nationalbibliothek

Die Deutsche Nationalbibliothek verzeichnet diese Publikation in der Deutschen Nationalbibliografie; detaillierte bibliografische Daten sind im Internet über http://dnb.dnb.de abrufbar.
ISBN 978-3-95587-795-8

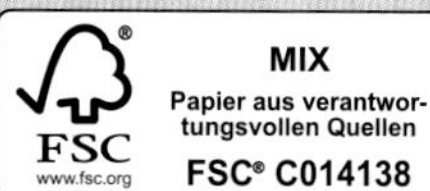

Für uns, die Battenberg Gietl Verlag GmbH mit all ihren Imprint-Verlagen, ist Nachhaltigkeit ein wichtiger Teil unserer Unternehmensphilosophie. Daher achten wir bei allen unseren Produkten auf den Einsatz umweltschonender Ressourcen und Materialien.
Dieses Buch wurde auf FSC®-zertifiziertem Papier gedruckt. FSC (Forest Stewardship Council®) ist eine nicht staatliche, gemeinnützige Organisation, die sich für die verantwortungsvolle und ökologische Nutzung der Wälder unserer Erde einsetzt.

Unsere Partnerdruckerei kann zudem für den gesamten Herstellungsprozess nachfolgende Zertifikate vorweisen:
- Zertifizierung für FOGRA PSO
- Zertifizierungssystem FSC®
- Leitlinien zur klimaneutralen Produktion (Carbon Footprint)
- Zertifizierung EcoVadis (die Methodik besteht aus 21 Kriterien in den Bereichen Umwelt, Einhaltung menschlicher Rechte und Ethik)
- Zertifikat zum Energieverbrauch aus 100 % erneuerbaren Quellen
- Teilnahme am Projekt „Grünes Unternehmen" zum Schutz von Naturressourcen und der menschlichen Gesundheit

1. Auflage 2022
ISBN 978-3-95587-795-8

www.battenberg-gietl.de